KB061939

그림으로 배우는 파이썬 Python

다카하시 마나 저·김은철, 유세라 역

SE SHOEISHA YoungJin.com **Y.** 영진닷컴

그림으로 배우는 파이썬

YASASHII PYTHON
Copyright ⓒ 2018 by Mana Takahashi
ALL rights reserved.
Original Japanese edition published in 2018 by SB Creative Corp.
Korean translation rights arranged with SB Creative Corp., Tokyo
Through Eric Yang Agency Co., Seoul.
Korean translation rights ⓒ 2021 by Youngjin.com Inc.

ISBN   978-89-314-6585-3

독자님의 의견을 받습니다

이 책을 구입한 독자님은 영진닷컴의 가장 중요한 비평가이자 조언가입니다. 저희 책의 장점과 문제점
이 무엇인지, 어떤 책이 출판되기를 바라는지, 책을 더욱 알차게 꾸밀 수 있는 아이디어가 있으면 이메
일, 또는 우편으로 연락주시기 바랍니다. 의견을 주실 때에는 책 제목 및 독자님의 성함과 연락처(전화
번호나 이메일)를 꼭 남겨 주시기 바랍니다. 독자님의 의견에 대해 바로 답변을 드리고, 또 독자님의 의
견을 다음 책에 충분히 반영하도록 늘 노력하겠습니다.

주 소   (우) 08507 서울특별시 금천구 가산디지털1로 128 STX-V 타워 4층 401호
대표팩스 (02) 867-2207
등록   2007. 4. 27. 제16-4189호
이메일   support@youngjin.com

저자 다카하시 마나 | **역자** 김은철, 유세라
책임 김태경 | **진행** 최윤정 | **표지디자인** 이주은 | **본문디자인** 이경숙 | **영업** 박준용, 임용수, 김도현
마케팅 이승희, 김근주, 조민영, 채승희, 김민지, 임해나 | **제작** 황장협 | **인쇄** 제이엠

머리말

최근 컴퓨터의 발전에 따라 방대한 데이터로부터 사람에 있어서 유용한 정보를 얻기 위한 각종 방법들이 주목받고 있습니다.

파이썬은 이러한 데이터를 취급하고, 기계학습 등을 할 때 사용되는 프로그래밍 언어로서 사용하고 있습니다. 파이썬을 배움으로써 지금도 발전하고 있는 최신 분야의 기술을 학습할 수 있을 것입니다.

이 책은 파이썬을 알기 쉽게 설명하도록 노력했으며, 프로그래밍 초보자도 고급 기술을 학습할 수 있도록 구성했습니다.

이 책에는 많은 샘플 프로그래밍이 수록되어 있습니다. 프로그래밍 숙달의 지름길은 실제로 프로그램을 입력하고 실행해 보는 것입니다. 하나씩 확인하면서 한 발 한 발 학습을 진행해 보세요.

이 책이 독자 여러분에게 도움이 되길 바랍니다.

다카하시 마나

역자의 말

뭘 해야 하지! … 파이썬? 파이썬은 뭘 하는 거지? 앱을 만들어 볼까? 인공지능을 공부해야 하나? 챗봇은? 데이터 과학자는 또 뭐람? …

요새 길을 가다 보면 '비전공자도 프로그래머가 될 수 있다'라는 문구를 자주 봅니다. 그만큼 프로그래머의 수요가 점차 늘어나는 한편, 예전에는 프로그래밍을 전문가가 하는 분야로만 생각했다면, 점차 비전공자들도 쉽게 접할 수 있는 교양의 하나가 되어 가는 것 같습니다. 프로그래밍을 누구나 접할 수 있는 교양이라고 한다면 역시 파이썬 만큼 접근이 쉬운 언어도 없을 것 같습니다.

미래학자 엘빈 토플러는 새로운 학습을 하지 않으면 21세기형 문맹이라고 하였습니다. 파이썬 이외에도 C/C++, JAVA, Swift 등 정말 다양한 언어가 있습니다. 그중에서도 파이썬은 인공지능을 위한 필수 언어로 자리 잡았으며, 인공지능뿐만 아니라 수학 공부, 게임 제작 등 내가 원하는 문제를 쉽게 구현할 수 있습니다. 실제로 파이썬은 문법이 간결하고 배우기가 쉬워서 처음 시작하는 분에게 가장 추천하고 싶은 언어입니다. 이런 교양으로서의 영역을 넘어 다양한 기능을 위한 풍부한 라이브러리, 데이터 분석/전처리, 머신러닝 등 보다 전문적인 분야에서의 파이썬의 능력은 알면 알수록 매력적으로 느껴집니다. 단순히 프로그램을 접해 보고 싶은 마음에, 프로그래머로서 스킬업을 하고 싶어서, 인공지능을 공부하고 싶어서 찾아보니 파이썬을 공부해야 할 것 같아서 등등 … 여러 이유로 파이썬을 공부해야겠다고 마음먹었다면 이 책이 여러분을 친절하게 안내할 것입니다.

이 책은 파이썬에 대해 기초부터 그림을 통해 자세히 설명합니다. 책의 뒷부분으로 가면 빅데이터 전처리에 필요한 DB 처리, 파일 처리, 인공지능 프로그램인 회귀, 분류 문제도 학습하여 인공지능 프로그래밍에 대한 첫걸음을 뗄 수 있으며, 이제부터 챗봇도 만들 수 있고 또한 데이터 과학자로의 힘찬 출발도 시작하게 됩니다.

끝으로 책이 나올 수 있도록 도움을 주신 영진닷컴 관계자 분들께 감사드립니다.

김은철, 유세라

목차

Lesson 2 Python의 기본

Lesson 3 변수와 식

Lesson 4 여러 가지 처리

Lesson 5 리스트

Lesson 7 함수

Lesson 8 클래스

Lesson 9 문자열과 정규 표현

Lesson 10 파일과 예외 처리

Lesson 11 데이터베이스와 네트워크

Lesson 12 기계학습의 기초

Lesson 13 기계학습의 응용

컬럼 목차

Lesson 0

들어가기 전에

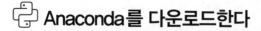 Anaconda를 다운로드한다

파이썬(Python) 개발 환경을 구축하는 툴로 「Anaconda」가 있습니다. 여기에서는 Anaconda를 받는 방법과 개발 환경 구축 방법을 소개합니다. 이 책에서는 Python 3.8 버전을 사용합니다.

다음의 URL에 접속해서 「Download」 버튼을 클릭하고, 인스톨러 파일을 다운로드하세요.

- **Anaconda**

  https://www.anaconda.com/products/individual

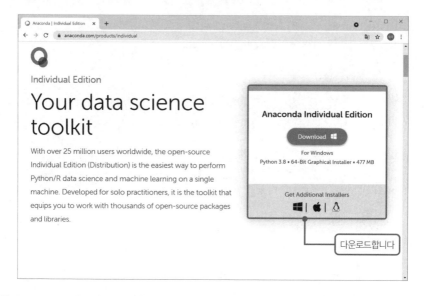

「Download」 버튼을 클릭하면 파일 다운로드가 시작됩니다. 적당한 위치에 다운로드한 후, 파일을 더블 클릭해서 다음과 같이 설치를 진행합니다.

🐍 Anaconda를 설치한다

Anaconda 설치 파일은 실행 형식(확장자 「.exe」)입니다. 더블 클릭하면 인스톨러가 실행됩니다.

1. Anaconda의 인스톨러 위저드가 실행되므로 위저드에 따라서 설치를 진행합니다. 첫 화면에서 「Next」 버튼을 클릭하면 동의 화면이 표시되므로 내용 확인 후, 「I Agree」 버튼을 클릭해서 진행합니다.

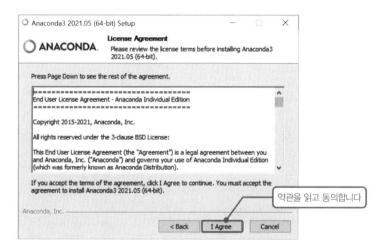

2. 설치 방법을 선택합니다. 보통 「Just Me」를 선택한 채로 「Next」 버튼을 클릭하면 됩니다.

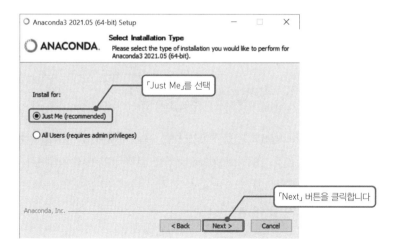

3. 설치할 디렉터리를 지정합니다. 보통 표시된 디렉터리로 해도 됩니다. 저
장 위치를 확인하고, 「Next」 버튼을 클릭합니다.

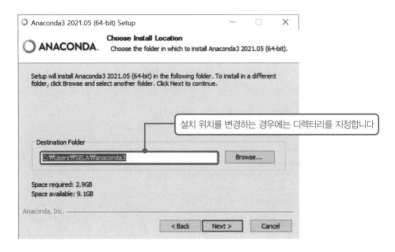

4. 「Add Anaconda to my PATH environment variable」(Anaconda를 환경 변
수 PATH에 추가한다)에 체크합니다.

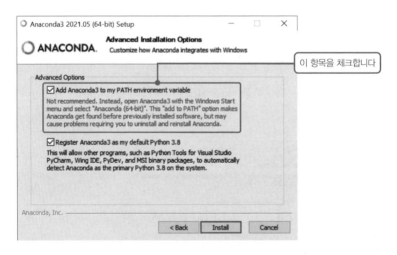

환경 변수 PATH에 Anaconda를 추가하는 것은 지금 권장하지는 않지만 명령
입력 툴에서 「python」을 입력해서 Python 코드를 실행할 때에 필요합니다. 이
항목을 체크하지 않는 경우엔 Anaconda를 설치한 디렉터리를 Windows 시스
템 환경 변수 「PATH」에 수동으로 추가해야 하므로 주의하세요.

5. 체크했으면 「Install」 버튼을 클릭합니다. 설치가 시작되고 「Completed」라고
   표시되면 「Next」 버튼을 눌러 계속해서 진행하고, 마지막 화면에서 「Finish」
   버튼을 클릭해서 위저드를 닫습니다.

CPython

Python 프로그램을 개발하기 위해서는 CPython을 Python 사이트(https://www.py-
thon.org/downloads/)에서 받아서 사용할 수도 있습니다. 다만 CPython을 이용할 때에
는 이 책의 12, 13장에서 배우는 Matplotlib, NumPy, scikit-learn을 별도로 받아 설치
해야 합니다.

Anaconda를 설치하면 Python 개발 환경과 동시에 자주 사용되는 데이터 과학 관련 모
듈이 설치됩니다.

코드를 작성하는 에디터를 준비한다

Python에서는 텍스트 에디터에 코드를 입력해서 프로그램을 작성할 수 있습
니다. 이때에는 프로그램을 입력하기 위한 텍스트 에디터를 준비해야 합니다.

에디터를 준비할 때 주의할 점은 문자 코드를 「UTF-8(BOM이 없는 것)」로
서 저장할 수 있는 것을 사용하세요. 예를 들어, ANACONDA를 설치하면 자
동으로 설치되는 Spyder를 이용해도 됩니다. Spyder 외에 Visual Studio Code
등 자신이 편리한 에디터를 사용하세요.

- **Spyder**

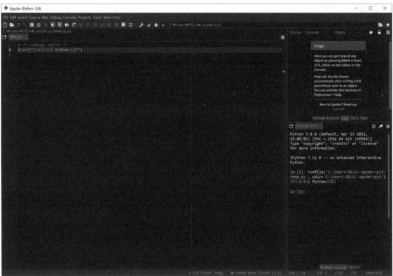

Windows 메모장

Python 프로그램을 작성할 때에는 Windows 텍스트 에디터인 「메모장」을 사용할 수도
있습니다. 이때는 저장할 때 「UTF-8(BOM 없는 것)」을 지정해서 저장해야 합니다.

명령 입력 툴을 실행한다

Python 프로그램을 실행할 때에는 명령을 입력하는 툴이 필요합니다.
Windows에서는 Windows에 부속 툴(「Windows PowerShell」 또는 「명령 프롬
프트」 *)을 이용할 수 있습니다. Windows 10에서 Windows PowerShell(버전
에 따라서는 「명령 프롬프트」)은 다음의 순서로 실행합니다.

1. 「시작」 버튼을 클릭하고, 「Windows PowerShell」을 선택합니다.[1]

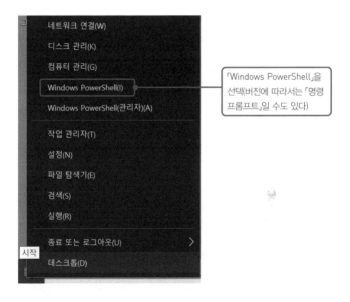

「Windows PowerShell」을
선택(버전에 따라서는 「명령
프롬프트」일 수도 있다)

---

1 역자 주: Windows PowerShell, 명령 프롬프트 외에 Anaconda Powershell prompt를 사용해도 됩니다.

2. Windows PowerShell이 실행됩니다.

이 책의 샘플 프로그램은 Windows PowerShell과 명령 프롬프트 모두에서 실행할 수 있습니다.

🐍 Python 프로그램의 실행 방법(인터랙티브 모드)

Python 프로그램의 실행 방법에는 「인터랙티브 모드」와 「스크립트 모드」가 있습니다. 각각의 사용법을 알아봅니다.

인터랙티브 모드를 실행한다

명령 입력 툴에서 「python」을 입력하고, Enter 키를 누릅니다. 그러면 「>>>」가 표시됩니다. 이 상태에서 Python 프로그램(코드)을 입력할 수 있습니다.

코드를 입력해 실행한다

명령 입력 툴에 직접 코드를 입력합니다. 1행 입력하고 Enter 키를 누르면 실행 결과가 바로 표시됩니다.

예를 들어, 「1」이라고 입력하고 나서 Enter 키를 누르면 다음 행에 실행 결과가 표시됩니다.

「>>>」가 표시되면 다음 행을 입력할 수 있습니다.

인터랙티브 모드를 종료한다

키보드에서 Ctrl + z 키를 동시에 누르면 인터랙티브 모드가 종료됩니다.

🐍 Python 프로그램의 실행 방법(스크립트 모드)

1행씩 코드를 입력해 실행하는 것이 인터랙티브 모드이고, 코드를 미리 입력한 파일(스크립트)을 실행하는 것이 스크립트 모드입니다.

현재 디렉터리를 이동한다

명령 입력 툴에서 코드를 입력한 파일(스크립트)을 저장한 디렉터리로 이동합니다.

이를 위해서는 「cd 파일을 저장한 디렉터리」를 입력하고, Enter 키를 누릅니다. 예를 들어, C 드라이브 아래의 YPSample 폴더의 01 폴더 안에 코드 파일을 저장하고 있다면 다음과 같이 입력합니다.

```
cd c:\YPSamle\01 ↵
```

코드를 실행한다

현재 디렉터리를 파일이 저장되어 있는 곳으로 이동했으면, 「python 파일명」을 입력하고 Enter 키를 누릅니다. 그러면 지정한 파이썬 스크립트 파일의 코드가 실행됩니다.

예를 들어, 저장된 파일명이 「Sample1.py」라면 다음과 같이 입력해 실행합니다.

```
python Sample1.py ⏎
```

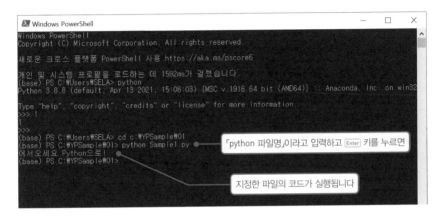

「python 파일명」이라고 입력하고 Enter 키를 누르면

지정한 파일의 코드가 실행됩니다

여기에서 실행한 파일 「Sample1.py」는 1장에서 설명할 샘플 코드입니다. 이 책의 샘플은 기본적으로는 스크립트 모드로 실행합니다.

🐍 Jupyter Notebook을 사용한다

Anaconda에는 Jupyter Notebook이라는 환경이 포함되어 있습니다. 이 환경을 이용하면 지금까지 소개한 코드의 작성과 실행을 한 곳에서 할 수 있습니다.

이 책에서는 Python의 구조를 배우기 위해 코드 작성부터 실행까지 텍스트 에디터·명령 입력 툴로 작성합니다. 다만, 보다 간편하게 Python을 사용하려면 Jupyter Notebook을 이용하는 것도 좋습니다.

Jupyter Notebook에 대해서도   소개합니다.

1. [시작] 메뉴에서 [Anaconda3]→[Jupyter Notebook]을 선택하여 실행합니다. Jupyter Notebook이 실행되어 웹 브라우저에 표시됩니다. 때때로 실행에 시간이 걸릴 수도 있습니다.

2. 웹 브라우저의 화면이 실행되면 「Files」 탭의 화면 오른쪽 끝에 있는 「New」 버튼을 클릭해서 메뉴를 열고, 「Python3」을 선택합니다. Jupyter Notebook 의 버전에 따라서는 조금 다르게 표시될 수도 있습니다.

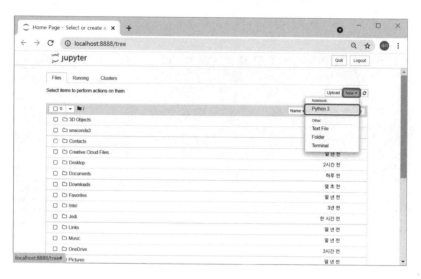

3. 웹 브라우저에 코드 입력 셀 화면이 표시되므로 코드를 입력합니다. 툴 바에 있는 실행 버튼(▶Run) 또는 Shift + Enter 키를 누르면 코드가 실행됩니다.

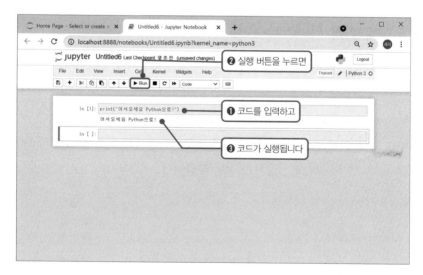

Lesson 1

첫 걸음

이 장에서는 Python을 사용해서 프로그램을 작성하는 순서에 대해 배웁니다. Python 공부를 처음 시작하면 조금 생소한 프로그램 언어라 어려울 수도 있습니다. 그러나 이 장에서 다루는 핵심을 이해하면 Python도 쉽게 느껴질 것입니다. 하나씩 차근차근 배워 나갑시다.

Check Point!
- Python
- 코드
- 프로그램의 실행
- 인터랙티브 모드
- 스크립트 모드

1.1 Python 프로그램

프로그램의 구조

이 책을 읽기 시작한 여러분은 앞으로 Python으로 「프로그램」을 작성하려 할 것입니다. 우리는 매일 컴퓨터에 설치된 워드 프로세서, 스프레드시트와 같이 여러 가지 「프로그램」을 사용하고 있습니다. 예를 들어, 워드 프로세스와 같은 「프로그램」을 사용한다는 것은

문자를 표시하고, 서식을 갖추고, 인쇄한다

와 같은 특정의 「일」을 컴퓨터에 지시하고, 처리시키고 있다고 생각할 수도 있습니다. 컴퓨터는 여러 가지 「일」을 정확하고 빠르게 처리할 수 있는 기계입니다. 「프로그램」은 컴퓨터에 대해서 어떠한 「일」을 지시합니다.

우리는 지금부터 Python으로 컴퓨터에 일을 지시할 프로그램을 작성할 것입니다.

그림 1-1 프로그램
우리는 컴퓨터에게 일을 지시하기 위해서 「프로그램」을 작성합니다.

프로그래밍 언어 Python

컴퓨터에 어떠한 「일」을 처리시키기 위해서는 지금 자신이 사용하고 있는 컴퓨터가 그 일의 「내용」을 이해해야 합니다. 그렇게 하려면 컴퓨터가 실제로 이해할 수 있는 언어인 기계어(machine code)로 지시된 프로그램을 작성해야 합니다.

그러나 안타깝게도 이 기계어 언어는 숫자 「0」과 「1」의 나열로 되어 있습니다. 컴퓨터는 이 숫자의 나열(=기계어)을 이해할 수 있으나 사람이 쉽게 이해할 수 있는 내용은 아닙니다.

그래서 기계어보다도 「사람의 언어에 가까운 수준의 프로그램 언어」가 지금까지 많이 고안되어 왔습니다. 이 책에서 배우는 Python도 이러한 프로그래밍 언어 중 하나입니다.

Python은 입력된 프로그램을 1행씩 기계어로 번역하는 프로그램에 의해 실행됩니다. 이러한 프로그램을 인터프리터(interpreter)라고 합니다.

우리는 이제부터 Python의 인터프리터를 사용해서 프로그램을 실행할 것입니다.

현재 Python은 컴퓨터의 발전과 함께 각광받는 분야인 데이터 분석, 기계학습을 할 때 자주 사용하고 있습니다. Python에는 데이터를 다루기 위한 각종 시스템을 비롯해 데이터 분석 · 기계학습을 할 수 있는 기능이 많이 준비되어 있습니다. 이 책에서는 이러한 기능을 배우며, 여러 가지 Python 프로그램을 작성할 것입니다. 그럼, 바로 Python을 배워 봅시다.

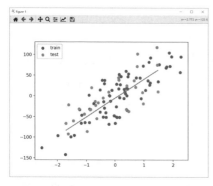
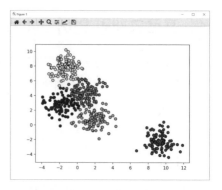
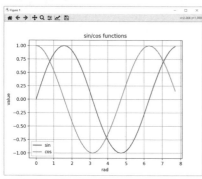
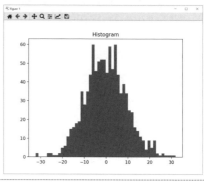

그림 1-2 Python의 활용
Python은 데이터 분석 · 기계학습 등의 분야에서 활용됩니다.

1.2 코드 입력과 실행

🐍 명령 입력 툴을 사용한다

Python으로 프로그램을 작성하고 실행하려면 어떤 것을 해야 할까요? 여기서는 Python 프로그램의 작성과 실행 방법을 살펴봅시다.

먼저 가장 간단한 방법인 명령 입력 툴을 사용해서 Python 프로그램을 실행하는 방법을 살펴봅시다. 명령 입력 툴의 실행 방법에 대해서는 이 책 앞부분에서 설명하였습니다. Lesson 0의 순서를 보면서 실행해 보세요.

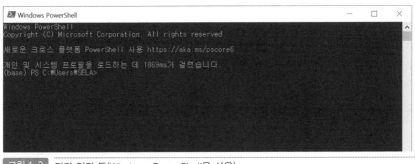

그림 1-3 명령 입력 툴(Windows PowerShell을 사용)

🐍 인터랙티브 모드로 시작한다

Python 프로그램을 실행하는 방법에는 크게 두 가지 방법이 있습니다.

첫 번째는,

Python 프로그램을 1행씩 대화형으로 입력

하는 방법입니다. 이 방법은

인터랙티브 모드(interactive mode)

라고 합니다.

먼저 Python 프로그램을 인터랙티브 모드로 실행해 봅시다. 이를 위해서는 명령 입력 툴에서 다음과 같이 입력하고, Python 인터프리터를 실행합니다. 「python」이라고 입력하고 마지막에 Enter 키를 누릅니다.

이 키는 컴퓨터의 종류에 따라서는 실행 키나 [Return] 키라고 합니다.

그러면, 다음과 같이 기호 「>>>」가 표시됩니다.

>>>

이것은 대화형으로 Python 프로그램을 입력하기 위한 상태입니다. 「>>>」이 표시되지 않는다면 Python 설치가 잘못되었거나 설정에 문제가 있을 수 있으므로 앞부분으로 돌아가 다시 확인하세요.

그리고 「>>>」의 다음에는 Python 프로그램을 1행씩 입력할 수 있습니다. Python에서는 프로그램을 1행씩 실행합니다. 그러므로 인터랙티브 모드에서는 1행씩 프로그램을 입력하면서 실행할 수 있는 것입니다.

여기서는 수치 「1」을 입력하세요.

「1」을 입력했으면 끝 부분의 Enter 키를 누릅니다. 그러면 다음과 같이 수치가 그대로 표시됩니다.

```
1          ●━━━━━━━━━[ 그대로 표시됩니다 ]
```

이것이 「1」이라는 행을 입력한 것에 대한 Python 프로그램의 실행 결과입니다. Python에서는 이처럼 1행의 입력에 대한 실행 결과를 대화형(인터랙티브)으로 표시합니다.

🐍 인터랙티브 모드로 실행한다

다른 프로그램도 입력해 봅시다. 이번에는 다음과 같이 계산식 「2 + 3」을 입력하세요. 계산을 하는 프로그램을 입력합니다.

```
>>> 2 + 3 ↵    ●━━━━━━━━━[ 계산식도 입력할 수 있습니다 ]
```

이번에는 다음과 같이 표시될 것입니다. 계산 결과가 표시되었습니다.

```
5          ●━━━━━━━━━[ 계산 결과가 표시됩니다 ]
```

Python에서는 문자로 메시지를 입력해 표시할 수도 있습니다. 문자열 메시지는 「" "」로 감싸서 입력합니다. Enter 키를 누르면 이번은 「' '」이 붙은 메시지가 표시됩니다.

```
>>> "어서오세요 Python으로!" ↵    ●━━[ 메시지를 입력할 수 있습니다 ]
'어서오세요 Python으로!'    ●━━[ 메시지가 표시됩니다 ]
```

수치, 계산식, 문자열과 여러 가지 간단한 프로그램의 입력에 대해서 그 실행 결과가 바로 표시되는 것을 확인하였습니다.

이처럼 인터랙티브 모드에서 쉽게 Python 프로그램을 입력하고 실행할 수 있습니다.

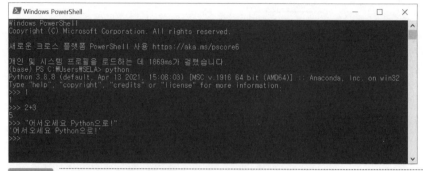

그림 1-4 인터랙티브 모드로 실행
Python 프로그램을 입력하면 수치, 문자, 계산 결과가 표시됩니다.

인터랙티브 모드의 종료

Windows에서는 `Ctrl` + `z` 키를 동시에 누르면 인터랙티브 모드가 종료됩니다. 다음 프로그램은 스크립트 모드에서 실행하므로 일단 인터랙티브 모드는 종료해 둡시다.

🐍 스크립트 모드의 코드를 작성한다

프로그램을 대화형으로 입력하는 인터랙티브 모드는 매우 간단하고 편리합니다. 그러나 복잡한 프로그램을 입력할 때는 인터랙티브 모드로는 쉽지 않습니다.

그래서 Python에서는

> **프로그램을 미리 에디터로 작성해 파일에 저장하고,**
> **작성한 프로그램을 읽어 들여 실행**

을 할 수 있습니다. 이 방법을

> 스크립트 모드(script mode)

라고 합니다. 이번에는 프로그램을 스크립트 모드로 실행해 봅시다.

먼저 프로그램을 입력하기 위한 텍스트 에디터를 열고, 프로그램을 작성합니다. 텍스트 에디터에 대해서는 이 책의 앞부분을 참조해서 사용하세요.

에디터를 열었으면 다음과 같이 입력합니다.

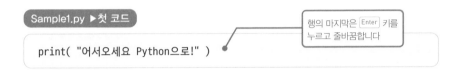

Sample1.py ▶ 첫 코드

```
print( "어서오세요 Python으로!" )
```

행의 마지막은 Enter 키를 누르고 줄바꿈합니다

프로그램을 작성했으면 파일명을 「Sample1.py」로 저장합니다. 보통, Python 프로그램은 확장자 「.py」를 붙여서 저장합니다. 여기에서는 「Sample1.py」를 c:\YPSample\01 폴더에 저장합니다. 저장할 때는 문자 코드를 「UTF-8」로 지정하는 걸 잊지 않도록 합니다.

이러한 텍스트 형식의 프로그램은 스크립트(script) 또는 코드(code)라고 합니다. 그래서 이 책에서는 이 프로그램을 「코드」라고 부르도록 합니다.

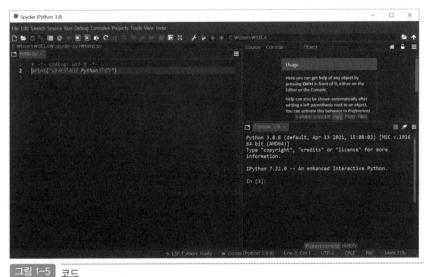

그림 1-5 코드
스크립트 모드에서 실행하려면 먼저 텍스트 에디터에 코드를 작성합니다.

🐍 스크립트 모드로 실행한다

코드를 작성했으면 다시 명령 입력 툴을 사용합니다. 먼저 코드를 저장한 폴더(디렉터리)로 작업 위치를 이동합니다.

여기에서는 「Sample1.py」를 다음과 같이 입력해 이동합니다. 작업 폴더의 이동에 대해서는 이 책의 앞부분에서도 설명하므로 참조하세요.

```
cd c:\YPSample\01  ↵
```
작업 폴더로 이동합니다

그리고 작업 위치로 이동했으면 바로 코드를 실행합니다. 명령 입력 툴에서 다음과 같이 위에서 작성한 파일명을 지정해 실행합니다.

Sample1의 실행 방법

```
python Sample1.py  ↵
```
코드를 실행합니다

그러면 명령 입력 툴의 화면에 다음과 같이 메시지가 표시될 것입니다.

Sample1의 실행 화면

```
어서오세요 Python으로!
```

오류가 발생한 경우에는 실행 방법에 문제가 없는지 확인하세요. 또한, 코드를 제대로 입력했는지 확인하세요.[1]

---

1 역자 주: 혹시 실행에 오류가 있다면 Jupyter Notebook으로도 해보세요

그림 1-6 스크립트 모드에서의 실행

스크립트 모드에서 「Sample1.py」의 코드를 실행하면 「어서오세요 Python으로!」가 표시됩니다.

인터랙티브 모드와 스크립트 모드라는 두 가지 실행 방법이 이해되었나요?

이 책에서는 지금부터 여러 프로그램을 작성하며, 코드를 파일에 기술하여 스크립트 모드로 Python 프로그램을 실행합니다. 스크립트 모드의 실행 방법을 확실히 알아 두세요. 또한, 간단한 실행 방법인 인터랙티브 모드도 잘 다루면 편리합니다. 두 가지 방법을 다시 한 번 확인해 보세요.

Jupyter Notebook

Lesson 0에서 설치한 Anaconda에는 Python 개발 툴인 Jupyter Notebook이 포함되어 있습니다. 이 툴을 이용하면 인터랙티브 모드와 스크립트 모드 모두 동일하게 화면상에서 코드를 입력하고 실행할 수 있습니다. Python 프로그램의 구조를 이해했으면 이러한 개발 툴도 사용해 보면 좋을 것입니다.

Jupyter Notebook의 간단한 이용 방법에 대해서도 Lesson 0에서 소개하였습니다.

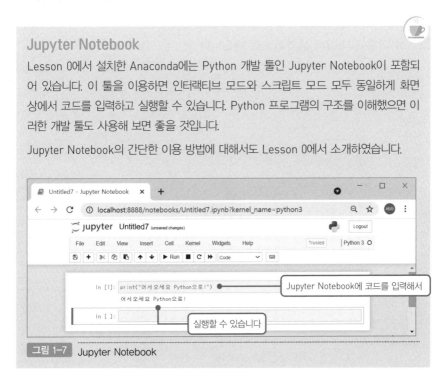

그림 1-7 Jupyter Notebook

1.3 레슨의 정리

이 장에서는 다음을 배웠습니다.

- 프로그램은 컴퓨터에 특정한 「일」을 지시합니다.
- Python 프로그램은 인터프리터에 의해 실행됩니다.
- Python 코드를 인터랙티브 모드로 입력하고 실행할 수 있습니다.
- Python 코드를 파일에 작성해서 스크립트 모드로 실행할 수 있습니다.

이 장에서는 Python 코드를 입력하고 실행했습니다. 그러나 이 장에서는 입력한 코드의 내용에 대해서는 언급하지 않았습니다. 이제 다음 장부터 Python 코드의 내용에 대해서 본격적으로 배웁니다.

연습문제

1. 다음 항목에 대해서 O, X로 대답해 보세요.

① 인터랙티브 모드에서는 파일명을 지정하여 코드를 실행한다.

② Anaconda에는 스크립트를 저장할 때 「UTF-8(BOM 없는 것)」을 지정해서 저장해야 한다.

2. 인터랙티브 모드로 다른 수치나 메시지를 입력해 보세요.

```
>> 10 ⏎
10
>>> "안녕하세요!" ⏎
'안녕하세요!'
```

3. 「Sample1.py」를 「Sample2.py」로 저장하고, 스크립트 모드로 실행해 보세요.

*역자 주: 책의 뒷부분에 해답이 있습니다.

Python의 기본

1장에서는 Python 코드를 입력하고 실행하는 방법을 배웠습니다.
그러면 앞으로 우리는 어떠한 내용의 코드를 입력하는 것이 좋을
까요?
이 장에서는 Python 프로그램의 기본을 배웁시다.

Check Point!
- 코드 입력
- 주석
- 문자열
- 수치
- 이스케이프 시퀀스

2.1 코드의 내용

🐍 새로운 코드를 입력한다

1장에서는 화면에 메시지를 표시하는 프로그램을 작성했습니다. Python 코드를 기술하고, 무사히 실행할 수 있었나요?

이 장에서는 좀더 새로운 코드를 입력해 봅시다.

Sample1.py ▶화면에 문자열을 출력한다

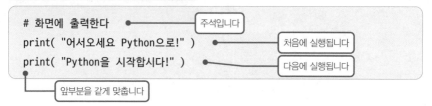

```
# 화면에 출력한다          주석입니다
print( "어서오세요 Python으로!" )          처음에 실행됩니다
print( "Python을 시작합시다!" )          다음에 실행됩니다

앞부분을 같게 맞춥니다
```

Python에서는 각 행의 앞부분을 같게 맞춰서 입력하세요. 행의 앞부분에 공백 등을 넣지 않도록 합니다.[1]

입력을 했으면 파일로 저장하고, 1장에서 설명한 스크립트 모드로 실행하세요. 실행한 화면에는 다음과 같은 문자열 2행이 표시될 것입니다.

Sample1 실행 화면

```
어서오세요 Python으로!
Python을 시작합시다!
```

---

[1] 역자 주: 다른 프로그래밍 언어와 달리 불필요한 공백 등을 주면 오류가 발생합니다

화면에 표시를 하는 것을 화면에 **출력한다**라고도 합니다. 화면에 출력하려면 코드 print(…)를 기술합니다. ( )의 부분에 출력할 대상을 지정하면 됩니다. 화면에 출력하기 위한 코드를 기억해 두면 편리합니다.

 구문 화면에 출력한다

```
print( … )
```

그림 2-1 화면에 출력
print( )를 사용해서 화면에 출력할 수 있습니다.

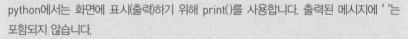

화면에 표시한다

python에서는 화면에 표시(출력)하기 위해 print()를 사용합니다. 출력된 메시지에 " "는 포함되지 않습니다.

그리고 1장에서 본 것처럼 인터랙티브 모드로 메시지만을 입력했을 때도 화면에 메시지가 표시됩니다. 그러나 출력 시 print()를 사용하지 않으면 입력한 메시지를 단순히 한 번 더 표시할 뿐입니다. 이러한 메시지는 ' '(싱글 쿼테이션)으로 감싸져서 표시됩니다.

주석을 기술한다

코드를 자세히 살펴봅시다. 일단 코드의 첫 번째 행은 어떠한 의미일까요?

Python에서 #의 의미는

기호부터 그 행 끝까지의 문자를 무시하고 처리한다

입니다. 그래서 # 뒤로는 프로그램의 실행과는 직접 관계가 없는 코드의 설명을 메모처럼 입력해 둘 수가 있습니다. 이것을 주석(comment)이라고 합니다. 보통은 처리의 시작이나 끝에 그 부분이 어떠한 처리를 하는 부분인지 메모해 두면 나중에 코드를 이해하기 좋습니다.

Sample1에서는 다음과 같이 「주석」을 기술합니다.

Python뿐만이 아니라 많은 프로그래밍 언어는 사람이 바로 이해하기가 쉽지 않습니다. 이처럼 주석을 써 놓음으로써 언제 보더라도 이해하기 쉬운 코드를 작성할 수 있는 것입니다.

한 구문씩 처리한다

그럼 계속해서 이 Python 코드의 내용을 확인합시다.

먼저 Python의 원칙을 기억하세요. Python에서는 한 개의 작은 처리(일)의 단위를 구문(statement)이라고 합니다. 그리고 이 「구문」이

앞부분에서부터 순서대로 한 구문씩 처리된다

입니다.

Python에서는 원칙적으로 한 구문은 1행에 적습니다. 즉, 코드가 실행되면 #으로 시작하는 첫 번째 행은 주석으로서 무시되고, 두 번째의 「구문」이 다음 순서로 처리됩니다.

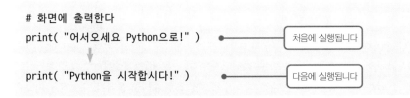

```
# 화면에 출력한다
print( "어서오세요 Python으로!" )      ●————  처음에 실행됩니다

                  ↓

print( "Python을 시작합시다!" )      ●————  다음에 실행됩니다
```

print(⋯)와 같은 구문은 화면에 문자를 출력하기 위한 코드입니다. 그래서 이 구문이 실행되면 화면에 2행의 문자열이 출력됩니다.

중요 | 구문은 기본적으로 기술한 순서대로 처리된다.

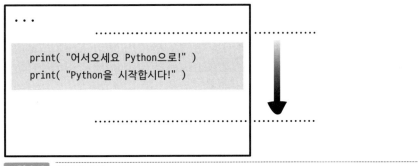

```
· · ·

    print( "어서오세요 Python으로!" )
    print( "Python을 시작합시다!" )
```

그림 2-2　처리의 순서
프로그램을 실행하면 처리가 한 구문씩 순서대로 실행되는 원칙이 있다.

여러 행으로 입력하려면

Python에서는 기본적으로 한 구문을 1행에 입력합니다. 긴 하나의 구문을 여러 행에 걸쳐 입력해야 한다면 행의 끝에 ₩(원 기호)를 붙이고 다음 행에 계속해서 입력합니다. 다만, 코드상 의미가 있는 단어(변수나 예약어 등) 중간에는 줄바꿈 할 수 없으므로 주의합니다.

또한, 인터랙티브 모드에서도 ₩를 입력하면 다음 행에 계속해서 입력할 수 있습니다.

₩을 입력하면 「>>>」 대신에 다음 행에 계속되는 것을 의미하는 「…」이 표시되어 입력을 계속할 수 있습니다. 다만, 어떤 경우라도 Python에서는 1구문을 1행에 입력하는 것이 원칙이기 때문에 주의해야 합니다.

2.2 문자열과 수치

Lesson
2

🐍 문자열 리터럴

지금까지 우리는 몇 개의 수치, 문자열로 이루어진 메시지를 입력했습니다. 이 절에서는 이러한 문자열과 수치에 대해서 배웁시다.

문자의 나열을 문자열 리터럴(string literal)이라고 합니다. 문자열은 「' '」(싱글 쿼테이션) 또는 「" "」(더블 쿼테이션)으로 감싸서 기술합니다. 예를 들어 다음과 같은 표기가 문자열입니다.

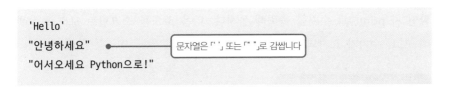

```
'Hello'
"안녕하세요"
"어서오세요 Python으로!"
```

문자열은 「' 」 또는 「" "」로 감쌉니다

둘 중(' ' 또는 " ") 어느 것을 사용해도 Python 문자열로 됩니다.

또한, Python에서는 다음과 같이 3개의 「' 」 또는 「"」으로 감싸면 줄바꿈을 포함한 문자열을 만들 수 있습니다.

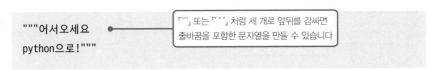

```
"""어서오세요
python으로!"""
```

「''' 」 또는 「" " "」 처럼 세 개로 앞뒤를 감싸면 줄바꿈을 포함한 문자열을 만들 수 있습니다

중요 | 문자열은 「' 」 또는 「" "」로 감싸서 표기한다.
세 개의 「' ' 」 또는 「" " "」로 앞뒤를 감싸서 줄바꿈을 포함할 수 있다.

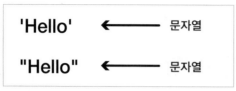

그림 2-3 문자열
문자열을 나타낼 때에는 「 ' 」 또는 「 " 」로 감쌉니다.

🐍 수치 리터럴

수치를 표기할 수도 있습니다. 수치에는 다음과 같은 종류가 있습니다.

- 정수 리터럴(integer literal) : 1, 3, 100 등
- 부동 소수점 수 리터럴(floating literal) : 2.1, 3.14, 5.0 등
- 허수 리터럴(imaginary literal) : 수치에 j를 붙인 것. 2j, 5j 등

수치 리터럴은 「 ' 」나 「 " 」로 감싸지 않고 기술하는 것에 주의하세요.

확인 차 print()로 수치를 출력해 봅시다. 다음 코드를 스크립트 모드로 실행해 보고, 수치가 표시되는 걸 확인해 보세요.

Sample2.py ▶ 수치를 표시한다

```
print( 1 )          수치는 그대로 기술합니다
print( 3.14 )
```

Sample2의 실행 화면

```
1          수치가 표시됩니다
3.14
```

2진수 · 8진수 · 16진수를 사용한다

정수 리터럴에는 다른 표기 방법도 있습니다. 우리는 평소에 0에서 9의 숫자를 사용해서 수를 나타냅니다. 이 표기법을 10진수라고 합니다. 한편, 프로그램의 세계에서는 10진수 외에도 2진수, 8진수, 16진수가 자주 사용됩니다.

Python에서 이러한 수치를 나타낼 때에는 수치의 앞부분에 다음과 같은 표기를 붙여서 나타냅니다.

- 2진수 (0~1의 숫자를 사용하는 표기) : 수치 앞부분에 0b를 붙인다
- 8진수 (0~7의 숫자를 사용하는 표기) : 수치의 앞부분에 0o를 붙인다.
- 16진수 (0~9, A~F를 사용하는 표기) : 수치의 앞부분에 0x를 붙인다.

즉, Python에서는 다음과 같은 방법으로 수치를 표기할 수 있습니다.

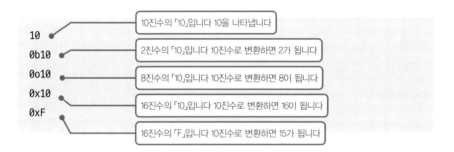

```
10        10진수의 「10」입니다 10을 나타냅니다
0b10      2진수의 「10」입니다 10진수로 변환하면 2가 됩니다
0o10      8진수의 「10」입니다 10진수로 변환하면 8이 됩니다
0x10      16진수의 「10」입니다 10진수로 변환하면 16이 됩니다
0xF       16진수의 「F」입니다 10진수로 변환하면 15가 됩니다
```

예를 들어, 2진수에서는 0~1의 숫자를 사용해서 「0, 1, 10, 11, 100 …」으로 나타내기 때문에 「2진수의 10」은 「10진수의 2」를 나타냅니다. 또한, 8진수에서는 0~7의 숫자를 사용해서 「0, 1…7, 10, 11…」로 나타내기 때문에 「8진수의 10」은 「10진수의 8」을 나타냅니다. 16진수는 「0, 1…9, A…F, 10, 11…」로 나타내기 때문에 「16진수의 F」는 「10진수의 15」를 나타냅니다.

이러한 여러 가지 표시 방법을 사용해서 수치를 표시해 봅시다.

```
print( "10진수의 10은", 10, "입니다." )
print( "2진수의 10은", 0b10, "입니다." )
print( "8진수의 10은", 0o10, "입니다." )
print( "16진수의 10은", 0x10, "입니다." )
print( "16진수의 F는", 0xF, "입니다." )
```

두 번째 행부터는 10진수 이외의 표기를 사용합니다

콤마로 구분합니다

Sample3의 실행 화면

```
10진수의 10은 10입니다.
2진수의 10은 2입니다.
8진수의 10은 8입니다.
16진수의 10은 16입니다.
16진수의 F는 15입니다.
```

수치는 「" "」로 감싸지 않고 기술하고, 문자열은 「" "」로 감싸서 기술하는 것에 주의하세요. 수치의 표기로서 다룰 때는 이처럼 숫자와 문자열을 구분해서 기술해야 합니다.

Python에서는 수치와 문자열을 「,」(콤마)로 구분해서 출력하면 계속해서 표시할 수 있습니다.

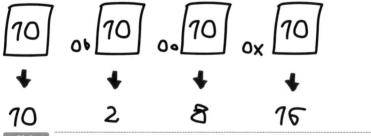

그림 2-4 10진수 이외의 표기
2진수 · 8진수 · 16진수로 수치를 나타낼 수 있습니다.

이스케이프 시퀀스를 사용한다

문자 중에는 한 문자로 나타낼 수 없는 특수한 문자가 있습니다. 이러한 문자를 print()로 화면에 출력할 때는 ₩를 앞에 붙여 2개의 문자 조합으로 한 문자를 나타내도록 합니다. 이것을 이스케이프 시퀀스(escape sequence)라고 합니다.

이스케이프 시퀀스는 표 2-1과 같습니다. 또한 OS 사용 환경에 따라서는 ₩이 \(백슬러시)로 표시될 수도 있으므로 주의하세요.

표 2-1 이스케이프 시퀀스

이스케이프 시퀀스	의미
₩t	수평 탭
₩v	수직 탭
₩n	줄바꿈
₩r	복귀
₩a	경고음
₩b	백스페이스
₩f	폼피드
₩'	'
₩"	"
₩₩	₩
₩ooo	8진수 ooo의 문자 코드를 가진 문자(o는 0~7의 숫자)
₩xhh	16진수 hh의 문자 코드를 가진 문자(h는 0~9의 숫자와 A~F의 영문자)

확인차 이스케이프 시퀀스를 화면에 출력하는 코드를 기술해 봅시다. 다음 코드를 입력하세요.

```
print( "원 기호를 표시합니다: ₩₩ " )
print( "아포스트로피를 표시합니다: ₩' " )
```

```
원 기호를 표시합니다: ₩
아포스트로피를 표시합니다: '
```

「₩₩」나 「₩'」라고 기술한 부분은 「₩」와 「'」로 출력됩니다.

또한, 문자열 앞에 r 또는 R을 붙이면 ₩를 이스케이프 시퀀스로서 다루지 않는 문자열을 작성할 수 있습니다. 이것을 raw 문자열이라고 합니다.

r을 붙이면

```
print( r"원 기호를 표시합니다.: ₩₩" )
```

```
원 기호를 표시합니다.: ₩₩
```

₩이 그대로 처리됩니다

예를 들어, 「C:₩PSample₩01」처럼 파일의 저장 위치 등을 나타내는 ₩가 많은 문자열에는 r을 붙여서 raw 문자열로 하면 편리합니다.

중요 | 이스케이프 시퀀스를 사용하면 특수한 문자를 나타낼 수 있다.

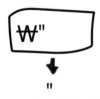

그림 2-5 이스케이프 시퀀스
특수한 문자를 나타내려면 이스케이프 시퀀스를 사용합니다.

줄바꿈을 나타내는 이스케이프 시퀀스

이 절의 앞부분에서는 세 개의 「'」 또는 「"」로 감싸서 문자열에 줄바꿈을 포함하는 방법을 소개했습니다. 이러한 줄바꿈은 이스케이프 시퀀스의 줄바꿈 문자 「\n」을 사용해서도 나타낼 수 있습니다.

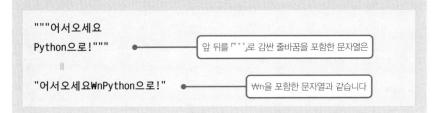

Lesson
2

```
"""어서오세요
Python으로!"""
```
앞 뒤를 「"""」로 감싼 줄바꿈을 포함한 문자열은

||

```
"어서오세요\nPython으로!"
```
\n을 포함한 문자열과 같습니다

2.3 레슨의 정리

이 장에서는 다음을 배웠습니다.

- 화면에 출력하려면 print()를 사용합니다.
- 구문은 처리의 작은 단위입니다.
- 한 구문은 원칙적으로 1행에 기술합니다.
- 주석으로서 코드 안에 메모를 써 둘 수 있습니다.
- Python의 리터럴에는 문자열, 수치 등이 있습니다.
- 문자열은 「'」 또는 「"」로 감쌉니다.
- 특수한 문자는 이스케이프 시퀀스로 나타냅니다.
- 3개의 「'」 또는 「"」, 줄바꿈 문자 「n」으로 줄바꿈을 나타낼 수 있습니다.

이 장에서 배운 것을 사용해서 문자, 수치를 화면에 표시하는 코드를 작성할 수 있습니다. 여러 작성법을 알아 둡시다. 이스케이프 시퀀스를 사용한 작성법도 필요 시 사용하면 편리합니다.

연습문제

1. 다음 코드의 적절한 부분에 「수치를 출력한다」는 주석을 입력해 보세요.

```
print( 1 )
print( 3.14 )
```

2. 다음과 같이 화면에 출력하는 코드를 기술해 보세요.

```
123
₩100 받았다
내일 봐
```

3. 「탭」을 나타내는 이스케이프 시퀀스를 사용해서 다음과 같이 화면에 출력하는 코드를 기술해 보세요.

```
1    2    3    4    5    6
```

*역자 주: 책의 뒷부분에 해답이 있습니다.

Lesson 3

변수와 식

2장에서는 문자, 수치를 출력하는 방법을 배웠습니다. 지금부터는 Python의 좀 더 프로그램다운 기능을 배웁니다. 이 장에서는 가장 기본적인 「변수」에 대해서 살펴봅시다. 또한, 계산을 하기 위한 「식」과 「연산자」도 배웁니다.

Check Point!
- 변수
- 대입
- 식
- 형
- 연산자
- 대입 연산자
- 연산자의 우선순위

3.1 변수

변수의 구조를 안다

이 장에서는 Python의 좀 더 프로그램다운 기능을 배워 봅시다. Python에서는 데이터나 처리 결과를 기억하기 위한 구조로서 변수(variable)라는 기능이 있습니다.

컴퓨터는 여러 값을 기억하기 위해 내부에 메모리(memory)라는 장치를 갖고 있습니다. 「변수」는 컴퓨터의 메모리에 값을 저장합니다. Python을 사용할 때 여러 가지 데이터를 분석·처리하기도 합니다. Python에서도 이러한 변수의 구조를 이용하여 데이터의 값을 저장하고 다룹니다.

변수가 어떤 것인지 우선 그림 3-1을 봅시다. 변수는 이 그림의 상자와 같은 것이라고 생각할 수 있습니다. 변수를 사용하면 마치

변수라는 상자 안에 값을 넣는다

처럼 특정 값을 저장할 수 있습니다.

지금부터 변수에 대해서 자세히 알아봅시다.

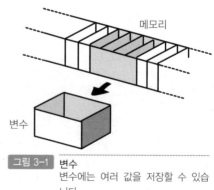

그림 3-1 변수
변수에는 여러 값을 저장할 수 있습니다.

🐍 변수의 이름을 정한다

변수를 사용하려면 상자에 이름을 지정해야 합니다. 변수의 이름은 다음의 규칙에 따라서 알기 쉬운 이름으로 자유롭게 붙입니다.

- 영문자·숫자·언더스코어(_) 중 하나를 사용합니다. 특수한 기호를 포함할 수 없습니다.
- 숫자로 시작할 수 없습니다.
- 대문자와 소문자를 구별합니다.
- 코드상 의미를 가진 단어(예약어)는 사용할 수 없습니다.

이러한 규칙을 따르는 이름을 식별자(identifier)라고 합니다. 식별자에 맞는 올바른 변수명의 예를 몇 개 들어봅시다. 다음과 같은 이름을 가진 변수를 사용할 수 있습니다.

```
a
abc
ab_c
F1
```

한편, 다음은 변수의 이름으로 맞지 않습니다. 즉, 이것들은 변수의 이름으로서 사용할 수 없습니다. 어디가 잘못되었는지 확인해 보세요.

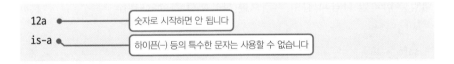

변수의 이름은 식별자의 범위에서 자유롭게 지정할 수 있습니다. 다만, 어떤 값을 저장하는 변수인지 분명히 알 수 있도록 변수명을 사용하는 것이 중요합니다.

여기서는 매출 데이터를 나타내기 위해서

```
sale
```

이라는 이름의 변수를 사용합시다.

그림 3-2 **변수의 이름**
변수에 식별자에 따른 이름을 붙여서 이용할 수 있습니다.

변수에 값을 대입한다

변수의 이름을 준비했으면 변수에 특정 값을 저장할 수 있습니다.

이것을

값을 대입한다(assignment)

라고 합니다.

그림 3-3을 보면 값의 「대입」이란 준비한 변수의 상자에 특정 값을 넣는다(저장한다, 기억한다)와 같습니다.

대입을 하려면 다음과 같이 = 기호를 사용해서 기술합니다.

```
sale = 10
```

조금 특이한 것 같지만, 이렇게 하면 변수 sale에 값 10을 저장할 수 있습니다. 이 = 기호는 값을 저장시키는 기능이 있습니다. Python 변수는 처음 값을 대입했을 때에 메모리 상에 생성됩니다.

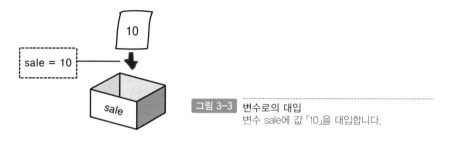

Lesson
3

그림 3-3 **변수로의 대입**
변수 sale에 값 「10」을 대입합니다.

변수에 값을 대입하는 코드의 스타일은 다음과 같습니다.

구문 **변수로의 대입**

변수명 = 식

「식」에 대해서는 다음 절에서 자세히 설명합니다. 여기서는 「10」이나 「"서울"」
과 같은 일정한 수치나 문자열 값으로 생각해 둡시다.

> **중요 |** 변수에 처음 값을 대입할 때 변수가 생성된다.

변수를 이용한다

실제로 프로그램을 작성해서 변수를 사용해 봅시다.

Sample1.py ▶ 변수를 사용한다

```
sale = 10          ❶ 변수에 값을 대입합니다
print( "매출액은", sale, "만 원입니다." )
                   ❷ 변수를 출력합니다
```

이 코드에서는 ❶ 부분에서 변수를 생성하고 값을 저장합니다.

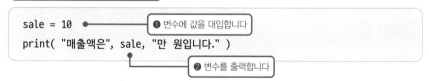

```
sale = 10     ● 변수를 생성하고 값을 대입합니다
```

그리고 ❷ 부분에서 변수의 값을 출력합니다.

```
print( "매출액은", sale, "만 원입니다." )
```

변수를 출력합니다

이와 같이 하면 ❷ 부분에서 「sale」이라는 변수명이 아닌 변수 sale의 안에 저장돼 있는

```
10
```

이라는 값이 출력됩니다. 코드를 실행해서 확인해 봅시다.

Sample1의 실행 화면

매출액은 10만 원입니다.

변수에 저장되어 있는 값이 출력됩니다

중요ㅣ 변수를 출력하면 변수에서 저장하고 있는 값이 표시됩니다.

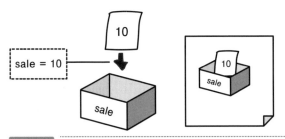

그림 3-4   변수의 출력
변수를 출력하면 변수에서 저장하고 있는 값이 표시됩니다.

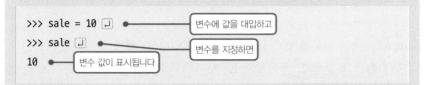
변수의 값을 변경한다

2장에서 본 것처럼 코드를 실행하면 기술한 구문이 1행씩 순서대로 처리됩니다. 그래서 일단 대입한 변수의 값이라도 다시 새로운 값으로 변경할 수 있습니다. 다음 코드를 봅시다.

Sample2.py ▶ 다른 값을 저장한다

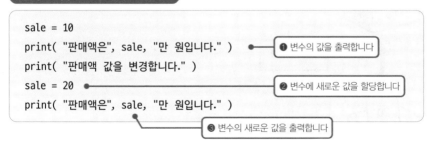

판매액은 10 만 원입니다.
판매액 값을 변경합니다.
판매액은 20 만 원입니다. ●————| 변수의 새로운 값이 출력됩니다 |

Sample2에서는 처음에 변수 sale에 「10」을 대입하고, ❶ 부분에서 출력합니다.
다음에 ❷의 부분에서 변수 값으로 「20」을 대입합니다. 이처럼 변수에 한 번
더 값을 대입하면

값을 덮어쓰고, 변수 값을 변경한다

는 처리를 할 수 있습니다.

Sample2에서는 변수 값이 변경되었기 때문에 ❸에서 변수 sale을 출력할 때에
는 새로운 값인 「20」이 출력됩니다. ❶과 ❸은 같은 처리이지만 변수의 값이
변경되어서 출력되는 값이 다르니 주의합니다.

이처럼 변수는 다양한 값을 기억할 수 있습니다. "변(変: 변할 변)"수라 불리
는 이유를 알았나요?

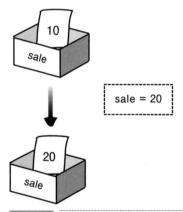

그림 3-5 변수 값의 변경
변수 sale에 한 번 더 값을 대입하면 변수 값이 변경됩니다.

🐍 문자열을 저장한다

변수에는 여러 값을 저장할 수 있습니다. 하나 더 변수를 준비해 봅시다.

Lesson
3

Sample3.py ▶ 여러 변수를 사용한다

```
name = "서울"
sale = 10          여러 변수를 사용할 수 있습니다
print( name, "지점의 판매액은", sale, "만 원입니다." )          여러 변수를 표시할
                                                              수 있습니다
```

Sample3의 실행 화면

서울 지점의 판매액은 10 만 원입니다.

이번에는 수치를 저장한 변수 sale뿐만 아니라 변수 name에 문자열을 저장했습니다. 2장에서 배운 것처럼 문자열을 사용하려면 「" "」으로 감싸면 됩니다.

이처럼 변수에는 다양한 값을 저장할 수 있으므로, 다른 값을 저장하여 확인해 보면 좋을 것입니다.

형

변수에 저장할 수 있는 값의 종류는 형(type)이라고 합니다. Python의 주요 기본 형은 표 3-1과 같습니다. 시퀀스·세트·매핑은 5장, 6장에서 배웁니다. 클래스·인스턴스에 대해서는 8장, 예외는 10장에서 배웁니다.

Python에서 하나의 변수에는 정수나 문자열처럼 여러 형의 값을 바꿔서 대입해도 됩니다. 다만, 변수에 어떤 종류의 값이 저장되어 있는지는 주의해야 합니다.

표 3-1: Python의 주요한 형

수치	정수(int)
	부울값(bool)
	부동 소수점 수(float)
	복소수(complex)
시퀀스	리스트(list)
	튜플(tuple)
	문자열(str)
	바이트열(bytes)
세트	세트(set)
매핑	딕셔너리(dict)
클래스	
인스턴스	
예외	

3.2 연산자의 기본

식의 구조를 안다

Python에서는 여러 처리를 「계산」해서 하는 경우가 있습니다. 이 절에서는 식 (expression)에 대해서 배웁시다. 「식」을 이해하기 위해서는

1 + 2

와 같은 「수식」을 보면 이해하기 쉽습니다. Python에서는 이러한 식을 코드 안에서 사용합니다.

Python의 「식」 대부분은

- **연산자**(연산하는 것: operator)
- **오퍼랜드**(연산의 대상: operand)

를 조합하여 만듭니다. 예를 들어 「1 + 2」에서는 「+」가 연산자, 「1」과 「2」가 오퍼랜드에 해당합니다.

그리고 식의 「평가」도 중요한 개념입니다. 「평가」를 알기 위해서는 먼저 식의 「계산」을 해 보세요. 이 계산이 식의 평가에 해당합니다. 예를 들어, 1 + 2가 「평가」되면 3이 됩니다. 평가된 뒤의 3을 「식의 값」이라고 합니다.

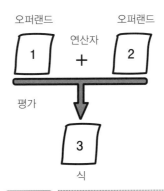

그림 3-6 식
식 1 + 2는 평가되어 값 3을 가집니다.

식의 값을 출력한다

이제까지 배운 코드를 이용하면 식의 값을 출력할 수 있습니다. 다음과 같은
코드를 입력해 봅시다.

Sample4.py ▶ 식의 값을 출력한다

```
print( "1 + 2는", 1 + 2, "입니다." )
```

식 1 + 2를 기술합니다

Sample4의 실행 화면

1 + 2는 3 입니다.

3이 출력됩니다

출력되는 것은 식 「1 + 2」가 아닌 「3」이 됩니다. 이처럼 코드가 실행되면 식이
평가됩니다.

인터랙티브 모드에서의 계산

1장에서는 인터랙티브 모드로 계산 「1 + 2」를 했습니다. 인터랙티브 모드에서는 식을 입
력하면 그 평가가 바로 출력됩니다. 그래서 계산도 쉽게 할 수 있습니다.

```
>>> 1 + 2 ⏎
3
```

변수를 연산한다

그럼 조금 복잡한 계산을 해봅시다.

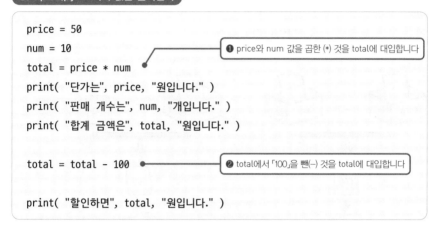

Sample5.py ▶ 식의 값을 출력한다

```
price = 50
num = 10
total = price * num          ❶ price와 num 값을 곱한 (*) 것을 total에 대입합니다
print( "단가는", price, "원입니다." )
print( "판매 개수는", num, "개입니다." )
print( "합계 금액은", total, "원입니다." )

total = total - 100          ❷ total에서 「100」을 뺀(-) 것을 total에 대입합니다

print( "할인하면", total, "원입니다." )
```

Sample5의 실행 화면

```
단가는 50 원입니다.
판매 개수는 10 개입니다.          연산 결과가 출력됩니다
합계 금액은 500 원입니다.
할인하면 400 원입니다.
```

이번 코드에서는 ❶과 ❷ 부분에서 변수를 오퍼랜드로서 사용한 식을 기술하였습니다. 이처럼 일정한 값이 아닌 변수도 오퍼랜드로 사용할 수 있습니다. 하나씩 살펴봅시다.

먼저, ❶의 「total = price * num」은

변수 price와 변수 num에 저장되어 있는 값끼리 곱셈을 하고,
그 값을 변수 total에 대입한다

와 같은 계산을 하는 식입니다. *는 곱셈을 하는 연산자입니다.

다음에 ❷의 「total = total − 100」은

변수 total의 값에서 100을 빼고, 그 값을 다시 total에 대입한다

는 식입니다. 우변과 좌변이 맞지 않는 이상한 표기로도 보입니다. 그러나 =
기호는 「같다」는 의미가 아닌 「값을 대입한다」는 기능의 연산자입니다. 그래서
이런 코드를 쓸 수 있는 것입니다.

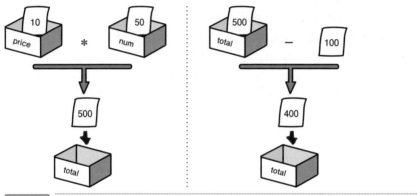

그림 3-7 total = price * num(왼쪽), total = total − 100(오른쪽)
변수에 기억되어 있는 값을 연산할 수 있습니다.

3.3 연산자의 종류

여러 가지 연산자

Python에서는 +, −, * 연산자 이외에도 많은 연산자가 있습니다. 주요 연산자의 종류를 다음 표에 나타냅니다.

표 3−2: 주요 연산자의 종류

기호	이름	기호	이름
+	덧셈	=	대입
−	뺄셈	〉	보다 크다
*	곱셈	〉=	이상
**	거듭제곱	〈	미만
/	나눗셈	〈=	이하
//	절사 나눗셈	==	같다
@	행렬 연산	!=	같지 않다
%	나머지	and	논리곱
+	단항 +	or	논리합
−	단항 −	not	논리부정
~	보수(비트 부정)	if else	조건
|	비트 논리합	in	귀속 검사
&	비트 논리곱	not in	비귀속 검사
^	비트 배타적 논리합	is	동일성 검사
〈〈	왼쪽 시프트	is not	비동일성 검사
〉〉	오른쪽 시프트	lambda	람다

연산자에는 오퍼랜드를 1개 취하는 것과 2개 취하는 것이 있습니다. 예를 들어, 다음과 같이 뺄셈을 하는 - 연산자는 오퍼랜드를 2개 취하는 연산자입니다.

```
10 - 2
```

한편, 「음수」를 나타내기 위해서 사용하는 - 연산자는 오퍼랜드를 1개 취하는 연산자입니다.

```
-10
```

오퍼랜드를 1개 취하는 연산자는 단항 연산자(unary operator)라고도 합니다.

그럼 이 표에 있는 여러 가지 연산자를 사용한 코드를 기술해 봅시다.

Sample6.py ▶ 여러 가지 연산자를 이용한다

```python
num1 = 10
num2 = 5
print( "num1 + num2는", num1 + num2, "입니다." )
print( "num1 - num2는", num1 - num2, "입니다." )
print( "num1 * num2는", num1 * num2, "입니다." )      ← 여러 연산을 합니다
print( "num1 / num2는", num1 / num2, "입니다." )
print( "num1 % num2는", num1 % num2, "입니다." )
```

Sample6의 실행 화면

```
num1 + num2는 15 입니다.
num1 - num2는 5 입니다.
num1 * num2는 50 입니다.
num1 / num2는 2.0 입니다.
num1 % num2는 0 입니다.
```

Sample6에서는 덧셈·뺄셈·곱셈·나눗셈을 합니다. 아주 간단합니다. 다만, 마지막의 % 연산자(나머지 연산자)는 조금 낯설 수도 있겠습니다. 이 연산자는

num1 % num2 = ●... 나머지 x

라는 계산에서 「x」를 식의 값으로 하는 연산자입니다. 즉, % 연산자는 「나머지의 수를 구한다」는 연산자입니다. 이 코드에서는 「10 ÷ 5 = 2 나머지 0」이므로 「0」이 출력됩니다.

나머지 연산자 %는 그룹 나누기 등을 할 때 많이 사용합니다. 예를 들어 어떤 정수를 5로 나눈 나머지를 구한다면 0~4 중 하나의 값을 구할 수 있습니다. 이 값으로 0~4의 5개 그룹으로 나눌 수 있기 때문입니다.

num1, num2의 값을 변경해 여러 가지 연산을 해보세요. 다만 / 연산자나 % 연산자는 0으로 나눗셈을 할 수 없습니다.

🐍 문자열을 조작하는 연산자

더욱 특이한 연산자의 사용법을 살펴 봅시다. 곱셈을 나타내는 * 연산자를 사용하면 왼쪽 오퍼랜드로 지정한 문자열을 오른쪽 오퍼랜드에 지정한 정수배(倍) 반복한 문자열이 작성됩니다. 다음 코드를 보세요.

Sample7.py ▶ 문자열을 조작하는 연산자

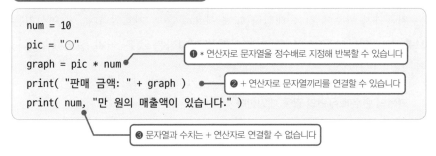

```
num = 10
pic = "○"
graph = pic * num
print( "판매 금액: " + graph )
print( num, "만 원의 매출액이 있습니다." )
```

❶ * 연산자로 문자열을 정수배로 지정해 반복할 수 있습니다

❷ + 연산자로 문자열끼리를 연결할 수 있습니다

❸ 문자열과 수치는 + 연산자로 연결할 수 없습니다

판매 금액: ○○○○○○○○○○
10 만 원의 매출액이 있습니다.

「문자열 * 정수」라는 * 연산을 하면 그 문자열을 정수배 반복한 문자열을 작성할 수 있습니다(❶). 여기서는 「○」이 10개 이어지는 문자열이 작성됩니다.

다만, 보통 연산자는 같은 종류의 값(형)끼리 사용하는 것이 원칙입니다. 이 * 연산자는 특별한 사용법이므로 주의합시다.

원칙적으로 연산자는 같은 종류의 값끼리 사용합니다. 예를 들어 문자열끼리 + 연산자를 사용하면 연결된 하나의 문자열을 만들 수 있습니다. 이 코드에서도 이제까지 사용한 「,」(콤마) 대신에 + 연산자를 사용해서 문자열끼리 연결했습니다(❷).

한편, 문자열과 수치의 경우에는 종류가 다르므로 * 연산자가 아닌 + 연산자 등으로 연산할 수 없습니다. 문자열과 수치를 화면 상에 연속해서 표시하려면 지금까지 한 것처럼 「,」(콤마)로 나열해야 합니다(❸).

🐍 대입 연산자

다음으로 대입 연산자(assignment operator)에 대해서 배웁시다. 대입 연산자는 지금까지 변수에 값을 대입할 때에 사용해 온 = 기호입니다. 이 연산자는 보통의 = 의미인 「같다」(equal)는 의미가 아니라는 것은 이미 설명했습니다. 즉, 대입 연산자는

좌변의 변수에 우변의 값을 대입한다

는 기능을 하는 연산자입니다. 대입 연산자는 =뿐만 아니라 =과 다른 연산자를 조합한 다양한 연산도 있습니다. 다음 표를 보세요.

표 3-3 대입 연산자의 조합

기호	이름	기호	이름
+=	덧셈 후 대입	@=	행렬 연산 후 대입
-=	뺄셈 후 대입	%=	나머지를 구한 후 대입
*=	곱셈 후 대입	&=	논리곱 후 대입
**=	거듭제곱 후 대입	^=	배타적 논리합 후 대입
/=	나눗셈 후 대입	|=	논리합 대입
//=	절사 후 나눗셈 대입	<<=	왼쪽 시프트 후 대입
		>>=	오른쪽 시프트 후 대입

이러한 대입 연산자는 다른 연산과 대입을 동시에 하는 복합 연산자로 되어 있습니다. 여기서는 += 연산자를 예를 들어봅시다.

a += b ●────[a + b의 값을 a에 대입한다]

+= 연산자는

변수 a의 값에 변수 b의 값을 더하고,
그 값을 변수 a에 대입한다

는 연산을 합니다. + 연산자와 = 연산자의 기능을 순차적으로 합한 기능과 같습니다.

이처럼 사칙연산 등의 연산자(●로 둡니다)와 조합한 복합적인 대입 연산자를 사용한 구문인

a ●= b

는 보통의 대입 연산자인 =를 사용해서

```
a = a ● b
```

로 표현할 수 있습니다.

즉, 다음 두 구문은 모두 「변수 a 값과 b 값을 더해서 변수 a에 대입한다」는 처리를 나타내는 것입니다.

```
a += b
a = a + b
```

또한, 복합적인 연산자에는

```
a + = b
```

와 같이 +와 = 사이에 공백을 넣으면 안 됩니다.

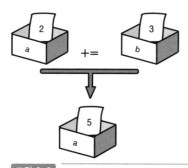

복합적인 대입 연산자
복합적인 대입 연산자를 사용하면 사칙 연산과 대입을 하나의 연산자로 간단하게 기술할
수 있습니다.

3.4 연산자의 우선 순위

연산자의 우선 순위

다음 식을 봅니다.

```
a + 2 * 5
```
2 * 5가 먼저 평가됩니다

이 식에서는 + 연산자와 * 연산자가 2개 사용됩니다. 여러 개의 연산자는 하나의 식 안에서 조합해서 사용할 수 있습니다. 이때, 식은 어떠한 순서로 평가(연산) 될까요?

보통의 사칙 연산에서는 덧셈보다 곱셈이 먼저 계산됩니다. 이것은 수식의 규칙에서는 덧셈보다도 곱셈의 연산이

　　우선 순위가 높다

이기 때문입니다. Python의 연산자도 같습니다. 이 식에서는 「2 * 5」가 처리되고 나서 「a + 10」이 처리됩니다.

연산자의 우선 순위는 변경할 수도 있습니다. 보통의 수식과 마찬가지로 「( )」(괄호)를 사용해서 괄호 안을 우선적으로 처리하는 것입니다. 다음 식에서는 「a + 2」가 먼저 처리되므로 그 값이 5배가 됩니다.

```
(a + 2) * 5
```
괄호 안이 먼저 처리됩니다

그럼 다른 연산자에서는 어떻게 될까요? 다음 식을 보세요.

```
a = b + 2
```

대입 연산자와 같은 연산자는 사칙 연산보다도 우선 순위가 낮으므로 이 식은
다음 식과 같은 순위로 연산합니다.

```
a = (b + 2)
```

b + 2가 먼저 평가됩니다

> **중요 | 연산자의 우선 순위에 주의한다.**
> 「( )」(괄호)를 사용하면 우선 순위를 변경할 수 있다.

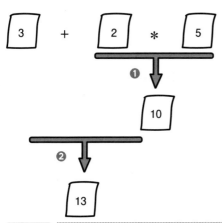

<u>그림 3-9</u> 연산자의 우선 순위
　　　　　연산자에는 우선 순위가 있습니다. 우선 순위를 변경하려면 「( )」(괄호)를 사용합니다.

Python에서 사용하는 연산자의 우선 순위는 표 3-4와 같습니다.

표 3-4: 연산자의 우선 순위(실선으로 구분된 안은 같은 우선 순위)

기호	이름	기호	이름
( )	튜플 · 세트	>>	오른쪽 시프트
[ ]	리스트 · 딕셔너리	&	비트 논리곱
[ ]	인덱스 · 슬라이스	^	비트 배타적 논리합
( )	호출	|	비트 논리합
.	속성 · 참조	>	보다 큰
**	거듭제곱	>=	이상
~	보수	<	미만
−	단항 −	<=	이하
+	단항 +	==	같다
%	나머지	!=	같지 않다
*	곱셈	in · not in	귀속 · 비귀속
/	나눗셈	is · is not	같다 · 같지 않다
//	절사 · 나눗셈	not	논리 부정
@	행렬	and	논리곱
+	덧셈	or	논리합
−	뺄셈	if else	조건
<<	왼쪽 시프트	lambda	람다

Lesson **3**

같은 우선 순위의 연산자를 사용한다

그럼 같은 레벨의 우선 순위 연산자를 동시에 사용하면 어떻게 될까요? 사칙연산에서는 우선 순위가 같으면 무조건 「왼쪽부터 순서대로」 계산하는 것이 규칙입니다. 이러한 연산 순위를 왼쪽 결합이라고 합니다.

Lesson 3 변수와 식 087

Python의 + 연산자도 왼쪽 결합을 하는 연산자입니다. 즉,

```
a + b + 1
```

로 기술했을 때에는

```
(a + b) + 1   ●──[ 왼쪽부터 처리됩니다 ]
```

라는 순서로 처리되는 것입니다. Python의 일반적인 연산자는 왼쪽 결합으로 되어 있습니다.

반대로 오른쪽부터 처리되는 연산자도 있으며 이것을 오른쪽 결합이라고 합니다. 예를 들어, 대입 연산자는 오른쪽 결합을 하는 연산자입니다. 즉,

```
a = b = 1
```

로 기술했을 때에는

```
a = (b = 1)   ●──[ 오른쪽부터 처리됩니다 ]
```

와 같은 순서로(오른쪽부터) 처리되므로 먼저 변수 b에 1이 대입되며, 이어서 a에도 값1이 대입됩니다. Python에서는 대입 연산자 외에도 거듭 연산자(**)가 오른쪽 결합입니다.

> 중요 | 왼쪽부터 우선적으로 처리되는 결합을 왼쪽 결합이라고 한다.
> 오른쪽부터 우선적으로 처리되는 결합을 오른쪽 결합이라고 한다.

3.5 키보드로 입력

키보드로 입력한다

이번에는 사용자가 키보드로 수치를 입력하고 그 값을 출력하는 코드를 응용해 봅시다. 키보드로부터의 입력을 받는 방법을 배우면 유연한 프로그램을 작성할 수 있습니다.

입력을 받는 코드는 다음과 같이 기술합니다.

키보드로부터의 입력

```
변수 = input( "화면에 표시할 메시지" )
```
입력한 값을 변수에 대입할 수 있습니다

이 구문을 가진 코드를 실행하고, input(…) 부분의 처리가 실행되면 사용자로부터의 입력을 기다리는 상태가 됩니다. 여기에서 사용자는 문자 등을 키보드로 입력하고, Enter 키를 누릅니다. 그러면 입력한 값이 변수에 대입되는 것입니다.

실제로 코드를 작성하고 확인해 봅시다.

Sample8.py ▶ 키보드로부터의 입력 수치를 출력

```
n = input( "값을 입력하세요." )
print( n, "이(가) 입력되었습니다." )
```

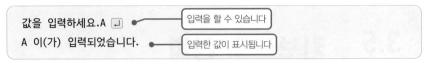

값을 입력하세요.A ⏎ ●————— 입력을 할 수 있습니다

A 이(가) 입력되었습니다. ●————— 입력한 값이 표시됩니다

이 코드를 실행하면 「값을 입력하세요.」라는 메시지가 화면에 출력됩니다. 그리고 컴퓨터는 사용자로부터의 입력을 기다리는 상태가 됩니다.

여기에서 키보드로부터 「A」를 입력하고, Enter 키를 눌러 봅시다. 그러면 화면에 「A가 입력되었습니다.」라고 출력됩니다.

이 코드를 사용하면 다양한 값을 출력할 수 있습니다.

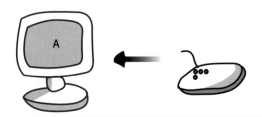

그림 3-10 키보드로부터의 입력
키보드로부터의 입력 값을 변수에 저장하고 출력합니다. 입력한 값이 다르면 출력되는 값도 다릅니다.

🐍 수치를 입력시키려면

input()을 여러 개 사용하면 여러 개의 값을 입력시킬 수도 있습니다. 보다 유연한 프로그램을 작성할 수 있을 것입니다.

다만, input()을 사용해 입력을 하는 프로그램은 주의해야 합니다. input()에 의해 입력된 값은 수치나 문자 관계없이 모두 문자열로 입력됩니다. 예를 들어, 다음과 같은 프로그램을 실행하면 어떻게 될까요?

오류가 있는 프로그램

```
num1 = input( "수치1을 입력하세요." )
num2 = input( "수치2를 입력하세요." )   ●──── 문자열로 입력되므로
num3 = num1 + num2   ●──── 계산을 해도
print( num1, "+", num2, "은(는)", num3, "입니다." )
```

오류가 있는 프로그램의 실행 화면

```
수치1을 입력하세요. 5 ↵
수치2를 입력하세요. 10 ↵
5 + 10 은(는) 510 입니다.   ●──── 입력 문자를 연결한 결과를 출력합니다
```

여기서 입력된 값은 문자열입니다. 그러므로 5 + 10의 결과가 수치의 계산 결과인 15가 아닌 문자열 「5」와 「10」을 연결한 값을 출력합니다.

input()에 의해 키보드로부터 입력한 값을 Python 수치로 하기 위해서는 입력된 값을 수치로 변환해야 합니다. 이때, 입력 결과를 정수로 변환하기 위해 int()를 사용합니다. ( ) 안에는 변환할 대상을 지정합니다.

```
                    ┌──── 문자열을 정수로 변환합니다
num1 = int( input("정수1을 입력하세요.") )
num2 = int( input("정수2를 입력하세요.") )
```

🐍 수치를 제대로 계산한다

그래서 input()을 사용해서 2개 이상의 수를 계속해서 입력시켜 계산을 하는 프로그램을 작성해 봅시다. 다음 코드를 입력하세요. 변수 2개를 사용해서 키보드로부터의 입력을 받습니다.

```
num1 = int( input("정수1을 입력하세요.") )
num2 = int( input("정수2를 입력하세요.") )
num3 = num1 + num2
print( num1, "+", num2, "은(는)", num3, "입니다." )
```

문자열을 정수로 변환합니다

Sample9의 실행 화면

```
정수1을 입력하세요. 5 ↵
정수2를 입력하세요. 10 ↵
5 + 10 은(는) 15 입니다.
```

계산한 결과입니다

이번엔 수치 계산이 잘 되었습니다. int()에 의해 문자열이 정수로 변환되었기 때문에 계산을 할 수 있습니다.

또한, 소수를 입력하는 경우에는 문자열을 부동 소수점으로 변환하는 float() 을 사용합니다. int()로는 부동 소수점을 변환할 수 없으므로 주의하세요.

내장 함수

여기서 소개한 int()와 float() 그리고 input()은 내장 함수(built-in function)라고 합니다. 또한, 이제까지 사용한 print()도 내장 함수입니다.

함수(function)란 여러 가지 처리를 합친 기능을 말합니다. 함수에 대해서는 7장에서 자세히 배웁니다. 내장 함수는 Python 인터프리터에 처음부터 내장된 편리한 함수(기능)로 되어 있는 것입니다. 여기서는 기본적인 내장 함수를 사용할 수 있도록 해 둡시다.

이 장에서는 다음을 배웠습니다.

- 변수에는 값을 저장할 수 있습니다.
- 변수의 「이름」에는 식별자를 사용합니다.
- 변수에 값을 대입하려면 = 기호를 사용합니다.
- 연산자는 오퍼랜드와 조합하여 식을 만듭니다.
- 복합 대입 연산자를 사용하면 사칙 연산과 대입 연산을 조합한 처리를 할 수 있습니다.
- input()을 사용해서 키보드로부터 입력할 수 있습니다.
- int()를 사용해서 문자열을 정수로 변환할 수 있습니다.
- float()을 사용해서 문자열을 소수로 변환할 수 있습니다.

변수와 연산자는 Python의 가장 기본적인 구조입니다. 또한, 여기에서 소개한 입력하는 구조를 사용하면 입력받는 다양한 값을 표시할 수 있을 겁니다.

다음 장에서는 더욱더 다양한 값에 따라 처리에 변화를 주는 방법을 배워봅니다.

연습문제

1. 나이를 나타내는 변수를 사용하여 다음과 같이 출력하는 코드를 기술해 보세요.

> 당신은 몇 살입니까? 23 ↵
> 당신은 23살입니다.

2. 키와 몸무게를 나타내는 두 변수를 사용하여 다음과 같이 화면에 출력하는 코드를 기술해 보세요. 입력 값의 변환에 float()을 사용합니다.

> 키를 입력하세요. 165.2 ↵
> 체중을 입력하세요. 52.5 ↵
> 키는 165.2 센티미터입니다.
> 몸무게는 52.5 킬로그램입니다.

*역자 주: 책의 뒷부분에 해답이 있습니다.

Lesson 4

여러 가지 처리

이제까지의 코드에서는 코드 안의 행이 한 구문씩 순서대로 처리
되었습니다. 그러나 더욱 복잡한 처리를 할 때는 각 행을 순서대
로 처리하는 것만으로는 작성할 수 없는 경우가 있습니다.
Python에서도 다른 언어와 같이 처리를 제어할 수 있습니다. 이
번에는 처리를 제어하는 구문을 배웁시다.

Check Point!
- if 문
- if ~ elif ~ else
- for 문
- while 문
- break 문
- continue 문

4.1 if 문

🐍 상황에 따른 처리를 한다

프로그램에서는 여러 가지 상황에 따른 처리를 할 때가 있습니다. 예를 들어 기업의 매출액 상황에 따라 평가를 표시하는 프로그램을 생각해 보세요. 이 때, 다음과 같은 상황이 있을 수 있습니다.

매출액이 많을 때는… ➡ **좋은 평가를 표시함**

매출액이 적을 때는… ➡ **나쁜 평가를 표시함**

Python에서도 이러한 상황에 따른 처리를 할 수 있습니다. 이 절에서는 상황에 따른 처리를 하는 방법을 배웁시다.

🐍 여러 가지 상황을 나타내는 조건

Python에서 여러 가지 상황을 나타내기 위해서는 조건(condition)이라는 개념을 이용합니다. 위의 예에서는

매출액이 많다

가 「조건」에 해당합니다.

물론, 실제 Python 코드에서는 이처럼 한국어로 조건을 기술하지는 않습니다.

값이

True(참)

False(거짓)

라는 값 중 하나로 나타내는 것을 Python에서는 조건이라고 합니다. True 또는 False는 그 조건이 「옳다」 또는 「옳지 않다」는 것을 나타내는 값입니다.

예를 들어, 「매출이 많다」는 조건을 생각해 보면 조건이 True 또는 False가 되는 경우는 다음과 같은 것을 말하는 것입니다.

매출액이 100만 원 이상인 경우 ➜ 매출이 많으므로 조건은 True

매출액이 100만 원 미만인 경우 ➜ 매출이 많지 않으므로 조건은 False

조건을 기술한다

조건이 무엇인지 어느 정도 알게 되었으니 조건을 Python 식으로 나타냅시다. 우리는 3이 1보다 크다는 것을

3 > 1

이라는 부등식으로 나타냅니다. 확실히 3은 1보다 큰 수치이므로 이 부등식은 「옳다」고 말할 수 있습니다. 그런데 다음 부등식은 어떨까요?

3 < 1

이 식은 「옳지 않다」라고 말할 수 있습니다. Python에서도 >와 같은 기호를 사용할 수 있으며, 위의 식은 True이고 아래 식은 False로 평가됩니다. 즉, 식 「3 > 1」이나 「3 < 1」은 Python의 조건이라고 할 수 있습니다.

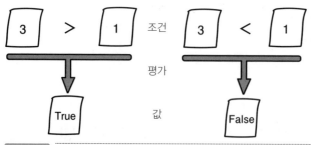

그림 4-1 조건

비교 연산자를 사용해서 「조건」을 기술할 수 있습니다. 조건은 True 또는 False 값을 가집니다.

조건을 만들기 위해서 사용하는 〉 기호는 비교 연산자(comparison operator)입니다. 표 4-1에 여러 가지 비교 연산자와 조건이 True가 되는 경우를 정리했습니다.

표 4-1을 보면 알 수 있듯이 〉의 경우는 「좌변이 우변보다 큰 경우에 True」가 되므로 「3 〉 1」은 True입니다. 그리고, 예를 들어 「1 〉 3」은 False입니다.

표 4-1: 비교 연산자

연산자	식이 True가 되는 경우	연산자	식이 True가 되는 경우
==	좌변이 우변과 같다	<=	좌변이 우변보다 작거나 같다
!=	좌변이 우변과 같지 않다	in	우변 안에 좌변이 존재한다
〉	좌변이 우변보다 크다	not in	우변 안에 좌변이 존재하지 않는다
〉=	좌변이 우변보다 크거나 같다	is	좌변이 우변과 같다
〈	좌변이 우변보다 작다	is not	좌변이 우변과 같지 않다

중요 | 비교 연산자를 사용해서 조건을 기술한다.

True와 False를 안다

True와 False는 참 거짓을 나타내기 위한 값으로 부울값(진위값: boolean type) 이라고 합니다. Python에서는 참 거짓 외의 값도 부울값으로 다룰 수 있습니다. 이때, 다음과 같이 다룹니다.

표 4-2: True/False

	True	False
수치	0 이외의 값	0
문자열 등(컬렉션)	빈 값 이외의 값	빈 값(None)

Lesson 4

0이나 빈 값을 False로 다루며, 그 이외의 값을 True로 다룹니다. 이것들은 0 이나 빈 값을 다룰 때에 중요하므로 기억해 둡시다.

> **중요** | 수치는 0, 문자열은 빈 문자열이 False가 된다.

비교 연산자를 사용해서 조건을 기술한다

비교 연산자를 사용해서 몇 가지 조건을 기술해 봅시다.

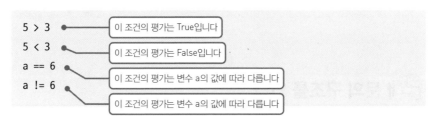

```
5 > 3      이 조건의 평가는 True입니다
5 < 3      이 조건의 평가는 False입니다
a == 6     이 조건의 평가는 변수 a의 값에 따라 다릅니다
a != 6     이 조건의 평가는 변수 a의 값에 따라 다릅니다
```

조건 「5 〉 3」은 5가 3보다 크므로 식의 값은 True인 것을 알 수 있습니다. 또 한, 「5 〈 3」이라는 조건식의 값은 False가 됩니다.

조건의 기술에는 변수를 사용할 수도 있습니다. 예를 들어, 위의 조건 「a ==

6」은 식이 평가될 때(식을 포함하는 구문이 실행될 때), 변수 a의 값이 6인 경우에 True입니다. 한편 변수 a의 내용이 3이나 10인 경우는 False입니다. 이와 같이 비교시점의 변수 값에 따라서 조건이 의미하는 값이 달라지는 것입니다.

마찬가지로 「a != 6」은 a가 6이 아니면 True가 되는 조건입니다.

또한, 「!=」와 「==」은 두 문자가 1개의 연산자이므로 !와 =의 사이, =과 = 사이에 공백을 넣어서는 안 됩니다.

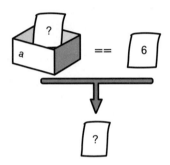

그림 4-2 **연산자와 변수**
변수를 조건에 사용하면 변수 값에 따라 전체 평가가 True가 되거나 False가 됩니다.

그런데, = 연산자는 대입 연산자입니다(3장). 형태는 비슷하지만 ==는 다른 종류의 연산자(비교 연산자)입니다. 이 두 가지 연산자는 실제 코드를 작성할 때에 ==를 사용해 비교해야 하는데, 실수로 =를 사용해 대입을 해 조건이 바뀌는 경우가 있으므로 주의해서 잘 입력하세요.

중요 | 입력할 때에 =(대입 연산자)와 ==(비교 연산자)를 주의해서 사용할 것

if 문의 구조를 안다

실제로 여러 상황에 따른 처리를 해 봅시다. Python에서는 상황에 따른 처리를 할 때,

「조건」의 값(True 또는 False)에 따라 처리를 한다

라는 형태의 구문을 기술합니다. 이러한 구문을 조건 판단문(conditional statement)이라고 합니다. 여기서는 조건문인 if 문(if statement)을 설명합니다.

if 문은 조건이 True인 경우에 「:」(콜론)의 다음 행부터 이어지는 들여 쓴 부분을 순서대로 처리하는 구문입니다.

이 들여쓰기는 인덴트(indent)라고 하며, 보통 공백 4자만큼 들여 씁니다. 4자가 아니어도 동작하지만 순서대로 실행되는 행은 반드시 들여 쓴 첫 행과 맨 앞을 같게 하여 들여쓰기를 해야 합니다.

인덴트된 행의 모임은 블록(block)이라고 합니다. 즉 if 문에서는 「if 조건:」 다음의 인덴트된 블록이 순서대로 처리되는 것입니다.

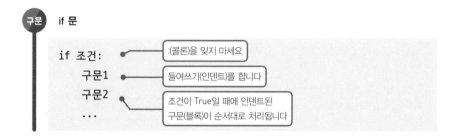

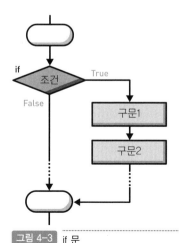

그림 4-3 | if 문
if 문은 조건이 True일 때 들여쓰기 된 구문을 순서대로 처리합니다. False일 때에는 들여쓰기 된 구문을 처리하지 않고 if 문 블록의 다음부터 처리를 합니다.

예를 들어, 매출 금액의 상황을 if 문에 적용시켜보면 다음과 같은 형태의 코드가 됩니다.

```
if 매출액이 100만 원 이상이다:
    매출은 순조롭습니다라고 표시한다
```

if 문을 기술함으로써 조건 (「매출액이 100만 원 이상이다」)가 True인 경우, 「매출은 순조롭습니다.」라고 표시합니다. False일 때는 「매출은 순조롭습니다.」라고 표시하는 처리는 실행되지 않습니다.

그럼 실제로 코드를 입력해서 if 문을 실행해 봅시다.

Sample1.py ▶ if 문을 사용한다

```
sale = int( input("매출액을 입력하세요.") )

if sale >= 100:          ●───[조건이 True가 될 때]
    print( "매출은 순조롭습니다." )   ●───[❶인덴트 부분이 처리됩니다]

print( "처리를 종료합니다." )
```

Sample1의 실행 화면(1)

```
매출액을 입력하세요. 150 ⏎    ●───[키보드로 「150」을 입력하면]
매출은 순조롭습니다.          ●───[조건이 True이므로 처리가 이뤄집니다]
처리를 종료합니다.
```

Sample1에서는 조건 「sale >= 100」이 True이면 ❶의 인덴트된 부분의 행이 순서대로 처리됩니다. False이면 ❶의 구문은 처리되지 않습니다.

여기에서는 키보드로 「150」을 입력했으므로 조건 「sale >= 100」이 True가 되며, ❶의 구문이 처리됩니다. 그러므로 실행 결과와 같이 화면에 출력되는 것입니다.

그럼, 다른 매출 금액을 입력했을 때는 어떻게 될까요?

Sample1의 실행 화면(2)

이번은 조건 「sale >= 100」은 False가 되므로 인덴트된 ❶의 부분은 처리되지 않습니다. 따라서 실행했을 때의 화면은 「실행 화면(2)」와 같습니다.

또한, 마지막의 「처리를 종료합니다.」라고 표시하는 구문은 인덴트되어 있지 않으므로, if 문의 처리가 끝난 다음에 처리됩니다. 즉, 항상 처리되는 문장입니다.

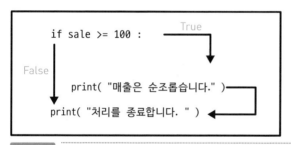

```
        if sale >= 100 :                    True

False

            print( "매출은 순조롭습니다." )
        print( "처리를 종료합니다. " )
```

그림 4-4 if 문의 흐름

중요 | if 문을 사용하면 조건에 따른 처리를 할 수 있다.

if 문의 입력

인터랙티브 모드에서도 if 문을 입력할 수 있습니다. if 문처럼 다음 행이 필요한 구문의 입력이 이뤄지면 계속해서 입력하기 위한 기호인 「…」가 표시됩니다. 그래서 「…」 다음에 인덴트를 주고 입력을 계속하는 것입니다.

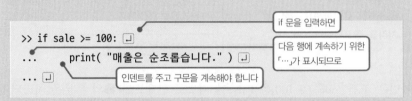

또한, 어떤 모드에서도 if 문 등의 인덴트 부분을 생략할 수 없습니다. 처리를 기술하지 않을 때라도 아무것도 처리하지 않는다는 것을 의미하는 pass 구문을 반드시 사용해야 합니다.

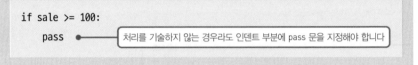

4.2 if~elif~else

🐍 if~elif~else의 구조를 안다

if 문에는 2개 이상의 조건을 판단해서 처리하도록 작성할 수도 있습니다. 이것이 if~elif~else입니다. 이 구문을 사용하면 2개 이상의 조건을 판단할 수 있습니다.

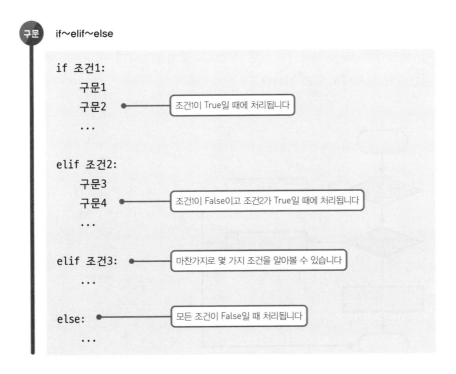

구문 if~elif~else

```
if 조건1:
    구문1
    구문2          ● ── 조건1이 True일 때에 처리됩니다
    …

elif 조건2:
    구문3
    구문4          ● ── 조건1이 False이고 조건2가 True일 때에 처리됩니다
    …

elif 조건3:        ● ── 마찬가지로 몇 가지 조건을 알아볼 수 있습니다
    …

else:             ● ── 모든 조건이 False일 때 처리됩니다
    …
```

이 구문에서는 조건1을 판단하고, True이면 구문1, 구문2… 처리를 합니다.

만약 False이면 조건2를 판단하고, 조건 2가 True이면 구문3, 구문4… 처리를 합니다. 이처럼 차례대로 조건을 판단해 가면서 조건이 모두 False일 때는 마지막 else 이하의 구문이 처리됩니다.

예를 들어,

if 매출액이 100만 원 이상이다:
    매출은 순조롭습니다라고 표시한다
elif 매출액이 50만 원 이상이다:
    매출은 보통입니다라고 표시한다
else:
    매출은 저조합니다라고 표시한다

와 같이 기술합니다. 이처럼 조금 복잡한 처리를 할 수도 있습니다.

elif의 조건은 여러 개라도 사용할 수 있고, 마지막 else는 생략할 수도 있습니다. 마지막의 else를 생략하고 어떤 조건에도 맞지 않는다면 이 구문에서 실행되는 구문은 하나도 없게 됩니다.

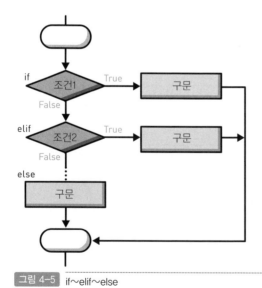

그림 4-5 if~elif~else

if~elif~else로는 여러 조건에 따른 처리를 할 수 있습니다.

이 구조를 사용하면 여러 조건에 따른 처리를 할 수 있습니다. 그럼 코드를 기술해 봅시다.

```python
sale = int( input("매출액을 입력하세요.") )

if sale >= 100:
    print( "매출은 순조롭습니다." )
elif sale >= 50:
    print( "매출은 보통입니다." )
else:
    print( "매출은 저조합니다." )

print( "처리를 종료합니다." )
```

sale이 100 이상일 때에 처리됩니다

sale이 100 미만, sale이 50 이상일 때에 처리됩니다

sale이 50 미만일 때에 처리됩니다

Sample2의 실행 화면

```
매출액을 입력하세요. 60 ↵
매출은 보통입니다.
처리를 종료합니다.
```

이번은 매출 금액으로 「60」을 입력했습니다. 그래서 「매출은 보통입니다.」라고 표시됩니다.

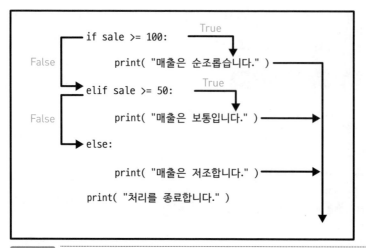

그림 4-6 if~elif~else 문의 흐름

4.3 논리 연산자

🐍 논리 연산자를 사용해서 조건을 기술한다

여러 가지 조건을 지정한 조건문을 알아봅시다. 구문의 안에서 조금 더 복잡한 조건을 사용하면 편리할 때가 있습니다. 예를 들어, 다음과 같은 경우를 생각해 보세요.

매출액이 100만 원 이상이고 고객 수가 30명 이상이면…

➡ **대성황입니다라고 표시한다**

이 경우의 조건에 해당하는 부분은 4.1절에서 다룬 예보다 조금 더 복잡한 경우를 나타냅니다. 이러한 복잡한 조건을 기술하고 싶은 경우에는 논리 연산자 (logical operator)라는 연산자를 사용합니다. 논리 연산자는

조건을 연속해 평가하여, True 또는 False 값을 얻는다

는 기능이 있습니다.

예를 들어, 논리 연산자 and를 사용하여 위의 조건을 기술하는 방법을 생각해 봅시다. 이것은 다음과 같습니다.

(매출액이 100만 원 이상이다) and (인원이 30명 이상이다)

and 연산자는 좌변과 우변이 모두 True일 때 전체 값이 True가 되는 논리 연산자입니다. 이 경우는 「매출액이 100만 원 이상이며」 그리고 「인원이 30명 이상이다」일 때 이 조건은 True가 됩니다. 어느 한쪽이라도 True가 아니면 전체 조건은 False가 되어 조건은 성립하지 않습니다.

논리 연산자는 다음의 표와 같이 평가됩니다. 또한, 논리 연산자는 부울 연산자(boolean operator)라고도 합니다.

표 4-3: 논리 연산자

연산자	True가 될 때	평가		
and	좌변 · 우변 모두 True일 때 좌변 : True 우변 : True	왼쪽	오른쪽	전체
		False	False	False
		False	True	False
		True	False	False
		True	True	True
or	좌변 · 우변 중 어느 하나가 True일 때 좌변 : True 우변 : True	왼쪽	오른쪽	전체
		False	False	False
		False	True	True
		True	False	True
		True	True	True
not	우변이 False일 때 우변 : True	오른쪽	전체	
		False	True	
		True	False	

그러면 논리 연산자를 사용한 코드를 좀 더 살펴봅시다.

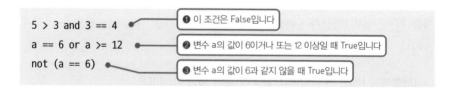

```
5 > 3 and 3 == 4      ❶ 이 조건은 False입니다
a == 6 or a >= 12     ❷ 변수 a의 값이 6이거나 또는 12 이상일 때 True입니다
not (a == 6)          ❸ 변수 a의 값이 6과 같지 않을 때 True입니다
```

and 연산자를 사용한 식은 좌변 · 우변의 식(오퍼랜드)이 모두 True일 때만 전체가 True가 됩니다. 따라서 ❶의 조건 값은 False입니다.

or 연산자를 사용한 식은 좌변 · 우변의 식 중 하나가 True이면 전체 식이

True가 됩니다. 따라서 ❷의 조건에서는 변수 a에 들어 있는 값이 6이면 True 입니다. 또한, a가 5이면 False입니다.

not 연산자는 오퍼랜드를 1개 취하는 단항 연산자로 오퍼랜드가 False일 때에 True가 됩니다. ❸의 조건에서는 변수 a가 6과 같지 않으면 True가 되는 것입 니다.

> **중요 | 논리 연산자는 조건을 조합해서 복잡한 조건을 만든다.**

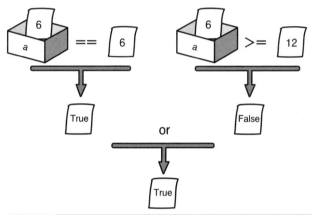

───────

그림 4-7   논리 연산자
논리 연산자는 True나 False 값을 연산합니다.

복잡한 조건 판단 처리를 한다

이제까지 배운 if 문 등에 논리 연산자를 사용한 조건을 이용하면 보다 복잡한 조건을 판단하는 처리를 할 수 있게 됩니다.

바로, 논리 연산자를 사용해 봅시다.

```python
sale = int( input("매출액을 입력하세요.") )
num = int( input("인원 수를 입력하세요.") )

if sale >= 100 and num >= 30:
    print( "매출은 대성황입니다." )
elif sale >= 100:
    print( "매출은 순조롭습니다." )
elif sale >= 50:
    print( "매출은 보통입니다." )
else:
    print( "매출은 저조합니다." )

print( "처리를 종료합니다." )
```

> sale이 100 이상이고 num이 30 이상이면 처리합니다

Sample3의 실행 화면

```
매출액을 입력하세요. 200 ↵
인원 수를 입력하세요. 50 ↵
매출은 대성황입니다.
처리를 종료합니다.
```

Sampe3에서는 if 문의 조건에 논리 연산자 「and」를 사용합니다. and를 사용해서 조건을 기술하면 sale에 관한 조건과 num에 관한 조건을 조합할 수 있습니다.

조건 연산자

여기에서는 복잡한 조건 판단을 하는 방법을 살펴보았습니다. 또한, 간단한 조건 판단이라면 연산자인 if else를 사용할 수도 있습니다. if else는 조건 연산자(conditional operator)라고 하며, 오퍼랜드를 세 개 가진 3항 연산자입니다.

```
True일 때의 값 if 조건 else False일 때의 값
```

예를 들어, 다음 코드에서는 조건 「res == "O"」이 True일 때에 변수 ans에는 「"순조"」가, 그 외에는 「"보통"」이 대입됩니다. 가끔 사용하는 연산자이므로 기억해 두면 편리할 것입니다.

```
res = input( "매출은 순조입니까?(O/X)" )
ans = "순조" if (res == "O") else "보통"
```

Lesson
4

4.4 for 문

for 문의 구조를 안다

조건의 값에 따라 처리하는 구문을 제어하는 방법을 배웠습니다. Python에서는 그 이외에도 복잡한 처리를 할 수 있습니다. 예를 들어 다음과 같은 상황을 생각해 보세요.

1월부터 12월까지…

➡ 매출액 데이터를 반복하여 표시한다.

Python에서는 이러한 처리를 반복문(루프문: loop statement)이라는 구문으로 기술할 수 있습니다.

Python의 반복문에는 여러 개의 구문이 있습니다. 먼저 for 문(for statement) 부터 배웁시다.

for 문의 형태를 먼저 살펴봅니다.

구문 **for 문**

```
for 변수 in 반복해서 반복 처리할 수 있는 구조:
    ...   ┤ 블록 내의 구문을 반복해 처리합니다 ├
```

이 for 문에서는 많은 데이터로 이뤄진 열처럼 반복해서 반복 처리할 수 있는 구조를 「in」 다음에 지정합니다.

Python에는 반복해서 반복 처리를 할 수 있는 여러 가지 구조가 있습니다.

그래서 여기에서는 for 문 중에서 자주 사용되는 구조인 range()를 사용해 봅시다.

「range(개수)」라고 지정하면 0부터 1개씩 지정 개수만큼 늘린 값의 열을 얻을 수 있습니다. 예를 들어, 다음 지정에서 0, 1, 2, …, 11까지의 12개 값의 열을 얻을 수 있습니다. for 문에서는 이러한 구조를 반복해서 처리할 수 있습니다.

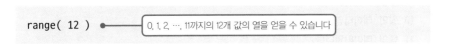

```
range( 12 )
```
0, 1, 2, …, 11까지의 12개 값의 열을 얻을 수 있습니다

그럼 range()를 사용해서 실제로 for 문의 반복을 확인해 봅시다.

Sample4.py ▶ for 문을 사용한다

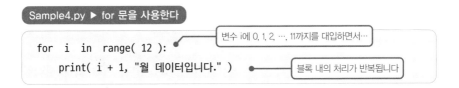

```
for i in range( 12 ):
    print( i + 1, "월 데이터입니다." )
```
변수 i에 0, 1, 2, …, 11까지를 대입하면서…
블록 내의 처리가 반복됩니다

for 문에서는 다음과 같이 처리가 이뤄집니다.

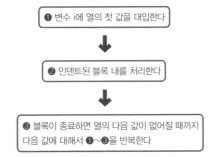

❶ 변수 i에 열의 첫 값을 대입한다

❷ 인덴트된 블록 내를 처리한다

❸ 블록이 종료하면 열의 다음 값이 없어질 때까지 다음 값에 대해서 ❶~❸을 반복한다

즉, 이 for 문에서는 변수 i의 값을 0, 1, 2, …, 11까지 증가하면서 값을 표시하는 처리를 반복합니다. 이 프로그램에서는 변수에 1을 더한 값을 표시하고 있으므로 1~12월의 월 수가 반복 표시되는 것입니다.

Sample4의 실행 화면

```
1 월의 데이터입니다.
2 월의 데이터입니다.
```

```
3 월의 데이터입니다.
4 월의 데이터입니다.
5 월의 데이터입니다.
6 월의 데이터입니다.
7 월의 데이터입니다.
8 월의 데이터입니다.
9 월의 데이터입니다.
10 월의 데이터입니다.
11 월의 데이터입니다.
12 월의 데이터입니다.
```

이 「range(개수)」라는 지정은 「range(시작 값, 정지 값, 간격)」이라는 지정을 간단하게 기술한 것입니다.

range() 지정에서는 시작 값과 간격을 생략할 수 있습니다. 시작 값을 생략하면 「0」부터, 간격을 생략하면 「1」이 설정됩니다. 그러므로 정지 값인 「12」를 지정함으로써 0~11까지 12개의 값이 작성되는 것입니다.

즉, 다음 코드에서도 1~12월의 데이터를 표시할 수 있습니다.

```
for i in range( 1, 13 ):          시작 값과 정지 값을 지정할 수 있습니다
    print( i, "월의 데이터입니다." )
```

간격의 지정도 생략하지 않고 기술하면 다음과 같습니다. 알기 쉬운 방법을 사용할 수 있게 되면 편리하겠죠?

```
for i in range( 1, 13, 1 ):       간격을 지정할 수도 있습니다
    print( i, "월의 데이터입니다." )
```

range()를 잘 다루면 여러 가지 반복을 할 수 있게 됩니다. 예를 들어 간격으로 「2」를 지정하면 다음처럼 1개 걸러 짝수로 값을 표시할 수 있습니다.

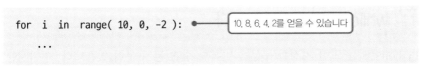

```
for  i  in  range( 0, 10, 2 ):      ●━━━━  0, 2, 4, 6, 8을 얻을 수 있습니다
    ...
```

각 값에는 마이너스 값을 지정할 수 있습니다. 간격으로 「−2」를 지정하면 1개
걸러 역순의 값을 얻을 수 있습니다. 다만, 값에 소수를 지정할 수 없으므로
주의하세요.

```
for  i  in  range( 10, 0, -2 ):     ●━━━━  10, 8, 6, 4, 2를 얻을 수 있습니다
    ...
```

중요 | for 문을 사용하면 반복 처리를 할 수 있다.

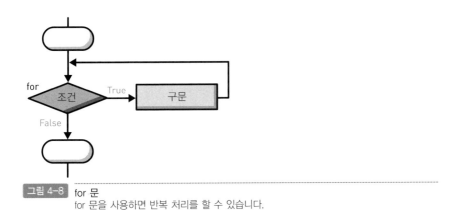

그림 4-8   for 문
for 문을 사용하면 반복 처리를 할 수 있습니다.

반복 처리할 수 있는 구조

Python에서 반복 처리를 할 수 있는 방법에는 여러 가지가 있습니다. 다음 5장에서 소
개하는 리스트, 6장에서 소개하는 튜플·딕셔너리·세트 등도 반복 처리를 할 수 있는 구
조로서 for 문에서 사용할 수 있습니다.

여기에서 소개한 range()는 내장 함수 중 하나로 간단한 정수 값의 열을 얻을 수 있는
함수입니다.

4.5 while 문

while 문의 구조를 안다

Python에서는 또한 지정한 구문을 반복할 수 있는 구문이 있습니다. 여기서는 while 문(while statement)을 배웁시다. while 문은 다음과 같습니다.

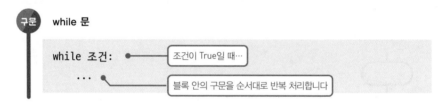

구문   **while 문**

```
while 조건:      ← 조건이 True일 때…
    ...          ← 블록 안의 구문을 순서대로 반복 처리합니다
```

while 문은 조건을 지정해서 반복 처리를 합니다. while 문에서는 조건이 True 인 동안 블록으로서 지정한 구문을 몇 번이고 반복 처리할 수 있습니다.[1]

실제로 while 문을 사용해 봅시다.

Sameple5.py ▶ while 문을 사용한다

```
i = 1

while i <= 12:                        ← 조건이 True일 때에…
    print( i, "월의 데이터입니다." )    ← 블록 안의 구문을 순서대로 반복합니다
    i = i + 1                         ← 조건이 False에 가까워지도록 1 증가합니다
```

---

1 역자 주: 조건이 False가 될 때까지 반복처리합니다

Sameple5의 실행 화면

```
1 월의 데이터입니다.
2 월의 데이터입니다.
3 월의 데이터입니다.
4 월의 데이터입니다.
5 월의 데이터입니다.
6 월의 데이터입니다.
7 월의 데이터입니다.
8 월의 데이터입니다.
9 월의 데이터입니다.
10 월의 데이터입니다.
11 월의 데이터입니다.
12 월의 데이터입니다.
```

이 블록 안에서는 조건이 False에 가까워지도록 반복할 때마다 변수 i의 값을 1씩 증가합니다. 이처럼 반복문에는 반복을 계속하기 위한 조건이 변화하도록 기술하지 않으면 영원히 반복됩니다.

예를 들어, 다음 코드를 보세요.

```
i = 1
while i <= 12:
    print(i, "월의 데이터입니다. ")
i = i + 1  ●────── 조건이 False에 가까워지는 처리가 while문에 포함되어 있지 않습니다
```

이 코드는 while 문의 안에 변수 i의 값을 증가하는 처리가 들어있지 않습니다. i를 1씩 증가하는 처리 「i = i + 1」이 인덴트되어 있지 않으므로 while 문의 범위 밖의 처리가 된 것입니다.

이러한 코드를 실행하면 while 문의 처리가 영원히 반복되어 프로그램은 종료하지 않습니다. 반복문을 기술할 때는 충분히 주의하세요.

중요 | while 문은 조건이 True인 동안 반복한다.

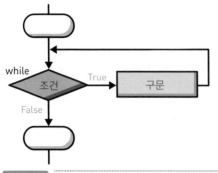

그림 4-9 | while 문
while 문을 사용하면 반복 처리를 할 수 있습니다.

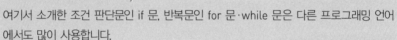

다른 프로그래밍 언어와 Python의 차이

여기서 소개한 조건 판단문인 if 문, 반복문인 for 문·while 문은 다른 프로그래밍 언어에서도 많이 사용합니다.

다만, Python에는 다른 프로그래밍 언어에서 많이 사용되는 조건 판단문인 switch 문이 없습니다. 또한, 마찬가지로 많이 사용되는 반복문인 do~while 문도 없습니다. 또한, 다른 프로그래밍 언어에서 자주 사용되는 값을 1 증가하기(또는 감소하기) 위한 연산자(인크리먼트 연산자·디크리먼트 연산자)가 없습니다.

Python은 간단한 언어로 되어 있습니다.

4.6 구문의 중첩

🐍 for 문을 중첩한다

이제까지 여러 구문을 배웠습니다. 이러한 조건 판단문, 반복문 등의 구문에 서는 여러 구문을 삽입하고 중첩(네스트) 할 수 있습니다.

예를 들면, 다음과 같이 for 문 안에 for 문을 사용하는 복잡한 기술을 할 수 있는 것입니다.

구문 **for 문의 중첩**

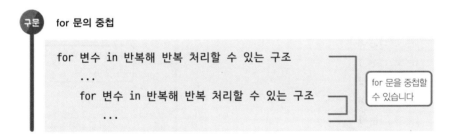

```
for 변수 in 반복해 반복 처리할 수 있는 구조
    ...
    for 변수 in 반복해 반복 처리할 수 있는 구조
        ...
```

for 문을 중첩할 수 있습니다

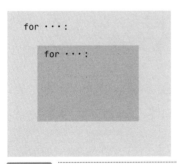

```
for ··· :
    for ··· :
```

그림 4-10 **구문의 중첩**
for 문 등은 중첩해서 사용할 수 있습니다.

안쪽 구문은 바깥쪽 구문으로부터 거듭 인덴트를 해야 하므로 주의하세요.

바로 for 문을 중첩한 코드의 예를 봅시다.

Sample6.py ▶ for 문을 중첩한다

```python
for i in range( 5 ):
    for j in range( 3 ):
        print( "i는", i, ":j는", j )
```

Sample6.py의 실행 화면

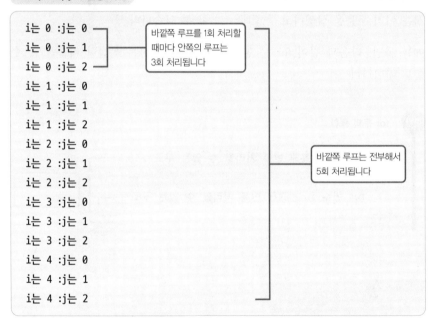

```
i는 0 :j는 0
i는 0 :j는 1          바깥쪽 루프를 1회 처리할
i는 0 :j는 2          때마다 안쪽의 루프는
                     3회 처리됩니다
i는 1 :j는 0
i는 1 :j는 1
i는 1 :j는 2
i는 2 :j는 0
i는 2 :j는 1          바깥쪽 루프는 전부해서
i는 2 :j는 2          5회 처리됩니다
i는 3 :j는 0
i는 3 :j는 1
i는 3 :j는 2
i는 4 :j는 0
i는 4 :j는 1
i는 4 :j는 2
```

이 코드에서는 변수 i를 1씩 증가하는 for 문(❶)의 안에 변수 j를 1씩 증가하는 for 문(❷)을 삽입해서 중첩하여 반복하고 있습니다. 그래서 루프 안에서는 다음과 같은 처리가 이뤄집니다.

변수 i를 1씩 증가한다

↓   변수 j를 1씩 증가한다

↓   변수 j를 1씩 증가한다   ❷ 3회 처리

↓   변수 j를 1씩 증가한다

변수 i를 1씩 증가한다   ❶ 5회 처리

↓   변수 j를 1씩 증가한다

↓   변수 j를 1씩 증가한다   ❷ 3회 처리

↓   변수 j를 1씩 증가한다

• • •

즉, 변수 i를 1씩 증가하는 루프문이 1회 처리될 때마다 변수 j를 1씩 증가하는 루프문의 반복(3회분)이 이뤄집니다. 이처럼 구문을 중첩하면 복잡한 처리도 기술할 수 있습니다.

> 중요 | for 문을 중첩해서 다중 반복 처리를 할 수 있다.

if 문 등과 조합한다

Sample6에서는 for 문의 안에 for 문을 삽입했는데 다른 종류의 구문을 조합해도 됩니다. 예를 들어, for 문과 if 문을 조합할 수도 있습니다.

이번은 다음 코드를 작성하세요.

Sample7.py ▶ if 문 등과 조합한다

```
v = False

for i in range( 5 ):
    for j in range( 5 ):
        if v is False:
            print( "*", end = " " )
            v = True
```

「*」를 출력했으면 다음은 「_」를
출력하도록 v를 True로 합니다

```
        else:
            print( "-", end = " " )
            v = False
    print()
```

「−」를 출력했으면 다음은 「*」를 출력 하도록 v를 False로 합니다

안쪽의 루프가 끝나면 줄바꿈합니다

```
*-*-*
-*-*-
*-*-*
-*-*-
*-*-*
```

이 코드에서는 2개의 for 문과 1개의 if 문을 사용하고 있습니다. 「*」 또는 「−」
를 출력할 때마다 변수 v에 번갈아 False와 True를 대입합니다. 이렇게 함으
로써, 다음에 어느 쪽을 출력할지를 if 문 안의 조건 「v is False」를 평가해서 판
단할 수 있습니다. 또한, True/False, None인지 조사할 때에는 일반적으로 is
연산자 · is not 연산자를 사용합니다.

또한, print()에 의한 출력에서는 () 안에서 「end ="●"」라는 지정을 하면 지정
한 문자열의 「●」를 출력의 끝에 넣을 수 있습니다. 여기에서는 기호 출력의
도중에 줄바꿈을 하지 않기 위해서 빈 문자열 「" "」를 지정하였습니다.

안쪽 루프가 끝나면 이번은 print()만 지정하여 줄바꿈을 합니다. 그러므로 기
호 5개마다 줄바꿈이 됩니다.

문자의 종류를 바꾸거나 종류를 증가하거나 해서 여러 코드를 생각해 봅시다.

출력의 끝

print()에 의한 출력에서는 ( ) 안의 「end = "●"」로 지정한 문자열을 끝에 출력할 수 있습
니다. 「" "」(빈 문자열)을 지정하는 것 외에도 「"₩t"」(탭)이나 「", "」(콤마) 등을 지정해서 출
력 결과를 읽기 쉽게 할 수도 있습니다.

4.7 처리 흐름의 변경

break 문의 구조를 안다

이제까지 배운 내용으로부터 조건 판단문, 반복문에는 일정한 처리 흐름이 있다는 걸 알았습니다. 그러나 때로는 이처럼 처리 흐름을 강제적으로 변경하고 싶은 경우가 있을 수 있습니다.

Python에는 처리 흐름을 변경하는 구문으로 break 문과 continue 문이 있습니다. 먼저, break 문에 대해서 배웁시다.

break 문(break statement)은

처리 흐름을 강제적으로 종료하고 그 블록에서 나간다

는 처리를 하는 구문입니다. 다음과 같이 코드 안에 기술합니다.

> **구문** break 문
>
> ```
> break
> ```

다음 코드에서는 break 문을 사용해서 키보드로부터 지정한 횟수가 되면 반복 처리를 강제로 종료합니다.

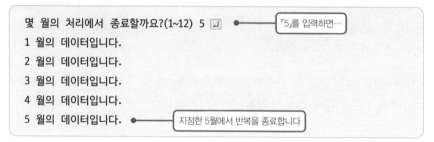

```
num = int( input("몇 월의 처리에서 종료할까요?(1~12)") )

for i in range( 12 ):          ← 원래 12회 반복을 하는 for 문이지만…
    print( i + 1, "월의 데이터입니다." )
    if (i + 1) == num:
        break                  ← 지정한 월에서 반복을 종료합니다
```

Sample8의 실행 화면

```
몇 월의 처리에서 종료할까요?(1~12) 5 ↵    ← 「5」를 입력하면…
1 월의 데이터입니다.
2 월의 데이터입니다.
3 월의 데이터입니다.
4 월의 데이터입니다.
5 월의 데이터입니다.    ← 지정한 5월에서 반복을 종료합니다
```

Sample8에서는 원래 전부해서 12회 반복하는 for 문을 사용합니다. 그러나 여기에서는 사용자가 입력한 횟수에서 break 문을 실행하고, 반복을 강제로 종료합니다. 따라서 실행 예에서는 6회 이후의 반복 처리는 이뤄지지 않습니다.

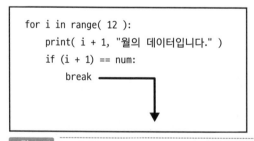

```
for i in range( 12 ):
    print( i + 1, "월의 데이터입니다." )
    if (i + 1) == num:
        break
```

그림 4-11 break 문

break 문을 사용하면 처리를 강제로 종료시켜 블록에서 빠져나올 수 있습니다.

또한, 구문을 중첩하고 있을 때는, 그 안쪽의 구문에서 break 문을 사용하면 안쪽 블록만을 빠져나와서 또 하나 바깥쪽의 블록으로 처리가 옮겨갑니다.[2]

중요 | break 문을 사용해서 블록에서 빠져나올 수 있다.

🐍 continue 문의 구조를 안다

또 하나 구문의 흐름을 강제로 변경하는 구문으로서 continue 문(continue statement)을 살펴봅시다. continue 문은

블록 내의 처리를 건너뛰고, 블록의 앞부분 위치로 돌아가서 다음 처리를 계속하는

처리를 하는 구문입니다.

구문 | continue 문

```
continue
```

continue 문을 사용한 코드를 살펴봅시다.

Sample9.py ▶ continue 문에서 처리를 건너뛴다

```
num = int( input("몇 월의 처리를 건너뛸까요?(1~12)") )

for i in range( 12 ):
    if (i + 1) == num:
        continue                        입력한 월의 처리에서는 여기부터 앞부분으로 돌아갑니다
    print( i + 1, "월의 데이터입니다." )

                                        입력한 월의 처리에서는 이 문은 처리되지 않습니다
```

2 역자 주: for 문을 중첩해서 사용할 때 break 문으로는 한 개의 for 문 만을 빠져나가므로 for 문을 2개 빠져 나가려면 if 문 등을 사용해 응용 처리를 해야 합니다.

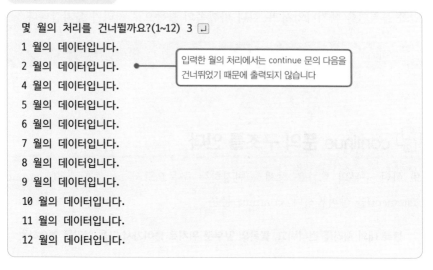

몇 월의 처리를 건너뛸까요?(1~12) 3 ↵
1 월의 데이터입니다.
2 월의 데이터입니다. ●━━ 입력한 월의 처리에서는 continue 문의 다음을
건너뛰었기 때문에 출력되지 않습니다
4 월의 데이터입니다.
5 월의 데이터입니다.
6 월의 데이터입니다.
7 월의 데이터입니다.
8 월의 데이터입니다.
9 월의 데이터입니다.
10 월의 데이터입니다.
11 월의 데이터입니다.
12 월의 데이터입니다.

Sampe9를 실행해서 처리를 건너뛰는 횟수로서 「3」을 입력했습니다. 그러면 세 번째 반복은 continue 문의 처리가 이뤄짐에 따라 강제적으로 종료시켜 블록의 앞부분, 즉, 다음의 반복 처리로 옮겨갑니다. 따라서 실행 결과에는 「3월의 데이터입니다.」라는 출력은 되지 않습니다.

중요 | continue 문을 사용해서 다음 반복으로 옮겨갈 수 있습니다.

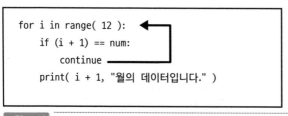

```
for i in range( 12 ):
    if (i + 1) == num:
        continue
    print( i + 1, "월의 데이터입니다." )
```

그림 4-12 continue 문
continue 문을 사용하면 블록의 앞부분으로 강제로 돌아갑니다.

4.8 레슨의 정리

이 장에서는 다음을 배웠습니다.

- 비교 연산자를 사용하여 조건을 작성할 수 있습니다.
- if 문을 사용하여 조건에 따른 처리를 할 수 있습니다.
- if 문의 조합을 사용하여 여러 가지 조건에 따른 처리를 할 수 있습니다.
- 논리 연산자를 사용하여 복잡한 조건을 작성할 수 있습니다.
- for 문을 사용하면 반복 처리할 수 있습니다.
- while 문을 사용하여 반복 처리할 수 있습니다.
- break 문을 사용하면 반복문을 빠져나옵니다.
- continue 문을 사용하면 반복문의 처음으로 돌아가서 다음 반복 처리로 옮겨갑니다.

조건 판단문을 사용하면, 상황에 따른 유연한 코드를 기술할 수 있습니다. 반복문을 사용하면 여러 번 반복하는 강력한 코드를 기술할 수 있습니다. 이러한 구문을 조합해서 여러 가지 처리를 할 수 있도록 하는 것이 중요합니다.

연습문제

1. if 문과 for 문을 사용해서 다음과 같이 화면에 출력하는 코드를 작성해 보세요.

```
1부터 10까지의 짝수를 표시합니다.
2
4
6
8
10
```

2. for 문 만을 사용해서 1과 마찬가지로 출력하는 코드를 작성해 보세요.

3. 탭(Wt)을 사용해서 다음과 같이 구구단 표를 화면에 출력하는 코드를 작성해 보세요.

```
1   2   3   4   5   6   7   8   9
2   4   6   8   10  12  14  16  18
3   6   9   12  15  18  21  24  27
4   8   12  16  20  24  28  32  36
5   10  15  20  25  30  35  40  45
6   12  18  24  30  36  42  48  54
7   14  21  28  35  42  49  56  63
8   16  24  32  40  48  56  64  72
9   18  27  36  45  54  63  72  81
```

4. 다음과 같이 화면에 출력하는 코드를 작성하세요.

```
*
**
***
****
*****
```

*역자 주: 책의 뒷부분에 해답이 있습니다.

리스트

3장에서는 변수를 사용해서 데이터를 저장하는 것에 대해서 배웠습니다. Python은 여러 개의 값을 합쳐서 저장하는 구조가 많이 있습니다. 대표적인 구조가 리스트입니다. 리스트로 많은 데이터를 처리하는 복잡한 코드를 간단히 기술할 수 있습니다. 이 장에서는 리스트에 대해서 배웁시다.

Check Point!
- 리스트
- 요소 변경
- 요소 추가
- 요소 삭제
- 리스트 연결
- 슬라이스
- 리스트 집계
- 리스트 정렬
- 다차원 리스트

5.1 컬렉션

여러 개의 데이터를 합쳐서 다루는 컬렉션

프로그램 안에서 많은 데이터를 다룰 때가 있습니다. 예를 들어, 기업의 매출 데이터를 생각해 봅시다. 매월 기록되는 매출액 데이터, 각 지점마다의 매출액 데이터 등 다양한 데이터가 이용됩니다.

이러한 대량의 데이터를 이용하는 프로그램을 작성할 때에는 여러 개의 데이터를 합쳐서 다루는 기능을 이용하면 편리합니다. Python에서는 이를 위한 몇 가지 기능이 있습니다. 이러한 기능은 데이터의 모임이라서 컬렉션(collection)이라고 합니다. 또한, 여러 개의 데이터 요소를 포함하는 「상자」와 같은 구조이기 때문에 컨테이너(container)라고도 합니다.

Python에 있는 컬렉션(컨테이너) 중에서 자주 사용하는 것이

리스트(list)

입니다. 앞으로 리스트를 비롯한 각종 컬렉션에 의한 데이터의 이용 방법에 대해서 살펴봅시다.

> 중요 | 데이터를 합쳐서 다루려면 리스트 등의 컬렉션을 사용한다.

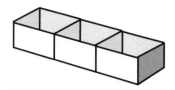

그림 5-1 여러 개의 값을 합치는 컬렉션

데이터를 합쳐서 다루기 위해 리스트 등의 컬렉션을 사용합니다.

컬렉션의 종류

Python에서 사용되는 컬렉션(컨테이너)으로는 이 장에서 소개하는 리스트 외에 6장에서 소개하는 튜플·딕셔너리·세트라는 것이 있습니다.

각 컬렉션에는 공통되는 부분과 같지 않은 부분이 있습니다. 각각의 특징이 조금 다르므로 주의해서 사용해야 합니다.

Lesson
5

5.2 리스트의 기본

리스트의 구조를 안다

그럼 이제부터 리스트(list)에 대해 배웁시다. 리스트는 여러 개의 값이 열처럼 나열되어 있는 컬렉션입니다. 데이터의 각 값을 저장하는 상자와 같은 개념은 요소(element)라고 합니다.

리스트의 요소에는 열처럼 순서가 매겨져 있습니다. 이처럼 각 요소의 나열에 순서가 존재하는 구조를 Python에서는 시퀀스(sequence)라고 합니다. 리스트는 시퀀스 중 하나입니다.

또한, 리스트의 요소는 값의 변경·추가·삭제 등의 조작을 할 수 있습니다. 이를 변경 가능(mutable)이라고 합니다. 리스트는 변경할 수 있는 시퀀스입니다.

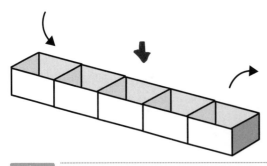

그림 5-2 | 리스트
리스트는 변경할 수 있는 시퀀스로 요소 추가, 삭제를 할 수 있습니다.

리스트를 작성한다

바로 리스트를 사용해 봅시다. 리스트를 다루려면

리스트를 작성한다

는 처리를 해야 합니다. 리스트에는 여러 작성 방법이 있는데 여기서는 가장 일반적인 방법에 대해서 살펴봅시다.

리스트를 작성하기 위해서는 먼저

리스트를 나타내는 변수의 이름

을 생각합시다. 예를 들어, 매월의 매출액을 나타내기 위해서 「sale」이라는 이 름을 리스트를 나타내기 위한 변수명으로 사용할 수 있습니다.

그리고 다음과 같이 [ ]의 안에 콤마로 구분해 리스트를 나타내는 변수(리스트 명)에 값을 대입합니다. 이 대입에 의해 리스트가 작성됩니다.

> **구문** **리스트의 작성**
>
> ```
> 리스트명 = [ 값1, 값2, … ]     ●────[ 리스트를 작성합니다 ]
> ```

즉, 다음과 같이 하면 리스트가 생성됩니다.

```
sale = [ 80, 60, 22, 50, 75 ]     ●────[ 요소 5개를 가진 리스트를 작성합니다 ]
```

리스트는 요소를 하나도 갖지 않는 빈 리스트로 작성해도 됩니다. 그때는 다음과 같이 [ ]만을 지정합니다.

```
sale = []  ●━━━━━┥빈 리스트를 작성합니다│
```

작성한 리스트의 각 요소의 값은 print()로 모두 함께 표시할 수 있습니다. 확인해 봅시다.

Sample1.py ▶ 리스트를 표시한다

```
sale = [ 80, 60, 22, 50, 75 ]  ●━━┥리스트를 작성합니다│

print( sale )  ●━━┥리스트를 표시하면…│
```

Sample1의 실행 화면

```
[80, 60, 22, 50, 75]  ●━━┥리스트의 각 요소의 값이 표시됩니다│
```

이 리스트에는 5개의 요소에 값이 저장되어 있습니다. 이렇게 리스트는 값을 여러 개 저장할 수 있습니다.

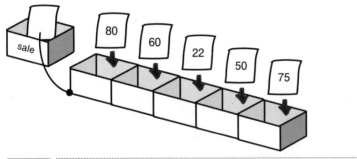

그림 5-3 리스트의 각 요소에 저장된 값
리스트의 각 요소에 값을 저장할 수 있습니다.

리스트의 값

Python에서는 원칙적으로 1구문을 1행으로 기술합니다. 다만, 많은 데이터를 다루는 리스트 값의 열은 길어질 때가 있습니다. 그러므로 리스트의 값은 여러 행에 걸쳐서 기술할 수 있게 되어 있습니다. 또한, 지금부터 배우는 다른 컬렉션의 값에 대해서도 여러 행으로 쓸 수 있습니다.

```
sale = [80, 60, 22, 50,
        38, 56, 78, 75]
```
리스트의 값은 여러 행으로 기술할 수 있습니다

Lesson
5

리스트의 각 요소의 값을 구한다

리스트를 작성하면 리스트 안의 각각의 요소를 sale[0], sale[1] · · · 이라는 이름으로 다룰 수 있게 됩니다. [ ] 안의 번호 0, 1, 2· · ·는 각 요소의 순서를 나타내는 것으로 인덱스(첨자)라고 합니다. 인덱스를 사용해서 다룰 요소를 지정할 수 있습니다.

```
sale[0]
sale[1]
...
```
첫 번째 요소를 나타냅니다
두 번째 요소를 나타냅니다

그래서 이번에는 리스트의 각 요소의 값을 하나씩 살펴봅시다.

Sample2.py ▶ 리스트의 각 요소의 값을 표시한다

```
sale = [ 80, 60, 22, 50, 75 ]

print( sale[0] )
print( sale[1] )
print( sale[2] )
```
리스트의 각 요소에 접근할 수 있습니다

```
print( sale[3] )
print( sale[4] )                          리스트의 길이를 구합니다
print( "리스트의 길이는", len(sale), "입니다." )
```

Sample2의 실행 화면

```
80
60
22      리스트의 각 요소가 표시됩니다
50
75
리스트의 길이는 5 입니다.    리스트의 길이가 표시됩니다
```

여기서는 인덱스에 의해 요소의 값을 하나씩 표시했습니다. 각각의 요소 하나 하나에 접근할 수 있습니다.

또한, 내장 함수 len()을 사용해 리스트 요소의 개수를 구할 수 있습니다. 리스트 요소의 개수는 리스트의 길이(length)라고도 합니다.

구문 **리스트의 길이**

len(리스트명)

Sample2에서도 리스트의 길이를 구해서 표시했습니다. 이 리스트의 요소 수인 「5」가 표시되었습니다.

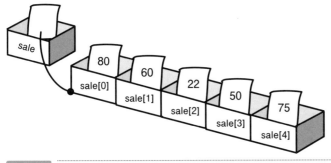

그림 5-4 인덱스에 의한 값의 취득
리스트의 각 요소의 값을 인덱스에 의해 얻을 수 있습니다.

인덱스의 범위

인덱스를 사용해서 리스트의 각 요소에 접근할 때에는 인덱스의 범위를 넘지 않도록 주의해야 합니다. 또한, 인덱스는 0부터 시작하므로 가장 큰 인덱스의 값은 「인덱스의 길이 – 1」입니다. Sample2에서는 요소 sale[5]는 존재하지 않으므로 주의하세요.

🐍 리스트를 반복문으로 다룬다

리스트의 요소를 1개씩 순서대로 다룰 때에는 4장에서 소개한 for 문을 사용하면 편리합니다. 리스트는 for 문으로 반복해 다룰 수 있는 반복 처리를 할 수 있는 구조입니다.

for 문을 사용하면 리스트의 요소 값이 하나 선택돼 변수에 대입됩니다. 인덴트된 블록 내에서는 이 변수를 사용한 다양한 처리를 할 수 있습니다. 이 처리가 리스트의 요소가 끝날 때까지 반복되는 것입니다.

```
for 변수 in 리스트:
    변수를 사용한 처리
```

리스트의 각 요소를 1개씩 변수에 꺼내서…
변수(각 요소)를 처리합니다

예를 들어, 다음과 같이 반복문을 사용해서 리스트의 각 요소를 변수에 꺼내서 다룰 수 있습니다.

```
for s in sale:
    print( s )
```
리스트 sale의 각 요소를 1개씩 변수 s에 꺼내서…
변수 s(각 요소의 값)를 표시합니다

실제로 반복문을 사용하는 코드를 작성해 봅시다.

Sample3.py ▶ 리스트를 사용한다

```
sale = [ 80, 60, 22, 50, 75 ]
for s in sale:
    print( s )
print( "리스트의 길이는", len(sale), "입니다." )
```
리스트의 각 요소를…
for 문에서 변수 s에 꺼내서…
표시합니다

Sample3의 실행 화면

```
80
60
22
50
75
리스트의 길이는 5 입니다.
```
리스트의 각 요소가 표시됩니다

이번은 for 문을 사용해서 처리를 합니다. Sample2와 Sample3은 같은 처리를 하고 있지만 for 문을 사용하면 보다 간단한 코드를 기술할 수 있습니다.

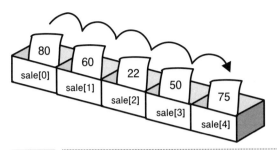

그림 5-5 리스트를 처리하는 반복문
for 문을 사용해서 리스트의 요소를 반복 처리할 수 있습니다.

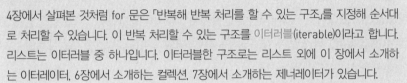

이터러블

4장에서 살펴본 것처럼 for 문은 「반복해 반복 처리를 할 수 있는 구조」를 지정해 순서대로 처리할 수 있습니다. 이 반복 처리할 수 있는 구조를 이터러블(iterable)이라고 합니다. 리스트는 이터러블 중 하나입니다. 이터러블한 구조로는 리스트 외에 이 장에서 소개하는 이터레이터, 6장에서 소개하는 컬렉션, 7장에서 소개하는 제너레이터가 있습니다.

Lesson
5

5.3 리스트의 조작

🐍 리스트의 요소 값을 변경한다

대량의 데이터를 리스트로 다루기 위해서는 리스트의 각 요소를 조작하는 걸 빼놓을 수 없습니다. 그래서 이 절에서는 리스트의 기본적인 조작 방법에 대해서 배웁니다. 리스트의 각 요소의 값을 변경하거나 값을 추가 · 삭제하는 조작에 대해서 살펴보겠습니다.

먼저,

리스트의 요소 값을 변경한다

는 조작에 대해서 살펴봅시다. 리스트의 요소를 변경하려면 각각의 요소에 값을 대입합니다. 바로 값을 변경해 봅시다.

Sample4.py ▶ 리스트의 요소를 변경한다

```
sale = [ 80, 60, 22, 50, 75 ]

i = int( input("몇 번의 데이터를 변경합니까?") )
num = int( input("변경 후의 데이터를 입력하세요.") )

print( i, "번 데이터", sale[i], "를 변경합니다." )

sale[i] = num          ●──── 요소의 값을 변경합니다

print( i, "번 데이터는", sale[i], "(으)로 변경되었습니다." )
```

몇 번의 데이터를 변경합니까? 3 ↵
변경 후의 데이터를 입력하세요. 13 ↵

3 번 데이터 50 을 변경합니다. ●━━━━━━━ 요소의 값이 변경되었습니다
3 번 데이터는 13 (으)로 변경되었습니다.

여기서는 리스트의 각 요소를 인덱스를 사용해서 지정하고, 대입함으로써 값
을 변경합니다. 다른 요소의 값도 변경해 보면 좋겠죠?

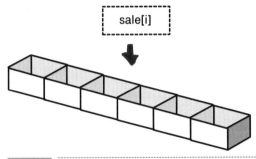

sale[i]

그림 5-6 리스트의 요소의 값 변경
리스트의 요소 값을 변경할 수 있습니다.

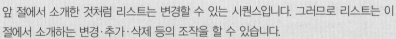

리스트는 요소의 조작을 할 수 있다

앞 절에서 소개한 것처럼 리스트는 변경할 수 있는 시퀀스입니다. 그러므로 리스트는 이
절에서 소개하는 변경·추가·삭제 등의 조작을 할 수 있습니다.

변경할 수 없는 시퀀스에서는 이러한 조작은 할 수 없습니다. 이러한 변경 불가능한 시
퀀스로서 6장에서 소개하는 튜플, 2장, 9장에서 소개하는 문자열이 있습니다.

리스트에 요소를 추가한다

리스트에 새로운 요소를 추가할 수 있습니다. 리스트에 요소를 추가하려면 다음의 append()를 사용합니다.

구문 **리스트로의 요소 추가**

> 리스트명.append(값) ●──── 리스트의 끝에 값을 추가합니다

또한, 값을 삽입하는 위치를 지정해서 추가할 수 있습니다. 이 경우에는 다음과 같이 insert()를 사용합니다.

구문 **리스트로의 요소 삽입**

> 리스트명.insert(위치, 값) ●──── 리스트 내의 지정한 위치(인덱스)에 값을 삽입합니다

이러한 지정에서는 리스트명에 「.」(피리오드)를 붙여서 지정하는 것에 주의하세요. 그래서 이번은 리스트에 요소를 추가 · 삽입하는 방법에 대해서 확인해 봅시다.

Sample5.py ▶ 리스트 요소를 추가 · 삽입한다

```
sale = [ 80, 60, 22, 50, 75 ]
print( "현재 데이터는", sale, "입니다." )

print( "끝에 100을 추가합니다." )
sale.append( 100 )          ●──── 리스트의 끝에 값을 추가합니다
print( "현재 데이터는", sale, "입니다." )

print( "sale[2]에 25를 삽입합니다." )
sale.insert( 2, 25 )        ●──── 리스트 내의 지정한 위치에 값을 삽입합니다
print( "현재 데이터는", sale, "입니다." )
```

현재 데이터는 [80, 60, 22, 50, 75] 입니다.
끝에 100을 추가합니다. ──────── 리스트의 끝에 값이 추가됩니다
현재 데이터는 [80, 60, 22, 50, 75, 100] 입니다.
sale[2]에 25를 삽입합니다. ──────── 리스트 내의 지정한 위치에 값이 삽입됩니다
현재 데이터는 [80, 60, 25, 22, 50, 75, 100] 입니다.

여기서는 먼저 append()를 사용해서 리스트에 요소를 추가합니다. 새로운 요소는 리스트의 끝에 추가됩니다.

또한, insert()에서 위치를 지정해 요소를 삽입합니다. 여기서는 「2」를 지정했으므로 sale[2] 장소에 추가됩니다.

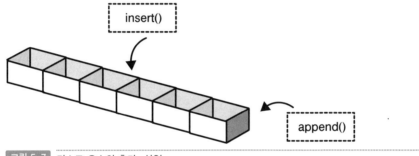

insert()

append()

그림 5-7 리스트 요소의 추가 · 삽입
리스트에 요소를 추가 · 삽입할 수 있습니다.

메서드

여기에서 본 append(), insert()처럼 조작을 하는 대상에 「.」(피리오드)를 붙여서 호출할 수 있는 기능을 메서드(method)라고 합니다.

메서드에 대해서는 8장에서 자세히 배웁니다. 여기서는 리스트에 대해서 메서드라는 다양한 기능이 있다는 것만 기억해두세요.

또한, 리스트에 준비된 메서드에는 append() · insert() 외에 다음에 소개하는 remove(), 다음 절에서 소개하는 copy() 등이 있습니다.

리스트의 요소를 삭제한다

리스트의 요소는 삭제할 수도 있습니다. 리스트의 값을 삭제하기 위해서는 del 문(del statement)을 사용하여 인덱스에 의해 요소를 지정합니다.

 구문 **리스트의 요소 삭제**

> del 리스트명[인덱스] ●────── 지정한 요소를 삭제합니다

또한, 값을 지정해 리스트의 앞부터 값을 검색하여 그 값과 처음에 일치한 요소를 삭제할 수 있습니다. 이걸 위해서는 remove()를 사용합니다.

구문 **리스트의 요소 삭제**

> 리스트명.remove(값) ●────── 지정한 값에 일치하는 첫 요소를 삭제합니다

이 두 가지 방법으로 요소를 삭제할 수 있는 걸 확인해 봅시다.

Sample6.py ▶ 리스트 요소를 삭제한다

```
sale = [ 80, 60, 22, 50, 75 ]
print( "현재 데이터는", sale, "입니다." )

print( "맨 앞의 데이터를 삭제합니다." )
del sale[0]        ●────── 지정한 요소를 삭제합니다
print( "현재 데이터는", sale, "입니다." )

print( "22를 삭제합니다." )
sale.remove( 22 )  ●────── 지정한 값에 일치하는 첫 요소를 삭제합니다
print( "현재 데이터는", sale, "입니다." )
```

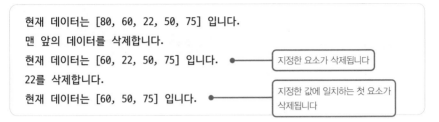

현재 데이터는 [80, 60, 22, 50, 75] 입니다.
맨 앞의 데이터를 삭제합니다.
현재 데이터는 [60, 22, 50, 75] 입니다. ●————— 지정한 요소가 삭제됩니다
22를 삭제합니다.
현재 데이터는 [60, 50, 75] 입니다. ●————— 지정한 값에 일치하는 첫 요소가
삭제됩니다

요소가 삭제되어 있는 걸 확인해 보세요.

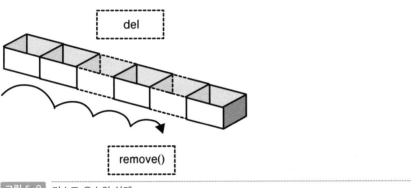

그림 5-8 리스트 요소의 삭제
리스트 요소를 삭제할 수 있습니다.

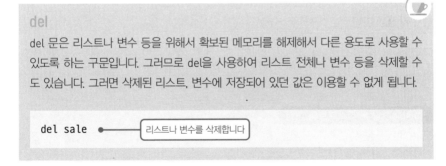

del

del 문은 리스트나 변수 등을 위해서 확보된 메모리를 해제해서 다른 용도로 사용할 수
있도록 하는 구문입니다. 그러므로 del을 사용하여 리스트 전체나 변수 등을 삭제할 수
도 있습니다. 그러면 삭제된 리스트, 변수에 저장되어 있던 값은 이용할 수 없게 됩니다.

```
del sale  ●————— 리스트나 변수를 삭제합니다
```

리스트의 주의 사항

리스트를 대입한다

지금까지의 절에서는 리스트에 대해 다양한 조작을 했습니다. 이 절에서는 리스트에서 기본적으로 주의할 사항을 배웁니다.

Python에서는 변수를 준비해서 다른 리스트의 변수를 대입할 수 있습니다. 예를 들어, 다음과 같이 변수 data2를 준비하고 리스트 data1을 대입할 수 있습니다.

```
data1 = [ 1, 2, 3, 4, 5 ]          ← 리스트를…
data2 = data1
                        다른 변수에 대입할 수 있습니다
```

이 대입을 하면 data2는 data1과 마찬가지로 리스트「1, 2, 3, 4, 5」를 나타내는 변수가 됩니다.

그러나 이 대입으로 리스트가 2개가 된 것은 아닙니다. 이 상태를 실제 코드로 봅시다.

Sample7.py ▶ 리스트로의 대입

```
data1 = [1, 2, 3, 4, 5]
data2 = data1          ← 리스트를 나타내는 변수에 단순히 대입을 하면…

print( "data1은", data1, "입니다." )
print( "data2는", data2, "입니다." )
```

```
data1[0] = 10

print( "data1을 변경합니다." )

print( "data1은", data1, "입니다." )
print( "data2는", data2, "입니다." )
```

Sample7의 실행 화면

```
data1은 [1, 2, 3, 4, 5] 입니다.
data2는 [1, 2, 3, 4, 5] 입니다.
data1을 변경합니다.
data1은 [10, 2, 3, 4, 5] 입니다.
data2는 [10, 2, 3, 4, 5] 입니다.
```

이 2개의 변수는 같은 하나의
리스트를 나타내고 있습니다

한 쪽의 변수에 대해서 변경을 하면…

다른 쪽도 변경됩니다

data1에 변경을 하면 data2의 표시도 변경됩니다. 이것은

리스트를 나타내는 변수에 대입을 하면

2개의 변수가 같은 하나의 리스트를 나타내게 된다

이기 때문입니다. 대입을 하면 대입하고 싶은 리스트와 같은 데이터를 표시할
수 있습니다. 다만 이것은 2개의 변수(리스트명)는 같은 하나의 리스트를 나
타내는 것에 지나지 않습니다. 2개의 변수에 2개의 리스트가 존재하는 것은
아닙니다.

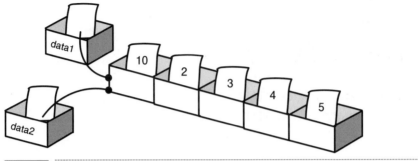

그림 5-9 리스트로의 대입
변수에 대입하면 그 변수는 대입된 리스트를 나타내는 것입니다.

새로운 리스트를 작성하려면

이때, 변수 2개가 각각 다른 리스트를 나타내려면 리스트를 새롭게 작성해야
합니다. 다음 코드를 보세요.

Sample8.py ▶ 리스트를 작성한다

```
data1 = [ 1, 2, 3, 4, 5 ]
data2 = list( data1 )          리스트를 새롭게 작성하고…
            대입을 하면…
print( "data1은", data1, "입니다." )
print( "data2는", data2, "입니다." )

data1[0] = 10

print( "data1을 변경합니다." )

print( "data1은", data1, "입니다." )
print( "data2는", data2, "입니다." )
```

Sample8의 실행 화면

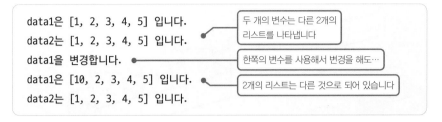

data1은 [1, 2, 3, 4, 5] 입니다.　　　　두 개의 변수는 다른 2개의
　　　　　　　　　　　　　　　　　　　리스트를 나타냅니다
data2는 [1, 2, 3, 4, 5] 입니다.

data1을 변경합니다.　　　　　　　　　한쪽의 변수를 사용해서 변경을 해도…

data1은 [10, 2, 3, 4, 5] 입니다.　　　2개의 리스트는 다른 것으로 되어 있습니다

data2는 [1, 2, 3, 4, 5] 입니다.

여기서는 list(data1) 지정으로 리스트를 새롭게 작성했습니다. list()를 사용하면 다른 리스트를 () 안에 지정해서 새로운 리스트를 작성할 수 있습니다.

그러면 이번은 data1이 변경되어도 data2는 변경되지 않습니다. 두 변수가 나타내는 리스트는 다른 리스트이기 때문입니다.

또한, copy() 메서드로 리스트의 복사를 만드는 방법으로도 새로운 리스트를 작성할 수 있습니다. 복사는 다음과 같이 작성합니다.

```
data1 = [ 1, 2, 3, 4, 5 ]
data2 = data1.copy()      리스트를 복사하고…
...          대입할 수도 있습니다
```

이처럼 리스트를 다뤄서 조작하는 경우에는 변수가 나타내고 있는 리스트에 대해서 주의해야 합니다.

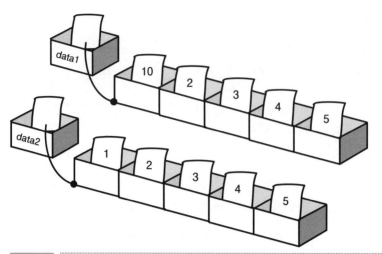

그림 5-10 리스트 작성과 복사
2개의 변수가 다른 리스트를 나타내게 하려면 리스트의 작성, 복사를 합니다.

생성자(컨스트럭터)

여기에서 본 list()는 생성자(컨스트럭터)라고 하며, 리스트 등을 작성할 때에 사용되는 특수한 메서드입니다. 생성자에 대해서는 8장에서 배웁니다. 또한, list()를 사용해서 빈 리스트를 작성할 수도 있습니다.

```
data = list( )  ●————[ 빈 리스트를 작성할 수 있습니다 ]
```

5.5 리스트의 연결과 슬라이스

🐍 리스트를 연결한다

이제까지 리스트에 대해서 조작하는 기본적인 것과 주의할 것에 대해 살펴보았습니다. 리스트에서는 더욱 고도의 지정과 조작을 할 수 있습니다. 이 절에서는 리스트에 대한 다양한 처리를 살펴보겠습니다.

먼저,

리스트를 연결한다

는 방법을 살펴봅시다. 리스트끼리 + 연산자를 사용하면 리스트 2개를 연결해서 새로운 리스트를 작성할 수 있습니다.

Sample9.py ▶ 리스트의 연결

```
sale1 = [ 1, 2, 3, 4, 5, 6 ]
print( "상반기 데이터는", sale1, "입니다." )

sale2 = [ 7, 8, 9, 10, 11, 12 ]
print( "하반기 데이터는", sale2, "입니다." )

ysale = sale1 + sale2          ●────  리스트끼리 연결할 수 있습니다

print( "연간 데이터는", ysale, "입니다." )
```

상반기 데이터는 [1, 2, 3, 4, 5, 6] 입니다.
하반기 데이터는 [7, 8, 9, 10, 11, 12] 입니다.
연간 데이터는 [1, 2, 3, 4, 5, 6, 7, 8, 9, 10, 11, 12] 입니다.

리스트가 연결되어 있습니다

예를 들어, 반년마다의 데이터가 각각 리스트로 되어 있을 때 이것들을 연결
해서 연간 데이터를 만들 수 있습니다.

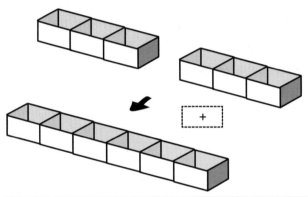

그림 5-11　리스트의 연결
리스트를 연결할 수 있습니다.

그 밖의 리스트 연결 방법

+ 연산자 외에 extend() 메서드를 사용해서 리스트를 연결할 수도 있습니다. 다만, +
연산자로는 리스트 2개를 연결한 리스트가 새롭게 작성되는 것에 비해 extend()에서는
리스트1에 리스트2가 연결됩니다. 즉, 리스트1이 확장됩니다.

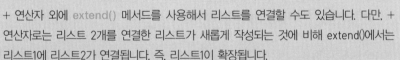

리스트1.extend(리스트2) ●─── 리스트1에 리스트2가 연결됩니다

또한, + 연산자 대신에 += 연산자를 사용하면 마찬가지로 리스트1이 확장됩니다. 3장에
서 설명했듯이 += 연산자는 덧셈과 대입을 동시에 할 수 있는 연산자로 사용됩니다.

리스트1 += 리스트2 ●─── 리스트1에 리스트2가 연결됩니다

슬라이스로 지정한다

Python에서는 슬라이스(slice) 지정을 사용해서 인덱스의 범위를 지정하고, 그 범위에 해당하는 요소로 이뤄진 리스트를 꺼낼 수 있습니다.

구문 슬라이스

리스트명[시작 값:정지 값:간격]

예를 들어, 1년간의 데이터를 나타내는 리스트 ysale에서 지정 월의 데이터나 1개월 걸러 데이터를 꺼낼 수 있습니다.

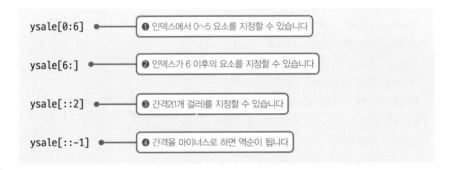

❶처럼 슬라이스를 지정하면 상반기의 데이터를 꺼낼 수 있습니다. 또한, 슬라이스에서는 지정하는 값을 생략해도 됩니다. 예를 들어 「시작 값」을 생략하여 맨 앞의 요소를 지정한 것입니다. 「정지 값」을 생략하면 리스트의 길이를 지정한 것이 됩니다. 즉, ❷로는 하반기의 데이터를 꺼낼 수 있습니다.

「간격」을 「2」로 하면 한 개 거른 것입니다(❸). 또한, 간격을 생략하면 「1」(1개씩)을 지정한 것입니다.

또한, 간격을 마이너스로 해서 역순으로 얻을 수 있습니다(❹).

슬라이스에 대해서 코드로 확인합시다.

```
ysale = [ 1, 2, 3, 4, 5, 6, 7, 8, 9, 10, 11, 12 ]
print( "연간 데이터는", ysale, "입니다." )


sale1 = ysale[ 0:6 ]          ❶ 인덱스가 0~5의 요소를 지정할 수 있습니다
print( "상반기 데이터는", sale1, "입니다." )


sale2 = ysale[ 6: ]           ❷ 인덱스가 6 이후의 요소를 지정할 수 있습니다
print( "하반기 데이터는", sale2, "입니다." )


sale3 = ysale[ ::2 ]          ❸ 간격 「2」(1개 걸러)를 지정할 수 있습니다
print( "1개월 거른 데이터는", sale3, "입니다." )


sale4 = ysale[ ::-1 ]         ❹ 간격을 마이너스로 하면 역순이 됩니다
print( "역순 데이터는", sale4, "입니다." )


print( "연간 데이터는", ysale, "입니다." )
print( "상반기 데이터를 바꿔 넣습니다." )
ysale[ :6 ] = [ 0, 0, 0, 0, 0, 0 ]    ❺ 슬라이스로의 대입에 따라
print( "연간 데이터는", ysale, "입니다." )    값의 변경을 할 수 있습니다
```

Sample10의 실행 화면

```
연간 데이터는 [1, 2, 3, 4, 5, 6, 7, 8, 9, 10, 11, 12] 입니다.
상반기 데이터는 [1, 2, 3, 4, 5, 6] 입니다.
하반기 데이터는 [7, 8, 9, 10, 11, 12] 입니다.         지정한 범위의
1개월 거른 데이터는 [1, 3, 5, 7, 9, 11] 입니다.        요소가 표시됩니다
역순 데이터는 [12, 11, 10, 9, 8, 7, 6, 5, 4, 3, 2, 1] 입니다.
연간 데이터는 [1, 2, 3, 4, 5, 6, 7, 8, 9, 10, 11, 12] 입니다.
상반기 데이터를 바꿔 넣습니다.
연간 데이터는 [0, 0, 0, 0, 0, 0, 7, 8, 9, 10, 11, 12] 입니다.
```

슬라이스로의 대입에 의해 변경이 이뤄집니다

❺와 같이 슬라이스를 사용해서 대입을 하고 값을 변경할 수도 있습니다. 다만, 대입을 할 때에는 왼쪽의 요소 수와 오른쪽의 요소 수를 일치시키도록 대입해야 합니다.

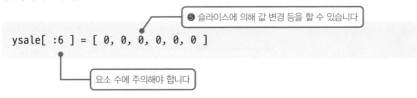

```
ysale[ :6 ] = [ 0, 0, 0, 0, 0, 0 ]
```

❺ 슬라이스에 의해 값 변경 등을 할 수 있습니다

요소 수에 주의해야 합니다

슬라이스에 의해 값을 표시하는 것만으로는 원래 리스트의 값은 변경되지 않지만, 대입을 하면 값이 변경되는 걸 확인하세요.

이 밖에도 슬라이스에 의해 여러 값을 삭제하는 처리도 할 수 있습니다.

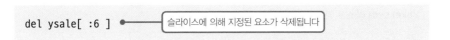

```
del ysale[ :6 ]
```

슬라이스에 의해 지정된 요소가 삭제됩니다

슬라이스에 의한 다양한 지정 방법과 조작에 익숙해집시다.

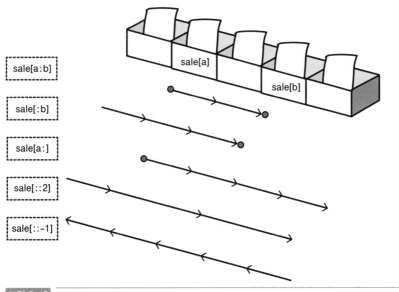

그림 5-12 | 슬라이스에 의한 지정
리스트의 각 요소를 슬라이스로 지정할 수 있습니다. 대입에 의해 값을 변경할 수도 있습니다.

리스트를 역순으로 하려면

Sample10에서 본 것처럼 슬라이스의 간격을 마이너스로 하면 리스트의 데이터를 역순으로 구할 수 있습니다.

```
ysale[ ::-1 ]      ●────── 간격을 마이너스로 하면 역순이 됩니다
```

다만, 역순으로 하는 데는 슬라이스 외에도 몇 가지 방법이 있습니다. 이러한 방법에 대해서도 조금 자세히 살펴봅시다.

먼저, 역순으로 하는 지정으로 내장 함수 reversed()를 사용할 수 있습니다.

```
reversed(리스트명)
```

또한, 리스트의 reverse() 메서드도 사용할 수 있습니다.

```
리스트명.reverse()
```

그러나 이것들의 실행 결과는 다릅니다. 이 상태를 다음 코드로 살펴봅시다.

Sample11.py ▶ 역순으로 할 때의 주의

```
data = [ 1, 2, 3, 4, 5 ]
print( "현재 데이터는", data, "입니다." )

print( "data[::-1]을 for 문으로 처리합니다." )
for d in data[ ::-1 ]:      ●───[ ❶ 슬라이스로 처리합니다 ]
    print( d )
print( "data[::-1]은", data[::-1], "입니다." )
print( "현재 데이터는", data, "입니다." )

print( "reversed(data)를 for 문으로 처리합니다." )
```

```
for d in reversed( data ):
    print( d )
print( "reversed(data)는", reversed(data), "입니다." )
print( "현재 데이터는", data, "입니다." )

print( "data.reverse()를 처리합니다." )
data.reverse()
print( "현재 데이터는", data, "입니다." )
```

❷ reversed() 함수로 처리합니다

❸ reverse() 메서드로 처리합니다

Sample11의 실행 화면

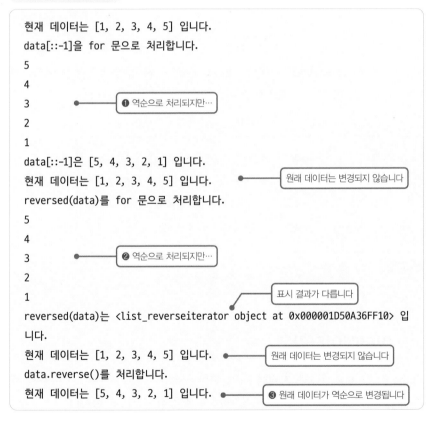

```
현재 데이터는 [1, 2, 3, 4, 5] 입니다.
data[::-1]을 for 문으로 처리합니다.
5
4
3
2
1
data[::-1]은 [5, 4, 3, 2, 1] 입니다.
현재 데이터는 [1, 2, 3, 4, 5] 입니다.
reversed(data)를 for 문으로 처리합니다.
5
4
3
2
1
reversed(data)는 <list_reverseiterator object at 0x000001D50A36FF10> 입
니다.
현재 데이터는 [1, 2, 3, 4, 5] 입니다.
data.reverse()를 처리합니다.
현재 데이터는 [5, 4, 3, 2, 1] 입니다.
```

❶ 역순으로 처리되지만…

원래 데이터는 변경되지 않습니다

❷ 역순으로 처리되지만…

표시 결과가 다릅니다

원래 데이터는 변경되지 않습니다

❸ 원래 데이터가 역순으로 변경됩니다

우선, 슬라이스를 사용하면 for 문으로 역순으로 표시하거나 역순의 리스트로 표시할 수 있습니다. 그러나 원래 리스트 자체는 역순으로 변경되는 것은 아닙니다(❶).

다음으로 「reversed() 함수」를 사용하면 for 문으로 역순으로 처리할 수 있지만 역순의 리스트로는 표시되지 않습니다. 또한, 원래 리스트 자체도 역순으로 변경되는 것은 아닙니다(❷). 이때 표시되는 값은 다음에 설명하는 이터레이터(iterator)라는 구조가 만드는 값입니다.

이터레이터는 for 문 등에서 순서대로 값을 얻는 것을 목적으로 한 구조입니다. for 문으로 순서대로 처리하여 값을 얻을 수는 있지만 리스트로서 다룰 수는 없습니다.

마지막으로 「reverse() 메서드」를 사용하면 원래 리스트 자체가 역순으로 변경되는 것에 주의하세요(❸). 이것은 추가·변경·삭제 등에서 사용한 메서드와 마찬가지로 그 리스트 자체를 역순으로 변경하는 메서드입니다.

[:: -1] (슬라이스) ➡ ■ 원래 리스트는 변경되지 않습니다

reversed() 함수 ➡ ■ 원래 리스트는 변경되지 않습니다
(이터레이터를 얻을 수 있습니다)

reverse() 메서드 ➡ ■ 원래 리스트가 변경됩니다

그림 5-13 | **역순으로 한다**
리스트를 역순으로 하는 데는 세 가지 방법이 있습니다.

🐍 이터레이터란?

Python에서는 순서대로 처리를 하기 위한 구조로서 이터레이터가 사용될 때가 많습니다. 그래서 이터레이터에 대해서 조금 살펴보도록 합시다.

이터레이터는 for 문 등에서 순서대로 반복 처리를 하기 위한 기능입니다.

「반복 처리한 결과 그 자체」가 아닌,

「반복 처리하는 구조」만을 다룰 수 있도록 해 둔다

는 것으로 고속으로 처리 효율이 좋은 프로그램을 작성할 수 있습니다.

예를 들어, reversed()로는 역순으로 처리한 결과 그 자체가 아닌 역순으로 꺼내는 구조만을 이터레이터로 합니다. 리스트로서의 결과를 표시할 수는 없지만 for 문에서 순서대로 처리해서 값을 꺼내는 것만은 할 수 있습니다. Sample11의 결과를 확인하세요.

중요 | 이터레이터에 의해 반복 처리하는 구조를 다룰 수 있습니다.

그림 5-14 이터레이터
이터레이터에 의해 「반복 처리하는 구조」를 다룰 수 있습니다.

이터레이터를 이용한다

이터레이터는 다양한 상황에서 이용합니다. 예를 들어, 리스트 등의 반복해서 처리할 수 있는 구조(이터러블)로부터도 값을 반복해 순서대로 꺼내는 구조인 이터레이터를 얻을 수가 있습니다.

이터러블의 이터레이터를 얻는 데는 내장 함수 iter()를 사용합니다. 이 함수를 사용하면 다음과 같이 리스트인 data 등으로부터 순서대로 값을 꺼내는 이터레이터를 얻을 수 있는 것입니다.

iter(data) ●─── 리스트의 값을 순서대로 꺼내는 이터레이터를 얻을 수도 있습니다

또한, 이터레이터는 for 문의 안에서 사용하는 것 외에 next(이터레이터) 지정을 반복 사용해서 순서대로 값을 꺼냅니다.

예를 들어, 리스트 data에서는 다음과 같이 사용할 수 있겠죠? 이러한 사용법도 기억해두면 편리합니다.

```
data = [ 1, 2, 3, 4, 5 ]
it = iter( data )
print( next(it) )        ●────[ 1이 꺼내집니다 ]
print( next(it) )        ●
...                          [ 2가 꺼내집니다 ]


rv = reversed( data )
print( next(rv) )        ●────[ 5가 꺼내집니다 ]
print( next(rv) )        ●
...                          [ 4가 꺼내집니다 ]
```

중요 | 이터러블로부터 iter()를 사용해 이터레이터를 얻을 수 있다.
      next()로 이터레이터의 값을 순서대로 꺼낼 수 있다.

5.6 리스트 요소의 조합과 분해

리스트의 요소를 조합한다

이 절에서는 좀 더 리스트의 처리에 대해서 살펴봅시다. 여러 개 리스트의 요소를 조합해서 처리를 할 수 있습니다. 리스트 요소를 조합하는 데는 내장 함수 zip()을 사용합니다.

> **구문** **요소를 조합한다**
>
> zip(리스트A, 리스트B, ···) ● ─── 여러 개 리스트의 요소 값이 조합됩니다

zip()에 의해 리스트의 첫 번째 요소끼리, 리스트의 두 번째 요소끼리 ··· 처럼 요소끼리를 조합할 수 있습니다.

실제로 이 상태를 살펴봅시다.

Sample12.py ▶ 리스트의 요소를 조합한다

```python
city = ["서울", "대전", "대구", "부산"]
sale = [80, 60, 22, 50, 75]

print( "도시명 데이터는", city, "입니다." )
print( "매출액 데이터는", sale, "입니다." )

print( "데이터를 조합합니다." )

for d in zip(city, sale):   ● ─── ❶ 리스트 2개의 요소 값이 조합됩니다
```

```
        print( d )

    print( "데이터와 인덱스를 조합합니다." )

    for d in enumerate(city):          ● ❷ 요소의 값과 인덱스를 조합할 수도 있습니다
        print( d )
```

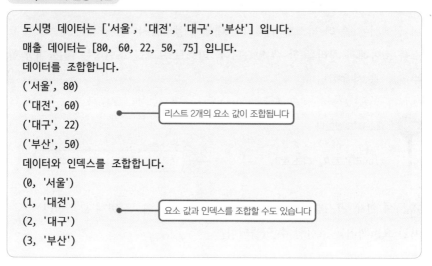

```
도시명 데이터는 ['서울', '대전', '대구', '부산'] 입니다.
매출 데이터는 [80, 60, 22, 50, 75] 입니다.
데이터를 조합합니다.
('서울', 80)
('대전', 60)
('대구', 22)      ● 리스트 2개의 요소 값이 조합됩니다
('부산', 50)
데이터와 인덱스를 조합합니다.
(0, '서울')
(1, '대전')
(2, '대구')      ● 요소 값과 인덱스를 조합할 수도 있습니다
(3, '부산')
```

zip()에 의해서 리스트 2개의 요소가 조합됩니다(❶). 여기서는 「서울-80」「대전-60」···으로 조합됩니다. 결과를 잘 확인하세요.

또한, 어느 한쪽의 리스트가 짧으면 짧은 쪽이 끝나는 시점에 조합을 종료합니다. 여기서는 도시명의 리스트 city()의 요소가 끝나는 시점에서 조합을 종료합니다.

또한, 요소와 인덱스 값을 조합할 수도 있습니다. 이때에는 내장 함수 enumerate()를 사용합니다(❷). 편리한 지정이므로 기억해 두면 좋겠죠?

요소와 인덱스를 조합한다

enumerate(리스트명) ● ── [요소의 값과 인덱스를 조합할 수도 있습니다]

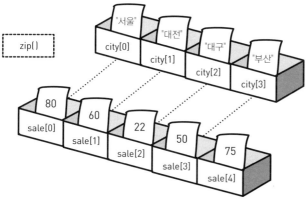

zip()

그림 5-15 리스트 요소의 조합
zip()으로 리스트 요소를 조합할 수 있습니다.

zip() · enumerate()의 활용

zip()이나 enumerate()는 리스트 이외의 컬렉션 등을 포함하는 다양한 이터러블로도 사용할 수 있는 내장 함수입니다. 다른 컬렉션을 다룰 때에 기억해 두면 편리하겠죠?

더구나, 이러한 내장 함수에서 실제로 직접 얻을 수 있는 것은 이터레이터입니다.

또한, 이러한 이터레이터로부터 얻을 수 있는 데이터 「('서울', 80)」…은 ( )로 감싸져 있으며, 실제로는 6장에서 소개하는 튜플입니다.

🖥 리스트의 요소를 분해한다

요소의 조합과 반대로 요소를 분해할 수도 있습니다. 이것을 언팩(전개: unpack)이라고 합니다. 언팩을 하는 구문은 다음과 같습니다.

구문 **언팩(for 문)**

for 변수1, 변수2, ··· in 리스트명: ●──── 각 요소를 분해할 수 있습니다

언팩은 for 문에서 zip()과 함께 사용할 때가 많습니다. 예를 들어, 다음과 같이 조합한 각 요소를 분해해서 2개의 변수에 꺼냅니다.

```
                            각 요소를 분해할 수 있습니다
for c, s in zip( city, sale ):
    print( "도시명은", c, "매출은", s )
```

이 상태를 코드로 확인해 봅시다.

Sample13.py ▶ 리스트의 요소를 분해한다

```
city = ["서울", "대전", "대구", "부산"]
sale = [80, 60, 22, 50, 75]

print( "도시명 데이터는", city, "입니다." )
print( "매출 데이터는", sale, "입니다." )

print( "데이터를 조합합니다." )

for d in zip( city, sale ):        ●──── 2개 리스트의 요소 값이 조합됩니다
    print( d )

print( "데이터를 분해합니다." )
                                   조합한 요소를 분해할 수도 있습니다
for c, s in zip( city, sale ):
    print( "도시명은", c, "매출은 ", s )
```

Sample13의 실행 화면

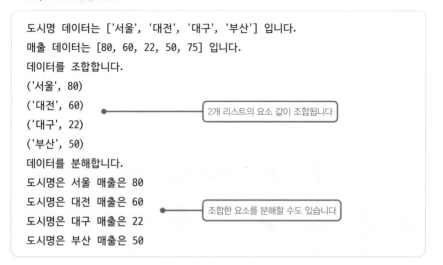

도시명 데이터는 ['서울', '대전', '대구', '부산'] 입니다.
매출 데이터는 [80, 60, 22, 50, 75] 입니다.
데이터를 조합합니다.
('서울', 80)
('대전', 60)
('대구', 22) ────● 2개 리스트의 요소 값이 조합됩니다
('부산', 50)
데이터를 분해합니다.
도시명은 서울 매출은 80
도시명은 대전 매출은 60 ────● 조합한 요소를 분해할 수도 있습니다
도시명은 대구 매출은 22
도시명은 부산 매출은 50

이 코드에서는 앞의 코드와 마찬가지로 zip()에서 리스트의 값을 조합합니다. 이러한 값을 언팩할 수 있습니다. 조합한 요소가 언팩되어 있는 걸 실행 결과에서 확인하세요.

이처럼 zip()과 언팩을 동시에 사용함으로써 2개 리스트의 값을 동시에 다루는 for 문을 간단히 기술할 수 있습니다.

 ## 언팩해서 대입한다

언팩은 변수로의 대입 등을 할 때에도 사용할 수 있습니다. 다음 지정을 하면 리스트 안의 각 요소 값이 변수1, 변수2 …에 대입됩니다.

구문 언팩(대입)

> 변수1, 변수2, ⋯ = 리스트명

예를 들어, 다음과 같이 리스트의 요소를 변수에 언팩할 수 있습니다.

```
data = [1, 2, 3]
d1, d2, d3 = data ●━━━━┥ 리스트의 요소를 변수에 언팩할 수 있습니다 │
```

변수 d1에는 「1」, 변수 d2에는 「2」, 변수 d3에는 「3」이 대입됩니다. 언팩은 다양한 경우에 사용되므로 잘 기억해 둡시다.

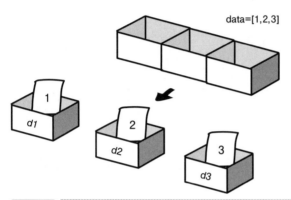

리스트의 요소 분해
리스트의 요소를 분해(언팩)할 수 있습니다.

언팩의 활용

언팩은 리스트 이외의 다른 컬렉션에서도 사용할 수 있습니다. 또한, 언팩은 7장에서 설명하는 함수의 반환값을 받을 때 등 다양한 상황에서 사용합니다.

리스트로부터 새로운 리스트를 얻는다

이 절의 마지막으로 리스트를 조작해서 새로운 리스트를 얻는 특수한 기술을 소개합니다.

다음의 설명을 보세요.

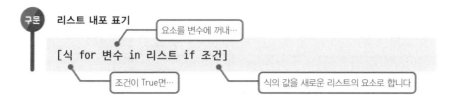

Lesson
5

이것은 리스트 내의 요소를 변수에 꺼내고, 조건이 True면 식의 결과를 리스트 값으로 하는 새로운 리스트를 작성합니다. 이 방법을 리스트 내포 표기(컴프리헨션: comprehension)이라고 합니다. 실제로 컴프리헨션을 사용해 봅시다.

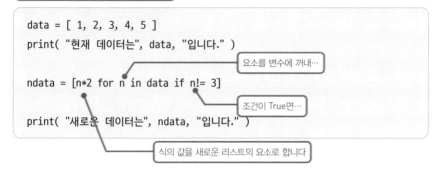

여기서는 리스트의 요소를 변수 n에 꺼내고 그 n의 값이 「3」이 아니면 n을 2배한 값을 새로운 리스트의 요소로 작성합니다. 그래서 실행 결과의 새로운 데이터 리스트가 작성됩니다.

이러한 표기는 원래 리스트로부터 간단한 처리로 새로운 리스트를 작성할 때 등에 이용할 수 있습니다.

그 밖의 컴프리헨션

컴프리헨션은 다른 컬렉션 등에서도 사용할 수 있습니다. 같은 방법으로 6장에서 배울 딕셔너리·세트 작성 등을 할 수 있습니다. 6장에서 배운 후에 다음 표를 다시 살펴보면 좋을 것입니다.

표 5-1: 각종 컴프리헨션

컬렉션	내포 표기
리스트	[식 for 변수 in 리스트 if 조건]
튜플	–
딕셔너리	{식:식 for 변수 in 리스트 if 조건}
세트	{식 for 변수 in 리스트 if 조건}
제너레이터	(식 for 변수 in 리스트 if 조건)

5.7 리스트의 집계와 정렬

🐍 리스트를 집계한다

지금까지 다양한 방법으로 리스트를 다룰 수 있었습니다. 이렇게 다뤄온 리스트의 데이터에 대해서 집계나 정렬을 할 수 있습니다. 이 처리는 다음의 내장 함수에서 이뤄집니다.

표 5-2: 집계와 정렬

내장 함수	내용	내장 함수	내용
max(리스트명)	최댓값을 구한다	sum(리스트명)	합계값을 구한다
min(리스트명)	최솟값을 구한다	sorted(리스트명)	정렬한다

집계와 정렬에 대해서 실제로 확인해 봅시다.

Sample15.py ▶ 리스트의 집계

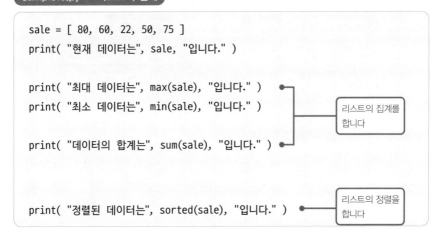

```
sale = [ 80, 60, 22, 50, 75 ]
print( "현재 데이터는", sale, "입니다." )

print( "최대 데이터는", max(sale), "입니다." )
print( "최소 데이터는", min(sale), "입니다." )

print( "데이터의 합계는", sum(sale), "입니다." )


print( "정렬된 데이터는", sorted(sale), "입니다." )
```

리스트의 집계를 합니다

리스트의 정렬을 합니다

현재 데이터는 [80, 60, 22, 50, 75] 입니다.
최대 데이터는 80 입니다.
최소 데이터는 22 입니다.
데이터의 합계는 287 입니다.
정렬된 데이터는 [22, 50, 60, 75, 80] 입니다.

max()로 최댓값, min()으로 최솟값, sum()으로 합계값을 구할 수 있습니다. 결과를 확인해 보세요. 또한, 리스트의 요소의 형(값의 종류)에 따라서는 집계 값을 구할 수 없을 때가 있습니다.

🐍 리스트를 정렬한다

정렬을 하는 sorted()로는 리스트의 각 요소에 대해서 작은 순(오름차순)으로 정렬한 값을 얻을 수 있습니다. 다만, 이 방법은 원래 리스트 자체를 정렬하는 것은 아니므로 주의하세요.

또한, () 안에 콤마로 구분하여 「reverse = True」라는 지정을 추가하면 값이 큰 순서(내림차순)로 정렬됩니다. Sample15를 내림차순으로 하면 다음과 같이 되므로 기억해 두면 편리할 것입니다.

Sample15.py ▶ 리스트의 정렬(reverse = True로 내림차순으로 할 때)

```
...                              ┌─ 내림차순으로 정렬합니다
print( "정렬된 데이터는", sorted(sale, reverse = True), "입니다" )
```

Sample15의 실행 화면(내림차순인 경우)

```
...
정렬된 데이터는 [80, 75, 60, 50, 22]입니다.
```

또한, 리스트를 정렬하려면 리스트의 메서드인 sort()를 사용할 수도 있습니다. 다만, 메서드를 사용하는 방법에서는 원래 리스트 자체가 정렬됩니다.

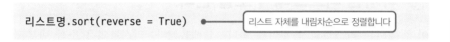

리스트명.sort() ●─── 리스트 자체를 정렬합니다

메서드를 사용하는 방법에서도 내림차순으로 정렬하려면 「reverse = True」를 지정합니다.

리스트명.sort(reverse = True) ●─── 리스트 자체를 내림차순으로 정렬합니다

또한, sorted() 함수와 sort() 메서드의 어느 정렬 방법에서도 reverse 항목을 지정하지 않으면 「reverse = False」(오름차순)를 지정한 것이 됩니다.

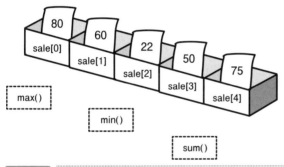

그림 5-17 | 리스트의 집계와 정렬
리스트의 집계와 정렬을 할 수 있습니다. 정렬 결과에는 주의해야 합니다.

5.8 다차원 리스트

다차원 리스트의 구조를 안다

이 절에서는 리스트의 응용법을 하나 더 배웁시다. 리스트의 요소를 반복해 리스트를 나열함으로써 2차원 이상으로 요소가 나열된 다차원 리스트를 만들 수도 있습니다.

```
data = [          바깥쪽의 리스트 요소로서…
    ["서울", 32, 25],
    ["대전", 28, 21],
    ["대구", 27, 20],     안쪽의 리스트가 있습니다
    ["부산", 26, 19],
    ["광주", 27, 22]
]
```

예를 들어, 「서울의 최고 기온 32도 · 최저 기온 25도」 「대전의 최고 기온 28도 · 최저 기온 21도」· · ·라는 리스트로 이뤄진 각 도시 데이터를 반복해 리스트의 각 요소로 다룰 수 있습니다.

실제로 다차원 리스트를 이용해 봅시다.

Sample16.py ▶ 다차원 리스트

```
data = [          ❶ 바깥쪽 리스트의 안에…
    ["서울", 32, 25],
    ["대전", 28, 21],
```

```
    ["대구", 27, 20],
    ["부산", 26, 19],
    ["광주", 27, 22]
]
```

❷ 안쪽의 각 리스트를 작성합니다

```
print( "현재 데이터는", data, "입니다." )

for dat in data:
    print( "도시별 데이터는", dat, "입니다." )
    for d in dat:
        print( d, end = "\t" )
    print()

print( data[0][0], "의 최고 기온은", data[0][1], "최저 기온은", data[0][2],
"입니다." )
```

❸ 바깥쪽 리스트의 요소를 1개씩 처리합니다

❹ 안쪽 리스트의 요소를 1개씩 처리합니다

❺ 각 요소에 직접 접근할 수도 있습니다

Sample16의 실행 화면

```
현재 데이터는 [['서울', 32, 25], ['대전', 28, 21], ['대구', 27, 20], ['부산',
26, 19], ['광주', 27, 22]] 입니다.
도시별 데이터는 ['서울', 32, 25] 입니다.
서울    32      25
도시별 데이터는 ['대전', 28, 21] 입니다.
대전    28      21
도시별 데이터는 ['대구', 27, 20] 입니다.
대구    27      20
도시별 데이터는 ['부산', 26, 19] 입니다.
부산    26      19
도시별 데이터는 ['광주', 27, 22] 입니다.
광주    27      22
서울의 최고 기온은 32 최저 기온은 25 입니다.
```

먼저 바깥쪽 리스트(❶)의 안에 안쪽의 리스트(❷)를 작성하고 다차원 리스트로서 준비합니다.

이 리스트는 반복문을 중첩함으로써 접근할 수 있습니다. 바깥쪽의 for 문에서는 바깥쪽의 리스트 요소에 접근해서 도시별 데이터를 표시합니다(❸). 안쪽의 for 문에서는 거듭 각 도시의 데이터를 나타내는 안쪽 리스트의 요소에 접근해서 데이터를 표시합니다(❹).

또한, 다차원의 리스트는 직접 접근할 수도 있습니다(❺). 여기에서는 서울 데이터를 [0][●]로서 접근합니다. 각 도시의 도시명 데이터는 [■][0], 최고 기온 데이터는 [■][1], 최저 기온 데이터는 [■][2]입니다.

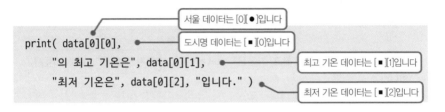

```
print( data[0][0],
       "의 최고 기온은", data[0][1],
       "최저 기온은", data[0][2], "입니다." )
```

서울 데이터는 [0][●]입니다
도시명 데이터는 [■][0]입니다
최고 기온 데이터는 [■][1]입니다
최저 기온 데이터는 [■][2]입니다

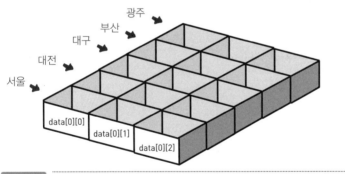

data[0][0]
data[0][1]
data[0][2]

서울 대전 대구 부산 광주

그림 5-18 **다차원의 리스트**
다차원의 리스트를 작성할 수 있습니다

리스트 안의 요소

여기서는 리스트 안의 요소를 거듭 리스트로 함으로써 다차원의 리스트로 했습니다. 다만, 리스트 안의 요소를 다른 컬렉션으로 할 수도 있습니다. 예를 들어, 이 샘플에서는 리스트 안의 요소를 튜플로 하는 것으로도 같은 데이터 처리를 할 수 있습니다.

5.9 레슨의 정리

이 장에서는 다음을 배웠습니다.

- Python에는 여러 개의 데이터를 통합해 다루기 위한 컬렉션이 여러 개 있습니다
- 리스트는 여러 개의 데이터를 다루기 위한 컬렉션 중 하나입니다.
- 리스트는 인덱스를 지정하여 요소를 특정할 수 있습니다.
- 리스트의 요소는 변경·추가·삽입·삭제를 할 수 있습니다.
- 슬라이스에 의해 리스트 안의 여러 개의 요소를 특정할 수 있습니다.
- zip()으로 리스트의 요소 값끼리 조합합니다.
- enumerate()로 리스트의 요소와 인덱스를 조합합니다.
- 리스트의 요소를 언팩할 수 있습니다.
- 리스트를 집계·정렬할 수 있습니다.
- 다차원의 리스트를 작성할 수 있습니다.

리스트에는 다양한 기능이 있습니다. 데이터를 다루기 위해서는 리스트 등의 컬렉션을 잘 다루는 것은 빼놓을 수 없습니다. 여러 조작을 체험해 보세요.

다음 장에서는 리스트와 마찬가지로 여러 데이터를 통합하는 컬렉션을 다양하게 배웁니다.

연습문제

1. 시험 점수에 대해서 최고 점수·최저 점수·평균 점수를 계산해 보세요. 또한, 평균 점수는「합계 점수 ÷ 인원」으로 계산해 보세요.

> 시험 점수는 [74, 85, 69, 77, 81]입니다.
> 최고 점수는 85입니다.
> 최저 점수는 69입니다.
> 평균 점수는 77.2입니다.

2. 시험 점수에 대해서 오름차순과 내림차순으로 표시해 보세요.

> 시험 점수는 [74, 85, 69, 77, 81]입니다.
> 오름차순은 [69, 74, 77, 81, 85]입니다.
> 내림차순은 [85, 81, 77, 74, 69]입니다.

3. 리스트 내포 표기를 사용해서 80점 이상인 리스트를 작성해 보세요.

> 시험 점수는 [74, 85, 69, 77, 81]입니다.
> 80점 이상은 [85, 81]입니다.
> 80점 이상인 인원은 2명입니다.

4. 리스트 3개와 zip()을 사용해서 다음과 같이 표시해 보세요.

> 도시명 데이터는 ['서울', '대전', '대구', '부산', '광주']입니다.
> 최고 기온 데이터는 [32, 28, 27, 26, 27]입니다.
> 최저 기온 데이터는 [25, 21, 20, 19, 22]입니다.
> 서울의 최고 기온은 32 최저 기온은 25입니다.
> 대전의 최고 기온은 28 최저 기온은 21입니다.
> 대구의 최고 기온은 27 최저 기온은 20입니다.
> 부산의 최고 기온은 26 최저 기온은 19입니다.
> 광주의 최고 기온은 27, 최저 기온은 22입니다.

*역자 주: 책의 뒷부분에 해답이 있습니다.

Lesson 6

컬렉션

5장에서는 컬렉션 중 하나인 리스트에 대해 배웠습니다. Python 에는 그 밖에도 여러 개의 값을 통합해 다루는 컬렉션이 많이 있습니다. 컬렉션을 사용하면 데이터의 특징을 살리고, 대량의 데이터를 더욱 강력하게 다룰 수 있습니다. 이 장에서는 다양한 컬렉션에 대해서 배웁시다.

Check Point!
- 튜플
- 딕셔너리
- 키
- 세트
- 집합 연산

6.1 튜플

튜플의 구조를 안다

5장에서는 리스트에 대해서 배웠습니다. 리스트를 사용하면 많은 데이터를 통합해 다룰 수 있습니다.

그리고 Python에는 리스트 외에도 데이터를 이용하기 위한 다양한 컬렉션이 있습니다. 이 절에서는 처음으로

튜플(tuple)

에 대해서 배웁니다.

튜플도 리스트와 마찬가지로 여러 데이터를 다루는 시퀀스입니다. 다만, 튜플의 요소는 변경할 수 없습니다. 그래서 튜플은 변경하고 싶지 않은 데이터를 관리하기 위해 사용하면 편리한 컬렉션입니다.

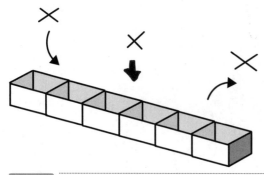

그림 6-1 **튜플**
튜플은 변경할 수 없는 시퀀스입니다.

튜플을 작성한다

튜플은 다음과 같이 ( ) 안에 값을 지정해서 작성합니다. 괄호의 형태가 리스트와는 다르므로 주의하세요.

Lesson
6

> **구문** **튜플의 작성**
>
> 튜플명 = (값1, 값2, ...) ●────── 튜플을 작성합니다

예를 들어, 다음과 같이 해서 튜플을 작성합니다.

> sale = (80, 60, 20, 50, 75) ●────── 5개의 요소를 가진 튜플을 작성합니다

값을 지정하지 않고 빈 튜플을 작성할 수도 있습니다.

> 튜플명 = ( ) ●────── 빈 튜플을 작성합니다

또한, 튜플의 요소가 1개뿐이면 다른 ( )를 사용한 표기와 구별하기 위해 마지막에 「,」(콤마)를 붙입니다.

> 튜플명 = (값,) ●────── 콤마를 붙여서 요소가 1개인 튜플을 작성합니다

괄호를 지정하지 않고 「,(콤마)로 구분한 값의 나열도 튜플입니다. 다음의 t는 튜플(1, 2, 3)이 됩니다.

```
t = 1, 2, 3  ●────[ 요소 3개를 가진 튜플을 작성합니다 ]
```

또한, 튜플은 다음과 같이 생성자 tuple()을 사용해서 리스트 등으로부터 작성할 수도 있습니다. 즉, 다음과 같이 작성할 수 있습니다.

```
튜플명 = tuple([값, 값...])  ●────[ 튜플을 작성합니다 ]
```

( ) 안을 생략하면 빈 튜플을 작성할 수도 있습니다.

```
튜플명 = tuple()
```

튜플의 값을 구한다

튜플의 각 요소 값을 구할 때에는 리스트와 마찬가지로 인덱스를 [ ] 안에 지정합니다.

구문 **튜플의 값 구하기**

> 튜플명[인덱스]

즉, 값을 구하기 위해서는 리스트와 마찬가지로 기술합니다. 예를 들어, 다음과 같이 지정할 수 있습니다.

```
sale[i]  ●────[ i번째 요소를 나타냅니다 ]
```

다만, 튜플은 리스트와 달리 일단 작성한 요소를 변경할 수 없습니다. 값의 변경 · 추가 · 삽입 · 삭제를 할 수 없습니다.

즉, 다음과 같이 값을 변경할 수 없으므로 주의하세요.

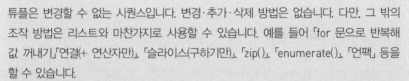

```
print( i, "번의 데이터" , sale[i], "를 변경합니다." )
#sale[i] = num
```

데이터를 구할 수는 있으나…

이처럼 데이터를 변경할 수는 없습니다

중요 | 튜플의 요소는 변경할 수 없다.

변경할 수 없는 튜플

튜플은 변경할 수 없는 시퀀스입니다. 변경 · 추가 · 삭제 방법은 없습니다. 다만, 그 밖의 조작 방법은 리스트와 마찬가지로 사용할 수 있습니다. 예를 들어 「for 문으로 반복해 값 꺼내기」「연결(+ 연산자만)」, 「슬라이스(구하기만)」, 「zip()」, 「enumerate()」, 「언팩」 등을 할 수 있습니다.

또한, 내장 함수로 역순 · 정렬한 값을 구할 수는 있으나 역순 · 정렬하여 튜플 자체를 변경하는 메서드는 없습니다. 5장의 리스트를 복습하면서 비교하세요.

또한, 일반적으로 튜플은 다른 형의 값을 통합해 다룰 때에 사용되는 경우가 많습니다. 그러므로 인덱스를 사용해서 각 요소에 개별적으로 접근하거나 언팩을 사용해서 개별적으로 값을 구할 때가 많습니다.

한편, 리스트는 같은 형의 값을 통합해 다룰 때에 사용될 때가 많습니다. 이때, for 문이나 슬라이스를 사용하고 통합해서 여러 요소에 접근할 때가 많습니다.

Lesson
6

6.2 딕셔너리의 기본

🐍 딕셔너리의 구조를 안다

Python에서는 리스트 · 튜플 외에도 대량의 데이터를 다루기 위한 것이 더 있습니다.

이번은

딕셔너리(사전: **dictionary**)

라는 것에 대해서 살펴봅시다. 딕셔너리도 리스트, 튜플과 마찬가지로 대량의 데이터를 다룹니다. 다만, 딕셔너리에서는 수치인 인덱스 대신에 키(key)라는 알기 쉬운 값을 사용해서 데이터를 저장합니다.

키 값은 알기 쉬운 값을 자신이 정할 수 있습니다. 예를 들어, 「서울」「대구」… 키를 지정해서 그 키에 관련된 데이터를 저장할 수 있는 것입니다. 서울 지점이나 대구 지점의 매출 데이터를 알기 쉽게 다룰 수 있을 것입니다.

그림 6-2　키와 값
딕셔너리에서는 키와 값의 조합을 저장합니다.

딕셔너리를 다룬다

그럼 바로 딕셔너리를 알아봅시다. 딕셔너리에서는 다음과 같이 키를 지정해서 저장합니다. { } 안에 「키: 값」 항목을 「,」(콤마)로 구분해서 지정합니다. 괄호의 모양에도 신경 쓰세요.

구문 **딕셔너리의 작성**

```
딕셔너리명 = { 키: 값, 키: 값, ... }
```
키와 값의 조합을 지정합니다

예를 들어, 다음과 같이 작성합니다.

```
sale = { "서울": 80, "대전": 60, "대구": 22, "부산": 50, "광주": 75 }
```
딕셔너리를 작성합니다

내용이 빈 딕셔너리를 작성할 수도 있습니다.

```
sale = { }
```
빈 딕셔너리를 작성합니다

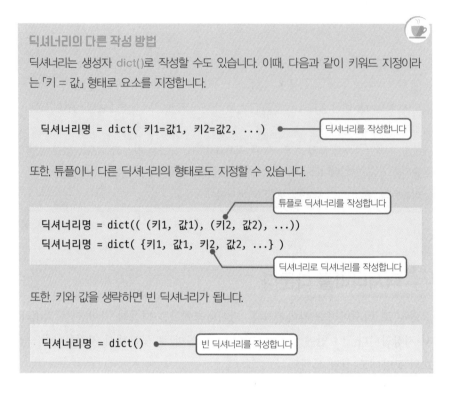

딕셔너리의 다른 작성 방법

딕셔너리는 생성자 dict()로 작성할 수도 있습니다. 이때, 다음과 같이 키워드 지정이라는 「키 = 값」 형태로 요소를 지정합니다.

```
딕셔너리명 = dict( 키1=값1, 키2=값2, ...)
```
딕셔너리를 작성합니다

또한. 튜플이나 다른 딕셔너리의 형태로도 지정할 수 있습니다.

튜플로 딕셔너리를 작성합니다
```
딕셔너리명 = dict(( (키1, 값1), (키2, 값2), ...))
딕셔너리명 = dict( {키1, 값1, 키2, 값2, ...} )
```
딕셔너리로 딕셔너리를 작성합니다

또한. 키와 값을 생략하면 빈 딕셔너리가 됩니다.

```
딕셔너리명 = dict()
```
빈 딕셔너리를 작성합니다

딕셔너리의 요소 값을 구한다

딕셔너리를 작성하면 지정한 키의 값을 꺼낼 수 있습니다. 꺼내는 방법은 리스트나 튜플과 마찬가지로 [ ]를 사용합니다. 다만, 딕셔너리에서는 인덱스 대신에 키를 지정합니다.

구문 **딕셔너리의 요소 구하기**

키를 지정해서…
```
딕셔너리명[키]
```
값을 꺼낼 수 있습니다

그럼, 딕셔너리의 기본을 확인합시다.

Sample1.py ▶ 딕셔너리를 작성·표시한다

❶ 딕셔너리를 작성합니다

```
sale = { "서울": 80, "대전": 60, "대구": 22, "부산": 50, "광주": 75 }
print( "현재 데이터는", sale, "입니다." )

k = input( "어떤 지점의 데이터를 표시할까요?" )
print( k, "의 데이터는", sale[k], "입니다." )
```

키를 지정해서…

❷ 값을 꺼내 표시할 수 있습니다

Sample1의 실행 화면

```
현재 데이터는 {'서울': 80, '대전': 60, '대구': 22, '부산': 50, '광주': 75} 입니다.
어떤 지점의 데이터를 표시할까요?서울 ⏎
서울 의 데이터는 80 입니다.
```

Lesson
6

먼저, 키와 값의 조합을 지정해 딕셔너리를 작성했습니다(❶). 실행하면 도시명을 나타내는 키와 그 키에 관련된 데이터가 표시되는 걸 알 수 있습니다.

다음에 키를 지정하고 그 키의 데이터를 표시합니다(❷).

딕셔너리에서는 이러한 의미가 있는 키를 사용함으로써 알기 쉽게 데이터를 꺼낼 수 있는 것입니다.

중요 | 딕셔너리는 키와 값의 조합을 저장한다.

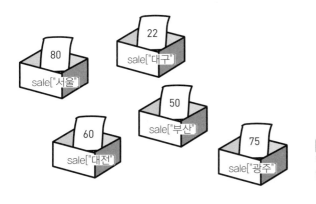

그림 6-3 딕셔너리
딕셔너리에서는 키와 값의 조합을 저장합니다.

🔲 키를 찾을 수 없는 경우는?

키를 지정해서 값을 꺼내려고 할 때에 만약 지정한 키가 존재하지 않으면 어떻게 될까요? 이러한 코드를 실행하면 오류가 발생합니다.

그래서 지정한 키가 딕셔너리에 존재하는지 여부를 미리 in 연산자를 사용해서 조사할 수 있습니다. in 연산자는 키가 존재하면 True를 반환하고, 그렇지 않으면 False를 반환합니다.

그래서 이 조건을 사용한 조건 판단문에 의해 키를 발견할 수 없을 때의 처리를 기술할 수 있습니다. 이로써 오류가 발생하는 걸 피할 수 있습니다.

실제로 코드를 작성해 봅시다.

Sample2.py ▶ 딕셔너리를 작성·표시한다

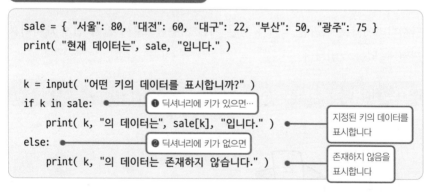

```
sale = { "서울": 80, "대전": 60, "대구": 22, "부산": 50, "광주": 75 }
print( "현재 데이터는", sale, "입니다." )

k = input( "어떤 키의 데이터를 표시합니까?" )
if k in sale:              ❶ 딕셔너리에 키가 있으면…
    print( k, "의 데이터는", sale[k], "입니다." )      지정된 키의 데이터를 표시합니다
else:                      ❷ 딕셔너리에 키가 없으면
    print( k, "의 데이터는 존재하지 않습니다." )      존재하지 않음을 표시합니다
```

Sample2의 실행 화면

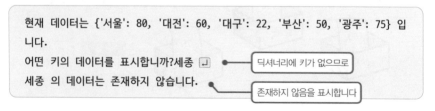

```
현재 데이터는 {'서울': 80, '대전': 60, '대구': 22, '부산': 50, '광주': 75} 입니다.
어떤 키의 데이터를 표시합니까?세종 ⏎      딕셔너리에 키가 없으므로
세종 의 데이터는 존재하지 않습니다.      존재하지 않음을 표시합니다
```

여기서는 딕셔너리에 키가 있을 때(❶)와 키가 없을 때(❷) 두 가지로 나눠서 처리를 합니다.

이 실행 화면에서는 존재하지 않는 키 「세종」을 입력하였으므로 「데이터는 존재하지 않습니다.」라고 표시되는 것입니다.

in 연산자 · not in 연산자

in 연산자는 리스트나 튜플 등의 시퀀스에 사용할 수도 있습니다. 이때는 지정한 값이 리스트 · 튜플 안에 존재하면 True가 됩니다. 리스트나 튜플에 데이터가 존재하는지를 조사할 수 있으므로 딕셔너리로 사용하는 것과 같은 상황에서 사용할 수 있습니다.

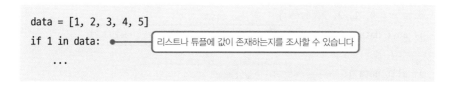

```
data = [1, 2, 3, 4, 5]
if 1 in data:          리스트나 튜플에 값이 존재하는지를 조사할 수 있습니다
    ...
```

반대로 in 연산자 대신에 not in 연산자를 사용하면 반대의 목적으로 사용할 수 있습니다. not in 연산자에 의해 리스트 값이나 딕셔너리의 키가 존재하지 않는지를 조사할 수 있습니다. 모두 사용할 수 있게 되면 편리할 것입니다.

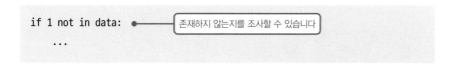

```
if 1 not in data:      존재하지 않는지를 조사할 수 있습니다
    ...
```

중요 | in · not in 연산자로 값이 존재하는지를 조사할 수 있습니다.

데이터가 0인지 비었는지를 알아본다

컬렉션에서 0이나 빈 값이 있는지 여부를 조사하려면 내장 함수 any() · all() 을 사용하면 됩니다.

any()로는 지정한 이터러블 값에 적어도 하나의 True가 있으면 True 값을 얻습니다. 또한, **all()**로는 모든 값이 True이면 True 값을 얻습니다.

4장에서 소개했듯이 Python에서는 0이나 빈 값을 False로 다루며, 그 외에 True로 다룹니다. 그러므로 any() · all()을 사용해서 0이나 빈 값인지를 알아보는 조건을 사용할 수 있습니다. 즉, any()를 사용하면 0이나 빈 값이 아닌 것이 하나라도 있는지 여부를 알아볼 수 있습니다. all()을 사용하면 0이나 빈 값이 하나도 없는지 여부를 알아볼 수 있는 것입니다.

```
data = [ 0, 1, 2, 3, 4, 5 ]
if any( data ):        ●━━━━ 0이나 빈 값이 아닌 것이 하나라도 있으면 True입니다
    ...
if all( data ):        ●━━━━ 0이나 빈 값이 하나도 없으면 True입니다
    ...
```

6.3 딕셔너리의 조작

딕셔너리를 조작한다

딕셔너리의 기본적인 사용법을 이해했나요? 그럼, 딕셔너리로도 리스트일 때와 마찬가지로 각 요소에 다양한 조작을 할 수 있습니다.

딕셔너리의 변경과 추가는 모두 리스트와 같은 방법으로 할 수 있습니다. [ ] 안에 키를 지정하고 값을 대입합니다.

다만, 딕셔너리의 값을 변경하려면 딕셔너리 내에 이미 존재하는 키를 지정해야 합니다. 또한, 딕셔너리에 새 값을 추가하려면 딕셔너리 안에는 아직 존재하지 않는 키를 지정합니다.

즉, 다음과 같이 해서 요소의 변경과 추가를 할 수 있습니다.

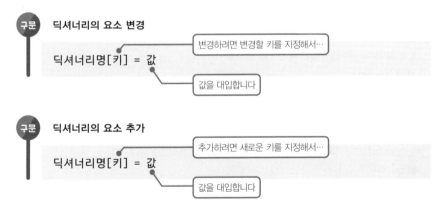

구문 딕셔너리의 요소 변경

딕셔너리명[키] = 값

변경하려면 변경할 키를 지정해서…

값을 대입합니다

구문 딕셔너리의 요소 추가

딕셔너리명[키] = 값

추가하려면 새로운 키를 지정해서…

값을 대입합니다

딕셔너리는 리스트와 달리 각 요소의 정렬순에는 의미가 없습니다. 그러므로 위치를 지정해서 데이터를 삽입하는 조작은 할 수 없습니다.

또한, 딕셔너리의 요소를 삭제할 때는 리스트와 마찬가지로 del 문을 사용합니다.

구문 **딕셔너리의 요소 삭제**

del 딕셔너리명[키]

지정한 키의 요소를 삭제합니다

딕셔너리의 조작을 함께 확인합시다.

Sample3.py ▶ 딕셔너리를 조작한다

```
sale = { "서울": 80, "대전": 60, "대구": 22, "부산": 50, "광주": 75 }
print( "현재 데이터는", sale, "입니다." )

k = input( "추가할 키를 입력하세요." )
if k in sale:
    print( k, "의 데이터는 이미 존재합니다." )
else:
    d = int( input("추가할 데이터를 입력하세요.") )
    sale[k] = d            ● ─────── 딕셔너리의 요소를 추가합니다
    print( k, "의 데이터로서", sale[k], "을 추가했습니다." )
print( "현재 데이터는", sale, "입니다." )

k = input( "어떤 키의 데이터를 변경할까요?" )
if k in sale:
    print( k, "의 데이터는 ", sale[k], "입니다." )
    d = int( input("데이터를 입력하세요.") )
    sale[k] = d            ● ─────── 딕셔너리의 요소를 변경합니다
    print( k, "의 데이터는", sale[k], "로 변경되었습니다." )
else:
    print( k, "의 데이터는 존재하지 않습니다." )
print( "현재 데이터는", sale, "입니다." )
```

```
k = input( "어떤 키의 데이터를 삭제할까요?" )
if k in sale:
    print( k, "의 데이터는", sale[k], "입니다." )
    del sale[k]  ●─────────────── 딕셔너리의 요소를 삭제합니다
    print( "데이터를 삭제했습니다." )
else:
    print( k, "의 데이터는 존재하지 않습니다." )
print( "현재 데이터는", sale, "입니다." )
```

Sample3의 실행 화면

현재 데이터는 {'서울': 80, '대전': 60, '대구': 22, '부산': 50, '광주': 75} 입니다.
추가할 키를 입력하세요.세종 ↵
추가할 데이터를 입력하세요.36 ↵
세종 의 데이터로서 36 을 추가했습니다. ───── 추가가 이뤄집니다
현재 데이터는 {'서울': 80, '대전': 60, '대구': 22, '부산': 50, '광주': 75, '세종': 36} 입니다.
어떤 키의 데이터를 변경할까요?광주 ↵
광주 의 데이터는 75 입니다.
데이터를 입력하세요.62 ↵
광주 의 데이터는 62 로 변경되었습니다. ───── 변경이 이뤄집니다
현재 데이터는 {'서울': 80, '대전': 60, '대구': 22, '부산': 50, '광주': 62, '세종': 36} 입니다.
어떤 키의 데이터를 삭제할까요?대구 ↵
대구 의 데이터는 22 입니다.
데이터를 삭제했습니다. ───── 삭제가 이뤄집니다
현재 데이터는 {'서울': 80, '대전': 60, '부산': 50, '광주': 62, '세종': 36} 입니다.

데이터의 변경 · 추가 · 삭제를 했습니다. 딕셔너리에 대해서 다양한 값을 입력해 확인해 보세요.

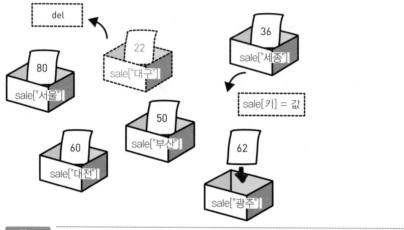

그림 6-4 딕셔너리의 조작
딕셔너리에 다양한 조작을 할 수 있습니다.

6.4 고도의 딕셔너리 조작

딕셔너리에 관한 정보를 안다

이 절에서는 딕셔너리의 특유의 조작에 대해서 소개합니다.

먼저, 딕셔너리의 정보를 얻는 기능에 대해서 봅시다.

딕셔너리의 메서드를 사용하여 딕셔너리의 키, 값을 얻을 수 있습니다.

- 딕셔너리명.keys( ) ······ 키를 하나씩 반환하는 구조를 얻는다
- 딕셔너리명.values( ) ······ 값을 하나씩 반환하는 구조를 얻는다
- 딕셔너리명.items ( ) ······ (키, 값)이 되는 튜플을 하나씩 반환하는 구조를 얻는다

여기에서 값을 하나씩 반환하는 구조는 뷰(view)라고 하며, 이터레이터와 같은 기능을 갖고 있습니다.

실제로 값을 확인합시다.

Sample4.py ▶ 딕셔너리 정보를 안다

```python
sale = { "서울": 80, "대전": 60, "대구": 22, "부산": 50, "광주": 75 }
print( "현재 데이터는", sale, "입니다." )

print( "키를 표시합니다." )
for k in sale.keys():          ❶ 키를 하나씩 얻습니다
    print( k, end = "\t" )
print()

print( "값을 표시합니다." )
```

Lesson 6 컬렉션 195

```
for v in sale.values():           ❷ 값을 하나씩 얻습니다
    print( v, end = "\t" )
print()


print( "키와 값을 표시합니다." )
for i in sale.items():            ❸ 키와 값의 짝을 하나씩 얻습니다
    print( i, end = "" )
print()
```

```
현재 데이터는 {'서울': 80, '대전': 60, '대구': 22, '부산': 50, '광주': 75} 입
니다.
키를 표시합니다.
서울    대전    대구    부산    광주      키가 표시됩니다
값을 표시합니다.
80      60      22      50      75        키와 값이 표시됩니다
키와 값을 표시합니다.
('서울', 80)('대전', 60)('대구', 22)('부산', 50)('광주', 75)
```

값이 표시됩니다   키와 값의 열을 얻습니다

키(❶), 값(❷), 키 · 값의 짝(❸)을 표시할 수 있었습니다.

딕셔너리를 갱신한다

다음으로 딕셔너리에 다른 딕셔너리를 합쳐 데이터를 추가하는 방법을 소개
합니다.

딕셔너리는 리스트처럼 다른 딕셔너리와 + 연산자를 사용한 연결을 할 수 없
습니다. 그러나 update() 메서드로 다른 딕셔너리의 요소를 합쳐 추가와 갱신
을 동시에 할 수 있습니다.

구문 딕셔너리의 갱신

딕셔너리명.update(추가할 딕셔너리명) ●————— 다른 딕셔너리의 요소를 추가하고 갱신할 수 있습니다

실제로 추가와 갱신을 해 봅시다.

Sample5.py ▶ 딕셔너리를 갱신한다

```
sale1 = {"서울": 80, "대전": 60, "대구": 22}
sale2 = {"대구": 100, "부산": 50, "광주": 75}

print( "1의 데이터는", sale1, "입니다." )
print( "2의 데이터는", sale2, "입니다." )

print( "1을 2로 갱신합니다." )

sale1.update(sale2) ●——— 다른 딕셔너리의 요소를 추가하고 갱신할 수 있습니다

print( "1의 데이터는", sale1, "입니다." )
```

Lesson
6

Sample5의 실행 화면

```
1의 데이터는 {'서울': 80, '대전': 60, '대구': 22} 입니다.
2의 데이터는 {'대구': 100, '부산': 50, '광주': 75} 입니다.
1을 2로 갱신합니다.
1의 데이터는 {'서울': 80, '대전': 60, '대구': 100, '부산': 50, '광주': 75} 입
니다.
```

요소가 갱신됩니다   요소가 추가 갱신됩니다

첫 번째 딕셔너리에 두 번째 딕셔너리를 추가하고 갱신합니다. 딕셔너리의 키는 중복할 수 없습니다. 그러므로 딕셔너리에 같은 키가 존재하면 추가하는 딕셔너리의 데이터로 변경됩니다. 여기에서는 데이터 중에서 「대구」의 값이 「22」에서 「100」으로 변경됩니다.

딕셔너리의 기타 기능

딕셔너리의 요소 수는 리스트와 마찬가지로 「len()으로 길이를 확인한다」를 할 수 있습니다. 또한, 「for 문으로 반복한다」를 할 수 있습니다.

그러나 딕셔너리는 리스트와 달리 요소의 순서 개념이 없으므로 슬라이스 등은 할 수 없습니다. 「집계·정렬」은 keys() 메서드나 values() 메서드 등으로 값을 꺼내서 사용해야 합니다.

또한, 조합된 요소의 순서는 정해져 있지 않으나 zip()이나 enumerate()를 사용할 수 있습니다.

6.5 세트

🐍 세트를 작성한다

이 장에서 다루는 마지막의 컬렉션으로서

세트(집합: set)

에 대해서 배웁시다. 세트는 정렬 순서가 없는 데이터의 집합을 나타내는 것입니다. 세트는 다음과 같이 작성합니다.

구문 **세트의 작성**

> 세트명 = {값, 값, ...} ●————[세트를 작성합니다]

세트는 { }를 사용해서 값을 지정합니다. 예를 들어, 다음과 같이 작성합니다.

```
city = {"서울", "대전", "대구", "부산", "광주"} ●————[세트를 작성합니다]
```

세트의 값은 갱신할 수 있지만 중복시킬 수는 없습니다. 세트의 요소에 순서는 없습니다.

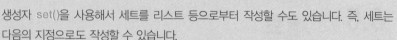

세트의 다른 작성 방법

생성자 set()을 사용해서 세트를 리스트 등으로부터 작성할 수도 있습니다. 즉, 세트는 다음의 지정으로도 작성할 수 있습니다.

> 세트명 = set([값, 값...]) ● ──── 세트를 작성합니다

더욱이 빈 세트는 반드시 생성자인 set()으로 작성해야 합니다. { }만 지정하면 세트가 아닌 빈 딕셔너리가 되므로 주의해야 합니다.

> 세트명 = set() ● ──── 생성자로 빈 세트를 작성합니다

또한, 세트는 변경할 수 있지만 변경할 수 없는 세트(프로즌세트)를 생성자 frozenset() 으로 작성할 수 있습니다.

🐍 세트를 조작한다

세트의 요소는 조작할 수 있습니다. 세트의 조작은 다음의 메서드를 사용합니다.

세트의 요소 추가는 add(), 삭제는 remove()로 합니다.

구문 세트의 요소 추가 · 삭제

> 세트명.add(값) ● ──── 세트에 요소를 추가합니다
> 세트명.remove(값) ● ──── 세트의 요소를 삭제합니다

세트의 요소 값 변경은 의미가 없으므로 하지 않습니다. 또한, 값이 중복되면 추가되지 않습니다. 세트 값의 추가와 삭제를 확인해 봅니다.

```
city = { "서울", "대전", "대구", "부산", "광주" }          ● ─── 세트를 작성합니다
print( "현재 데이터는", city, "입니다." )

d = input( "추가할 데이터를 입력하세요." )
if d in city:
    print( d, "이(가) 이미 존재합니다." )
else:
    city.add( d )          ● ─── 세트의 요소를 추가합니다
    print( d, "을(를) 추가했습니다." )
print( "현재 데이터는", city, "입니다." )

d = input( "삭제할 데이터를 입력하세요." )
if d in city:
    city.remove( d )          ● ─── 세트의 요소를 삭제합니다
    print( d, "을(를) 삭제했습니다." )
else:
    print( d, "은 존재하지 않습니다." )
print( "현재 데이터는", city, "입니다." )
```

Lesson
6

Sample6의 실행 화면

```
현재 데이터는 {'광주', '대구', '서울', '대전', '부산'} 입니다.
추가할 데이터를 입력하세요.세종 ↵
세종 을(를) 추가했습니다.                                    세트의 요소가 추가되었습니다
현재 데이터는 {'광주', '대구', '세종', '서울', '대전', '부산'} 입니다.
삭제할 데이터를 입력하세요.광주 ↵
광주 을(를) 삭제했습니다.
현재 데이터는 {'대구', '세종', '서울', '대전', '부산'} 입니다.
```

지정한 세트의 요소가 삭제되었습니다

🐍 세트의 집합 연산을 한다

그리고 세트는 다음의 연산자, 메서드를 사용해서 집합 연산(set operation)이라는 연산을 할 수 있습니다. 집합 연산에는 표 6-1과 같은 것이 있습니다.

표 6-1: 집합 연산

연산자 / 메서드	이름	내용
`|` 집합.union(다른 이터러블)	합집합(union) 	집합의 모든 요소를 구한다
`&` 집합.intersection (다른 이터러블)	교집합(intersection) 	모든 집합에 공통하는 요소를 구한다
`-` 집합.difference (다른 이터러블)	차집합(difference) 	어느 한쪽의 집합에 있고 다른 집합에 없는 것을 구한다
`^` 집합.symmetric_ difference(다른 이터러블)	대칭차(symmetricdifference) 	어느 한쪽의 집합에만 있는 요소를 전부 구한다

집합 연산에서는 합·공통(곱)·차·대칭차를 구합니다. 대칭차 이외는 여러 개의 세트를 지정할 수도 있습니다. 연산자나 메서드를 사용하면 연산에 의해 새로운 세트가 작성됩니다. 또한, 연산자에서는 세트끼리의 연산만을 하지만 메서드에서는 세트뿐만이 아니라 다른 이터러블을 지정해서 연산할 수도 있습니다.

더욱이 연산자·메서드 모두 집합 연산을 통해서 원래의 세트를 변경할 수도 있습니다. 이때 연산자에서는 +=과 같은 복합적인 연산자를 사용합니다.

메서드에서는 union_update()와 같이 「연산명_update()」라는 이름의 메서드를 사용합니다. 그럼 연산자를 사용한 집합 연산을 해 봅시다.

Sample7.py ▶ 세트의 집합 연산을 시행한다

```
cityA = { "서울", "대전", "대구", "부산" }
cityB = { "대구", "부산", "광주" }

print( "A의 도시명은", cityA, "입니다." )
print( "B의 도시명은", cityB, "입니다." )

print( "공통하는 데이터는", cityA & cityB, "입니다." )          ❶ 공통연산을 합니다
print( "A만의 데이터는", cityA - cityB, "입니다." )             ❷ 차연산을 합니다
print( "B만의 데이터는", cityB - cityA, "입니다." )             ❸ 차연산을 합니다
print( "모든 데이터는", cityA | cityB, "입니다." )              ❹ 합연산을 합니다
```

Sample7의 실행 화면

```
A의 도시명은 {'부산', '대구', '대전', '서울'} 입니다.
B의 도시명은 {'대구', '광주', '부산'} 입니다.           ❶ 공통연산의 결과입니다
공통하는 데이터는 {'대구', '부산'} 입니다.             ❷ 차연산의 결과입니다
A만의 데이터는 {'대전', '서울'} 입니다.
B만의 데이터는 {'광주'} 입니다.                       ❸ 차연산의 결과입니다
모든 데이터는 {'대구', '대전', '서울', '광주', '부산'} 입니다.     ❹ 합연산의 결과입니다
```

세트에 대한 연산을 했습니다. 「공통」은 모두 공통하는 데이터의 집합입니다(❶). 「차」는 어느 한쪽에만 존재하는 데이터의 집합입니다. ❷에서는 A 세트의 요소로부터 B 세트의 요소를 뺍니다. ❸에서는 B 세트의 요소로부터 A 세트의 요소를 뺍니다. 「합」은 모든 데이터의 집합입니다(❹).

연산의 내용을 파악해서 필요한 요소를 꺼낼 수 있게 되면 편리합니다.

중요 | 집합연산으로서 합 · 공통 · 차 · 대칭차가 있다.

세트의 기타 기능

세트의 요소에는 순서가 없으므로 리스트, 튜플과 같이 인덱스나 슬라이스를 사용할 수 없습니다. 다만, 「len()으로 길이를 확인한다」 「for 문으로 처리를 반복한다」 등의 조작은 할 수 있습니다.

또한, 세트 요소에 대해서는 딕셔너리와 마찬가지로 「update() 메서드로 갱신을 한다」를 할 수 있습니다. 요소가 조합되는 순서는 정해져 있지 않으나, zip()이나 enumerate()도 사용할 수 있습니다.

6.6 레슨의 정리

이 장에서는 다음을 배웠습니다.

- 튜플의 요소는 변경할 수 없습니다.
- 튜플은 인덱스를 지정하여 요소를 특정합니다.
- 딕셔너리는 키를 지정하여 요소를 특정합니다.
- 딕셔너리의 keys( ) 메서드로 키의 열을 얻을 수 있습니다.
- 딕셔너리의 values( ) 메서드로 값의 열을 얻을 수 있습니다.
- 딕셔너리의 items( ) 메서드로 키와 값을 조합한 튜플을 얻을 수 있습니다.
- 세트는 집합 연산을 할 수 있습니다.

튜플과 딕셔너리, 세트 다루는 법에 대해 배웠습니다. 앞 장에서 배운 리스트와 함께 사용하면 다양한 종류의 데이터를 다룰 수 있습니다. 각각의 특징을 살려 데이터를 자유자재로 다룰 수 있도록 해 보세요.

연습문제

1. ①~⑤의 data는 a~d 중 어느 것입니까? 여러 개 선택해도 됩니다.

① data = { }

② data = { "귤" }

③ data = { "귤": 30 }

④ data = ("서울", "대전", "대구")

⑤ data = [74, 85, 69, 77, 81]

a 리스트   b 튜플   c 딕셔너리   d 세트

2. 두 번째 행이 잘못된 이유는 무엇일까요?

① data = { "key1": 30, "key 2": 40 }

   print(data["key3"])

② data = ("서울", "대전", "대구")

   data.append("광주")

③ data = [74, 85, 69, 77, 81]

   print(data[5])

④ data = { "서울", "대전", "대구" }

   print(data["서울"])

*역자 주: 책의 뒷부분에 해답이 있습니다.

함수

Python의 다양한 기능을 배우고, 복잡한 코드를 기술할 수 있게 되었습니다. 프로그램이 커지면 코드 안의 여러 장소에 비슷한 처리를 해야 할 때가 있습니다. 본격적인 프로그램을 작성하게 되면 일정한 처리를 합쳐 두고, 다음에 그 처리를 호출하는 기능이 중요해집니다.

이 장에서는 일정한 처리를 합치는 「함수」라는 새로운 기능에 대해서 배웁시다.

Check Point!
- 함수의 정의
- 함수의 호출
- 인수
- 디폴트 인수
- 키워드 인수
- 반환값
- 범위
- 전역 변수
- 지역 변수
- 기억 수명

7.1 함수

함수의 구조를 안다

우리는 일상 생활 속에서 일정한 반복되는 처리를 몇 번이고 할 때가 있습니다. 예를 들어, 매월 자신의 통장에서 돈을 인출하는 것에 대해서 생각해 봅시다. 이때, 예금을 인출할 때마다 다음과 같은 처리를 합니다.

통장을 자동 현금 지급기에 넣는다

비밀번호를 입력한다

금액을 지정한다

돈을 받는다

돈과 통장을 확인한다

규모가 있는 복잡한 코드를 작성할 때면 자주 반복해야 하는 일정한 처리가 있을 수가 있습니다. 이러한 처리를 매번 기술하는 것은 매우 번거로운 작업입니다.

Python에는

일정한 처리를 합쳐서 기술한다

라는 함수(function) 기능이 있습니다.

함수를 이용하면 여러 개의 처리를 합쳐 언제든지 호출해서 사용할 수 있습니다. 예를 들어, 조금 전의 예금을 인출하는 처리라면 일련의 처리를 「함수」로서 정리해 두는 것입니다. 이 함수에는

인출 처리

라는 이름을 붙이겠습니다. 그러면 이 합친 함수를 「인출 처리」라는 하나의 처리로서 다음부터 간단하게 호출할 수 있게 됩니다.

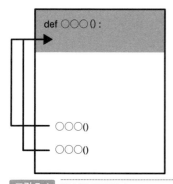

그림 7-1 함수를 작성한다

함수(회색 부분)를 작성함으로써 합친 처리를 코드의 다양한 곳에서 간단하게 호출할 수 있습니다.

Python에서 함수를 이용하기 위해서는 다음 두 가지 절차를 밟아야 합니다.

1. 함수를 작성한다(함수를 정의한다)

2. 함수를 이용한다(함수를 호출한다)

먼저 첫 번째로 「함수를 정의한다」 작업부터 봅시다.

7.2 함수의 정의와 호출

함수를 정의한다

함수를 사용하기 위해서는 먼저 코드를 합쳐 일정하게 기술해야 합니다. 이것이 함수를 작성하는 작업에 해당합니다. 이 작업은

함수를 정의한다(definition)

라고 합니다. 함수의 정의는 인덴트된 블록 내에 기술합니다.

다음 코드가 함수의 일반적인 형태입니다.

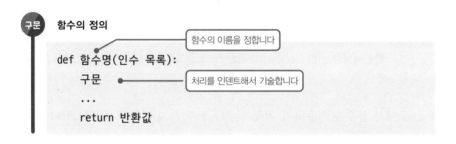

구문 **함수의 정의**

```
def 함수명(인수 목록):
    구문
    ...
    return 반환값
```

함수의 이름을 정합니다

처리를 인덴트해서 기술합니다

여기서는 함수의 대략적인 행태만을 봐 두세요. def 다음에 「함수명」을 기술합니다. 함수명은 변수의 이름과 마찬가지로 식별자로부터 자유롭게 사용하면 됩니다.

예를 들어, 다음과 같은 코드가 함수의 정의입니다. 이것은 화면에 「판매가 되었습니다.」라고 출력하는 처리를 하는 「sell」이라는 이름의 함수입니다.

함수명 「sell」을 붙여서 인덴트를 한 블록 안에 처리를 기술합니다.

여기에서의 처리는 1 구문만으로 되어 있으나 함수의 블록에는 이제까지 배워 온 다양한 처리를 기술할 수 있습니다. 인덴트에 주의하며 처리를 나열합니다.

중요 | 일정한 처리를 합쳐서 함수를 정의할 수 있습니다.

```
def sell():
    print( "판매가 되었습니다." )
```
함수의 정의

그림 7-2 함수의 정의
함수를 정의하고 일정한 처리를 합쳐 둘 수 있습니다.

🐍 함수를 호출한다

함수를 정의하면 이 합친 처리를 다음에 이용할 수 있습니다. 함수를 이용하는 것을

함수를 호출한다(call)

라고 합니다.

그럼, 함수를 호출하는 방법을 배웁시다. 함수를 호출하려면 코드 안에서 그 함수명을 다음과 같이 기술합니다.

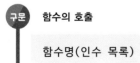

함수의 호출

함수명(인수 목록)

예를 들어, 앞에서 정의한 함수 「sell」을 호출하려면

```
sell()
```

이라고 기술하는 것입니다. 코드 안에서 이 함수를 호출하면, 미리 정의한 함수가 호출되어 처리됩니다.

그럼, 다음 코드를 입력하고 함수의 정의와 호출 방법을 확인해봅시다. 호출 부분에서는 인덴트하지 않는 것에 주의해서 입력하세요.

Sample1.py ▶ 기본 함수를 작성한다

Sample1의 실행 화면

여기서는 먼저 sell() 함수를 정의합니다. 그리고 sell() 함수를 호출합니다. 이때, 미리 작성해 둔 sell() 함수가 호출되면서 그 부분의 처리가 실행됩니다. 그 결과 화면에는 「판매가 되었습니다.」라는 문자열이 출력됩니다.

즉, 함수를 이용하는 코드에서는

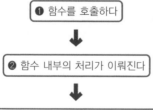

❶ 함수를 호출하다

❷ 함수 내부의 처리가 이뤄진다

❸ 함수 블록 내의 처리가 끝나면 호출하는 곳으로 처리가 돌아간다

라는 흐름으로 처리가 이뤄지는 것입니다. Sample1 처리의 흐름을 정리하면
그림 7-3과 같습니다.

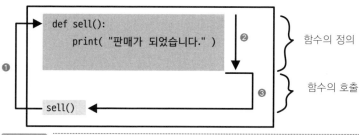

그림 7-3 함수의 호출

❶ 함수를 호출하면 ❷ 함수의 내부 처리가 실행됩니다. ❸ 처리가 끝나면 호출하는 곳으
로 돌아가 처리를 계속합니다.

중요 | 함수를 호출하면 미리 정의해 둔 처리가 실행됩니다.

함수를 정의하는 장소

Python에서는 함수의 정의를 호출보다 먼저 기술해야 합니다. Python의 코드는 앞부분
부터 1행씩 읽어 들여 처리를 하기 때문입니다. 호출하기 전에 미리 정의하지 않으면 호
출 코드가 처리될 때에 오류가 발생하므로 주의하세요.

함수를 여러 번 호출한다

함수의 흐름을 좀 더 파악하기 위해 또 하나 다음과 같은 코드를 작성합시다.
이번에는 함수를 두 번 불러보도록 합니다.

Sampl2.py ▶ 함수를 여러 번 호출한다

```
def sell():
    print( "판매가 되었습니다." )
```

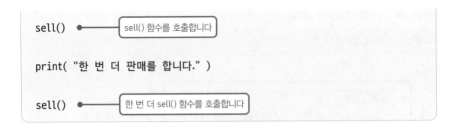

```
sell()  ●————[ sell() 함수를 호출합니다 ]

print( "한 번 더 판매를 합니다." )

sell()  ●————[ 한 번 더 sell() 함수를 호출합니다 ]
```

Sample2의 실행 화면

```
판매가 되었습니다.        [ 함수가 두 번 호출됩니다 ]
한 번 더 판매를 합니다.
판매가 되었습니다.
```

이 코드에서는 먼저 sell() 함수의 처리가 됩니다(그림 7-4의 ❶). 이 처리가
끝나면 호출하는 곳으로 돌아가므로 「한 번 더 판매를 합니다.」라는 문자열이
출력됩니다(❷~❹). 마지막에 다시 sell() 함수의 호출이 됩니다(❺) 이번에도
같은 일의 반복이 이뤄집니다(❻~❼).

실행 결과를 보면 두 번 함수가 호출되는 걸 알 수 있습니다. 함수 처리의 흐
름을 따라가 보세요.

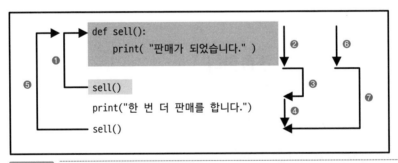

그림 7-4 │ 여러 번 호출
함수는 여러 번 호출할 수 있습니다.

긴 코드를 작성할 때는 다양하고 복잡한 처리를 장황하게 기술하므로 어떠한 처리가 되고 있는지 흐름을 알기가 쉽지 않습니다. 함수를 사용하면 특정한 처리에 이름을 붙여서 기술함으로써 알기 쉬운 코드를 작성할 수 있는 것입니다. 함수는 복잡한 프로그램을 기술하기 위해서 빼놓을 수 없는 기능입니다.

Lesson
7

7.3 인수

🐍 인수를 사용해서 정보를 전달한다

이 절에서는 함수에 대해서 더욱 자세하게 살펴봅시다. 함수는 특정한 처리를 하는 것에 더해 한층 유연한 처리를 하는 방법도 준비되어 있습니다.

함수를 호출할 때에

호출하는 곳으로부터 함수 내에 어떠한 정보(값)를 전달하고,

그 값에 따른 처리를 한다

라는 처리를 할 수 있는 것입니다. 함수에 전달하는 정보를 인수(argument)라고 합니다. 인수를 사용하는 함수는 다음과 같은 형태로 기술합니다.

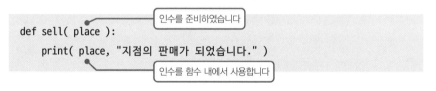

```
                       인수를 준비하였습니다
def sell( place ):
    print( place, "지점의 판매가 되었습니다." )
                       인수를 함수 내에서 사용합니다
```

이 sell() 함수는 호출하는 곳으로부터 호출될 때에 값을 1개, 함수 내에 전달하도록 정의되어 있습니다. 함수 내의 ( ) 안에 기술한 「place」가 인수라고 하는 것입니다. 인수 place는 이 함수 내에서만 사용할 수 있는 변수입니다.

변수 place(인수)는 함수가 호출되었을 때 상자가 준비됩니다. 그리고 호출하는 곳으로부터 전달된 값이 저장됩니다. 그러므로 변수 place의 값을 함수 안에서 이용할 수 있게 됩니다. 이 함수에서는 「전달된 값을 출력한다」는 처리를 합니다.

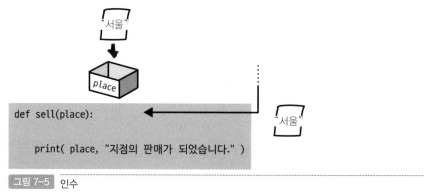

```
def sell(place):

    print( place, "지점의 판매가 되었습니다." )
```

그림 7-5 인수

함수의 본체에 정보(인수)를 전달해서 처리할 수 있습니다.

또한, 변수 place는 이 함수 안에서만 사용합니다. 즉, def에서 정의되어 있는 인덴트된 블록 이외의 장소에서는 사용할 수 없으므로 주의하세요.

> **중요 |** 인수를 사용해서 함수에 값을 전달할 수 있습니다.

인수를 전달해서 함수를 호출한다

그럼 실제로 인수를 가진 sell() 함수를 호출해 봅시다. 인수를 가진 함수를 호출할 때에는 ( ) 안에 값을 기술함으로써 함수에 값을 전달합니다.

Sample3.py ▶ 인수를 가진 함수를 사용한다

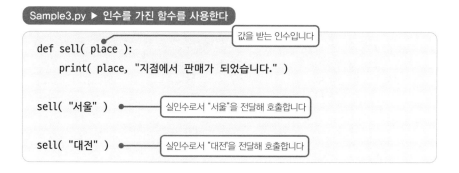

```
def sell( place ):
    print( place, "지점에서 판매가 되었습니다." )          값을 받는 인수입니다

sell( "서울" )          실인수로서 "서울"을 전달해 호출합니다

sell( "대전" )          실인수로서 "대전"을 전달해 호출합니다
```

서울 지점의 판매가 되었습니다.
대전 지점의 판매가 되었습니다.

이 코드에서는

처음에 sell() 함수를 호출할 때, 값 「"서울"」을 전달하고 호출한다
다음에 sell() 함수를 호출할 때, 값 「"대전"」을 전달하고 호출한다

라는 처리를 합니다. 값은 sell() 함수의 인수 place에 전달되어 저장됩니다. 「"서울"」을 전달할 때는 「서울」, 「"대전"」을 전달할 때는 「대전」이 출력됩니다. 함수를 호출할 때마다 전달한 인수에 따른 값이 출력되는 것입니다.

이처럼 같은 함수라도 전달받은 인수의 값에 따라 다르게 처리를 하는 것입니다. 인수를 사용하면 유연한 처리를 하는 함수를 작성할 수 있습니다.

또한, 함수의 본체에 정의되어 있는 인수(변수)를 가인수(parameter)라고 합니다. 한편 함수를 호출하는 곳으로부터 전달받은 인수(값)를 실인수(argument)라고 합니다. 여기서는 「"서울"」「"대전"」이 실인수, 변수 place가 가인수입니다.

> 중요 | 함수의 정의 내에서 정보를 받는 변수를 가인수라고 한다.
> 함수를 호출할 때에 전달받는 값을 실인수라고 한다.

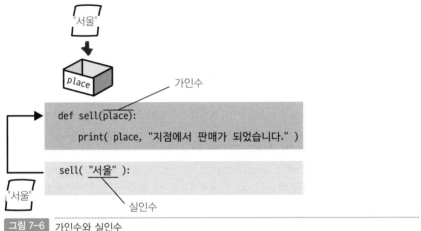

그림 7-6 가인수와 실인수
함수에는 가인수를 정의해 둘 수 있습니다. 함수 호출할 때에 실인수를 전달해 처리할 수 있습니다.

실인수를 변수의 값으로 한다

인수에 대해 좀 더 이해하기 위해서 코드를 하나 더 작성해 봅시다. 다음 코드를 작성하세요.

Sample4.py ▶ 실인수를 변수로 한다

```
def sell( place ):
    print(place, "지점에서 판매가 되었습니다.")

shop = "서울"

sell( shop )    ●━━━[ 실인수로서 변수를 전달할 수 있습니다 ]
```

Sample4의 실행 화면

```
서울 지점에서 판매가 되었습니다.
```

여기서는 호출하는 곳으로부터 함수에 전달하는 실인수로서 변수 shop을 사용했습니다. 이처럼 실인수로서 변수를 사용할 때에는 실인수와 가인수의 변수명과는 같지 않아도 됩니다. 여기서는 다른 변수명을 사용해서 코드를 기술합니다.

실인수와 가인수의 관계를 안다

다만, 이때 호출하는 곳의 변수와 호출받는 곳의 변수에 어떠한 관계가 있는지 주의해야 합니다.

여기서 본 것처럼 호출하는 곳의 변수가 문자열, 수치 등의 값처럼 변경할 수 없는 값이라도 호출받는 곳의 변수와 호출하는 곳의 변수는 다른 것입니다. 즉, 함수 안의 처리에서 호출받는 곳의 변수 place의 값을 「대전」으로 변경한다고 해도, 호출하는 곳의 변수 shop은 「서울」이란 값을 그대로 갖고 있습니다. 이러한 인수의 행동은 일반적으로 값 전달(by value)이라고 합니다.

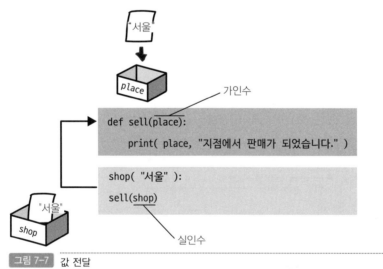

그림 7-7　값 전달

인수가 변경할 수 없는 값이라면 값 만을 전달하도록 행동합니다.

한편, 호출하는 곳의 변수가 리스트나 딕셔너리처럼 변경할 수 있는 값일 때에는 호출하는 곳의 변수와 호출받는 곳의 변수는 같은 행동을 하게 됩니다. 함수의 호출받는 곳에서 변경을 하면 호출하는 곳의 변수 값도 같이 변경됩니다. 호출받는 곳의 리스트 place의 요소를 변경하면 호출하는 곳의 리스트 shop의 요소도 변경됩니다. 이와 같은 인수의 행동은 일반적으로 참조 전달 (by reference)이라고 합니다. 인수를 전달할 때는 이러한 차이에 주의해야 합니다.

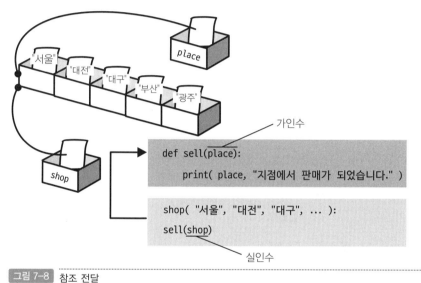

가인수

```
def sell(place):
    print( place, "지점에서 판매가 되었습니다." )
```

```
shop( "서울", "대전", "대구", ... ):
    sell(shop)
```

실인수

그림 7-8 참조 전달
인수의 값을 변경할 수 있으면 호출하는 곳과 호출받는 곳이 같은 것을 가리키게 됩니다.

여러 인수를 가진 함수를 사용한다

이제까지 정의한 함수의 인수는 한 개뿐이었는데 2개 이상의 인수를 함수에 사용할 수도 있습니다. 함수를 호출할 때에 여러 값을 함수 내에 전달해서 처리할 수 있는 것입니다.

바로 코드를 작성해 보도록 합시다.

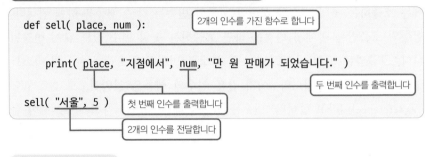

```
def sell( place, num ):          2개의 인수를 가진 함수로 합니다

    print( place, "지점에서", num, "만 원 판매가 되었습니다." )
                                            두 번째 인수를 출력합니다
sell( "서울", 5 )      첫 번째 인수를 출력합니다
           2개의 인수를 전달합니다
```

Sample5의 실행 화면

서울 지점에서 5만 원 판매가 되었습니다.

여러 개의 인수를 가진 함수도 지금까지와 기본은 같습니다. 다만, 호출할 때에 여러 개의 인수를 「,」(쉼표)로 구분해 지정하면 됩니다. 이 여러 개의 인수를 인수 목록이라고 합니다. 그러면 콤마로 구분한 순서대로 실인수의 값이 가인수에 전달됩니다. 즉, Sample5의 sell() 함수에서는 다음과 같이 값이 전달되는 것입니다.

가인수		실인수
place		"서울"
num		5

함수 내에서는 받은 값 2개를 출력하는 처리를 하는 것을 알 수 있습니다.

중요 | 함수에는 여러 개의 인수를 전달할 수 있다.

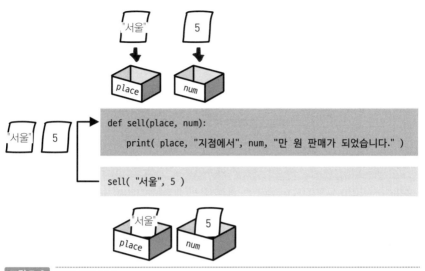

```
def sell(place, num):
    print( place, "지점에서", num, "만 원 판매가 되었습니다." )

sell( "서울", 5 )
```

그림 7-9　여러 개의 인수

인수는 여러 개 지정할 수 있습니다. 원칙적으로 인수 목록의 순서대로 값이 전달됩니다.

또한, 원칙적으로 가인수의 개수와 다른 실인수의 개수를 전달해서 함수를 호출할 수 없습니다. 예를 들어, 다음과 같이 인수 2개를 사용하는 sell() 함수를 정의하였을 때 인수를 한 개만 지정해서 호출할 수 없으므로 주의하세요.

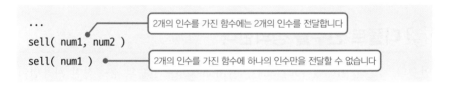

```
...
sell( num1, num2 )        2개의 인수를 가진 함수에는 2개의 인수를 전달합니다
sell( num1 )              2개의 인수를 가진 함수에 하나의 인수만을 전달할 수 없습니다
```

🐍 인수가 없는 함수를 사용한다

함수에는 이 장의 처음에 정의한 sell() 함수처럼 인수가 없는 함수도 있습니다. 인수가 없는 함수를 정의할 때에는 ( ) 안에 아무 것도 기술하지 않습니다.

```
def sell():        인수가 없는 함수를 정의할 수 있습니다
    print( "판매가 되었습니다." )
```

이처럼 인수가 없는 함수를 호출할 때에는 ( ) 안에 값을 지정하지 않고 호출합니다. 이 장의 처음에는 인수를 지정하지 않고 sell() 함수를 호출한 것을 복습해 보세요. 이것이 인수가 없는 함수를 호출하는 방법입니다.

```
sell()          ●━━━━━┥ 인수가 없는 함수 호출 방법입니다 ┝
```

중요 | 인수를 갖지 않는 함수에서는 ( )만 지정한다.

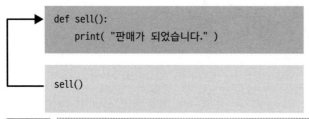

```
def sell():
    print( "판매가 되었습니다." )


sell()
```

그림 7-10 인수가 없는 함수
인수가 없는 함수를 작성할 수도 있습니다.

🐍 디폴트 인수를 정의한다

인수의 기본을 이해했나요? 또한, Python에서는 인수의 응용적인 사용법이 있으므로 여기에서 소개합니다.

우선 Python에서는 인수를 정의할 때 [인수명 = 디폴트 값]이라는 형태로 인수에 미리 디폴트 값을 줄 수 있습니다. 이것을 디폴트 인수(default argument)라고 합니다. 예를 들어 sell() 함수의 인수 num에「10」이라는 기본값을 설정하려면 다음과 같이 합니다.

```
def sell( num = 10 ):
    ...         ━━━━┥ 디폴트 인수를 지정합니다 ┝
```

디폴트 인수를 지정해 두면 함수를 호출할 때 실인수를 생략할 수 있습니다. 실인수를 생략했을 때는 디폴트 인수에 지정한 값이 그대로 사용됩니다. 즉, 이 함수에서는 다음과 같이 인수를 생략해서 호출하면 인수 num에 「10」을 지정해서 호출한 것이 되는 것입니다.

```
sell()
```
디폴트 인수를 지정해서 호출한 것이 됩니다

다만, 함수에 인수가 여러 개 있으면 디폴트 인수의 지정 방법에 주의해야 합니다. 어떤 인수의 디폴트 값을 설정했으면

그 인수 이후로 있는 인수(오른쪽에 계속 선언하는 인수)도
모두 디폴트 인수를 설정해야 한다

로 되어 있습니다.

예를 들어 인수 5개를 가진 함수에서는 func1처럼 오른쪽부터 순서대로 디폴트 인수를 설정할 수 있습니다. func2처럼 두 번째와 다섯 번째 인수에만 디폴트 값의 설정을 할 수는 없습니다.

```
# 맞다
def func1( a, b, c, d = 2, e = 10 ):
    ...
# 오류
def func2( a, b = 2, c, d, e = 10 ):
    ...
```
오른쪽부터 순서대로 디폴트 인수를 설정할 수 있습니다

이러한 디폴트 인수의 지정은 할 수 없습니다

이렇게 여러 개의 디폴트 인수를 설정하면, func1은 다음과 같이 인수를 생략해서 호출할 수 있습니다.

```
func1( 10, 5, 20 )
func1( 10, 5, 20, 30 )
func1( 10, 5, 20, 30, 50 )
```
두 개의 인수를 생략하고 호출합니다

한 개의 인수를 생략하고 호출합니다

모든 인수를 지정해서 호출합니다

처음의 예에서는 디폴트 인수를 설정한 2개의 인수를 생략해서 호출합니다. 즉 인수 d는 「2」, e는 「10」입니다.

두 번째 예에서는 1번 마지막의 인수를 생략해서 호출합니다. 즉, 마지막의 인수 e는 「10」입니다.

마지막 예에서는 모든 인수를 지정해서 호출합니다.

인수명을 키워드 지정해서 호출한다

Python에서는 함수를 호출할 때에 「인수명 = 값」이라는 형태로 가인수의 이름을 지정해서 실인수의 값을 전달할 수 있습니다. 이것을 인수의 키워드 지정(키워드 인수)이라고 합니다.

```
func1( 10, 5, 1, d = 1 )
```

인수명(키워드)을 지정해서 값을 전달해 함수를 호출할 수 있습니다

다만, 키워드 지정을 할 때에는 주의해야 합니다. 키워드 인수로 지정한 인수보다 오른쪽에 있는 인수에 값을 전달할 때에는 모두 키워드를 지정해야 합니다. 그래서 통상 키워드 인수는 디폴트 인수 중 몇 개에 독자적인 값을 전달하기 위해서 사용합니다. 또한, 키워드 인수로 지정하면 인수를 전달하는 순서를 변경할 수도 있습니다.

> 중요 | 함수에 디폴트 인수를 정의할 수 있다.
> 인수를 키워드 지정해서 함수를 호출할 수 있다.

🐍 가변 길이 수를 사용한다

Python에서는 함수를 정의할 때 가인수의 앞에 「*」를 붙임으로써 「,」(콤마)로 구분한 인수를 여러 개 전달할 수 있습니다.

```
def func( *args ):
    print( args )


func( 1, 2, 3, 4, 5 )
```

가인수에 *를 붙여 두면…

인수를 여러 개 전달해서 호출할 수 있습니다

이렇게 해서 전달받은 값은 함수 내에서는 튜플로 저장됩니다. 즉, 위의 코드를 실행하면 화면에 튜플 「(1, 2, 3, 4, 5)」가 표시됩니다.

또한 마찬가지로 가인수에 「**」을 붙임으로써 키워드 인수를 여러 개 전달할 수 있게 됩니다.

```
def func( **kwargs ):
    print( kwargs )


func( a = 1, b = 2, c = 3, d = 4, e = 5 )
```

가인수에 **를 붙여 두면…

키워드 인수를 여러 개 전달해서 호출할 수 있습니다

이렇게 해서 전달받은 값은 딕셔너리로서 저장됩니다. 즉, 위의 코드를 실행하면 화면에 딕셔너리 「{'a': 1, 'b': 2, 'c': 3, 'd': 4, 'e': 5}」가 표시됩니다.

이러한 인수는 인수의 개수를 정하지 않고 정의해 둘 수 있으므로 가변 길이 인수(variadic argument)라고 합니다.

중요 | 가변 길이 인수를 사용할 수 있다.

7.4 반환값

반환값의 구조를 안다

인수의 기본과 응용을 이해했나요? 함수에는 인수와 완전 반대로

함수의 호출하는 곳에 함수 본체로부터 특정 정보를 전달한다

는 구조를 작성할 수 있습니다. 함수로부터 반환되는 정보를 반환값(return value)이라고 합니다.

7.2절에서 소개한 함수의 정의 형식을 다시 한번 보세요. 반환값을 반환하려면 다음과 같이 함수의 블록 안에서 return 문을 사용해서 실제로 값을 전달하도록 기술합니다.

구문 **함수의 정의**

```
def 함수명( 인수 목록 ):
    구문
    ...
    return 반환값      기술한 식의 값을 호출하는 곳으로 전달합니다
```

이 구문에서는 블록의 마지막에 return 문을 기술하고 있는데, 함수 블록의 중간에 기술하면 return이 있는 부분에서 함수의 처리가 종료되고, 호출하는 곳에 처리가 되돌아갑니다. 이 return 문의 구조는 실수하기 쉬우므로 주의해야 합니다.

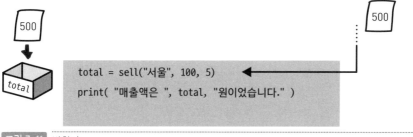

```
total = sell("서울", 100, 5)
print( "매출액은 ", total, "원이었습니다." )
```

그림 7-11 반환값

함수 안으로부터 반환값을 호출하는 곳에 반환할 수 있습니다.

중요 | 반환값을 사용해서 함수로부터 값을 받을 수 있다.

그럼 반환값을 가진 함수를 살펴봅시다. 다음의 코드가 반환값을 가진 함수입니다.

```
def sell( place, price, num ):    ◀── 반환값을 가진 함수입니다
    print (place, "지점에서", num, "회사에", price,
                                "만 원 판매가 되었습니다." )

    tt = price * num
    return tt    ◀── 반환값을 반환합니다
```

이 함수에서는 받은 인수인 price와 num을 곱하는 처리를 합니다. 이 결과는 변수 tt에 저장됩니다.

그리고 마지막에 반환값으로서 tt의 값을 반환합니다. 실제 코드를 기술해서 이 함수를 사용해 봅시다.

Sample6.py ▶ 반환값을 가진 함수

```
def sell( place, price, num ):
    print( place, "지점에서 ", num, "회사에", price,
                                "만 원 판매가 되었습니다." )
```

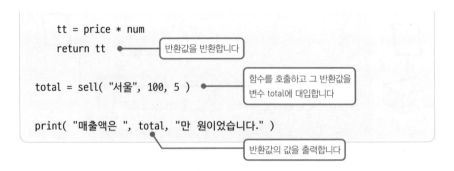

```
        tt = price * num
        return tt
```
반환값을 반환합니다

```
total = sell( "서울", 100, 5 )
```
함수를 호출하고 그 반환값을 변수 total에 대입합니다

```
print( "매출액은 ", total, "만 원이었습니다." )
```
반환값의 값을 출력합니다

Sample6의 실행 화면

서울 지점에서 5 회사에 100 만 원 판매가 되었습니다.
매출은 <u>500</u> 만 원이었습니다.

반환값이 출력되었습니다

여기서는 함수 내에서 계산된 결과의 반환값을 호출하는 곳의 변수 total에 저장하도록 합니다. 반환값을 이용하려면 함수의 호출문으로부터 대입 연산자를 사용해서 대입하세요.

```
...
total = sell( "서울", 100, 5 )
```
반환값을 변수 total에 대입합니다

호출하는 곳에서는 이 변수 total의 내용을 출력합니다. 이처럼 함수의 반환값을 변수에 대입해서 호출하는 곳에서 이용할 수 있는 것입니다.

또한 반환값은 반드시 호출하는 곳에서 이용하지 않아도 됩니다. 반환값을 이용하지 않을 때에는

```
sell( "서울", 100, 5 )
```
반환값은 이용하지 않아도 됩니다

라고만 기술합니다. 그러면 함수가 호출되어 처리되고 호출하는 곳에서는 반환값을 무시하는 단순한 호출 처리가 됩니다.

중요 | 함수 호출하는 곳에 정보를 되돌려주는 데는 반환값을 사용한다.

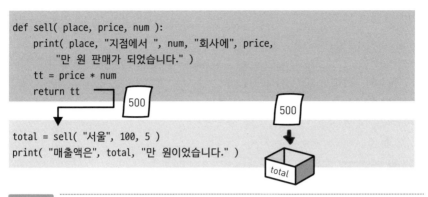

```
def sell( place, price, num ):
    print( place, "지점에서 ", num, "회사에", price,
        "만 원 판매가 되었습니다." )
    tt = price * num
    return tt

total = sell( "서울", 100, 5 )
print( "매출액은", total, "만 원이었습니다." )
```

500

500

total

그림 7-12 반환값의 이용
반환값을 사용하면 호출하는 곳에서는 이 정보를 사용해서 처리를 할 수 있습니다.

반환값이 없는 함수를 사용한다

Lesson
7

인수가 없는 함수를 정의할 수 있었듯이 반환값이 없는 함수도 정의할 수 있습니다. 예를 들어 7.3절에서 정의한 sell() 함수는 반환값을 갖지 않는 함수입니다.

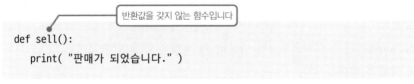

반환값을 갖지 않는 함수입니다

```
def sell():
    print( "판매가 되었습니다." )
```

반환값이 없는 함수가 호출되어 처리되면 블록의 종료까지 실행하거나, 다음과 같이 return 구문에 의해 함수가 종료하게 됩니다.

구문 return 문

return

이 sell() 함수를 return 문을 사용해서 기술했습니다. 다만, 이러한 단순한 함수에서는 블록의 마지막에서 처리가 끝나므로 return 문은 사용하지 않아도

처리 흐름은 같습니다. [1]

```
def sell():
    print( "판매가 되었습니다." )
    return ●━━━━━━[ 호출하는 곳의 처리로 돌아갑니다 ]
```

```
def sell():
    print("판매가 되었습니다.")
```

```
sell()
```

그림 7-13 반환값이 없는 함수
반환값을 갖지 않는 함수가 있습니다

반환값으로서 여러 개의 값을 반환한다

일반적으로 함수는 1개 또는 0개의 값을 반환값으로서 반환합니다. 다만 Python에서는 실질적으로 2개 이상의 여러 개의 값을 반환할 수도 있습니다. 이 상태를 살펴봅시다.

Sample7.py ▶ 여러 개의 반환값을 반환한다

```
def sell():
    y = 2021
    m = 10
    d = 1
    print( y, "년", m, "월", d, "일에 판매가 되었습니다." )

    return y, m, d ●━━━━[ ❶ 여러 개의 반환값을 (하나의 튜플로서) 반환합니다 ]
```

---

1 역자 주: 함수 내에서 끝까지 실행하지 않고 중간에 처리의 실행을 종료하기 위해 return을 사용하곤 합니다.

```
sy, sm, sd = sell()          ❷ 여러 개의 반환값을(언팩해서) 대입합니다

print( "판매 종료:", sy, sm, sd )
```

Sample7의 실행 화면

```
2021 년 10 월 1 일에 판매가 되었습니다.
판매 종료: 2021 10 1
```

이 함수는 「,」(콤마)로 구분해 여러 개의 값을 반환값으로서 반환합니다(❶).
이 콤마로 구분한 여러 개의 값은 사실은 하나의 튜플로 되어 있습니다. 받은
쪽에서는 통상 5장에서 소개한 언팩 대입을 합니다(❷).

이러한 구조를 사용해서 Python에서는 실질적으로 값을 여러 개 반환하는 함
수를 이용할 수 있습니다.

내장 함수

이 장에서는 함수의 기본에 대해서 다양한 구조를 배웠습니다. 그런데 사실 우리는 지금
까지도 함수를 사용해 왔습니다. 지금까지 사용해온 「내장 함수」는 Python에 의해 이미
정의된 함수입니다.

예를 들어, 우리가 키보드로 입력하기 위한 처리로서 이미 정의되어 있는 input() 함수를
사용했습니다. input() 함수에서는 인수로서 입력 메시지를 전달하고 반환값으로서 입력
된 문자열을 받습니다.

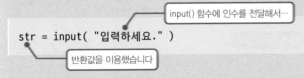

input() 함수에 인수를 전달해서…

```
str = input( "입력하세요." )
```

반환값을 이용했습니다

지금까지 함수에 인수를 전달해 호출하고, 반환값을 이용해 왔던 것입니다. 이제까지의
장에서 사용한 내장 함수에 대해서도 복습해 보세요.

7.5 함수에 대한 고수준 기능

함수를 변수에 대입한다

함수의 구조에 대해서 이해했나요? 이 절에서는 함수에 대해서 고수준 기능을 살펴봅시다. 먼저 Python에서는 함수의 이름을 지정해 변수에 대입할 수 있습니다. 함수와 같은 처리도 변수에 대입할 수 있습니다. 대입한 변수에서는 ( )를 사용하여 함수를 호출할 수 있습니다

```
def func( a ):
    ...
f = func          ──── 함수를 변수에 대입할 수 있습니다
f( 1 )            ──── ( )를 사용해서 함수를 호출할 수 있습니다
```

함수를 리스트에 대입한다

이러한 방법은 리스트의 요소 값으로서 함수를 대입하는 경우에 특히 중요합니다. 다음 코드를 보세요.

Sample8.py ▶ 함수를 리스트로 한다

```
def append():
    print( "데이터를 추가합니다." )
def update():
```

```
        print( "데이터를 갱신합니다." )
def delete():
    print( "데이터를 삭제합니다." )

list = [append, update, delete]    ●────  함수를 리스트의 요소로 저장할 수 있습니다

res = int( input("조작할 번호를 입력하세요(0~2): ") )

if 0 <= res and res < len(list):
    list[res]()    ●────  리스트의 요소로 함수를 호출할 수 있습니다
```

Lesson
7

Sample8의 실행 화면

```
조작할 번호를 입력하세요(0~2): 1 ⏎
데이터를 갱신합니다.    ●────  지정한 요소의 함수가 호출됩니다
```

여기서는 3개의 함수, append(), update(), delete()를 정의합니다. 그리고 이 3개의 함수를 리스트의 요소로 설정하였습니다. 함수조차도 리스트 요소에 저장하는 값으로 사용할 수 있는 것입니다.

이 요소는 통상 리스트의 요소와 마찬가지로 「리스트명[인덱스]」라는 형태로 사용할 수 있습니다. 그래서 여기서는 키보드로 입력한 번호에 따라 리스트의 요소인 함수를 지정하고, ()를 사용해서 호출합니다. 이러한 방법을 사용하면 다양한 함수의 처리를 리스트로 관리하고 호출할 수 있습니다.

람다로 간단한 함수를 기술한다

Python에서는 함수 정의를 하는 다양한 방법이 있습니다. 먼저 매우 간단한 함수를 정의할 때는 함수의 이름을 사용하지 않고 정의할 수 있습니다. 이때는 람다 연산자(lambda operator)인 lambda를 사용합니다.

> lambda 인수: 식

lambda를 사용하면 식의 형태로만 기술하여 매우 간단하게 함수를 정의할 수 있습니다.

예를 들어 인수 x를 받아 그것을 2배로 하는 함수를 다음과 같이 정의할 수 있습니다.

```
lambda x: x * 2
```
이름이 없는 무명 함수가 됩니다

이 함수에는 이름이 없습니다. 그러므로 이러한 함수를 무명 함수(익명 함수: anonymous function)라고 합니다.

람다에 의한 무명 함수를 이용하는 코드를 살펴봅시다.

Sample9.py ▶ 람다를 사용한다

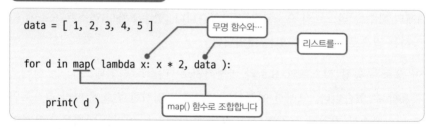

```
data = [ 1, 2, 3, 4, 5 ]

for d in map( lambda x: x * 2, data ):

    print( d )
```
무명 함수와…
리스트를…
map() 함수로 조합합니다

Sample9.py의 실행 화면

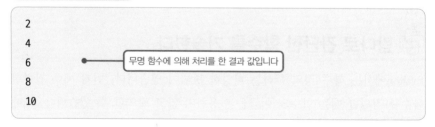

```
2
4
6
8
10
```
무명 함수에 의해 처리를 한 결과 값입니다

여기서는 map( ) 함수의 호출 안에 lambda를 사용하여 이름이 없는 무명 함수를 정의합니다.

내장 함수인 map( )은 인수에 「함수(의 처리)」와 「반복해서 반복 처리할 수 있는 구조」를 지정해 조합하는 함수입니다. 그래서 여기서는 for 문을 사용해서 무명 함수에 의한 처리가 된 결과를 얻을 수 있습니다.

또한, map( ) 함수는 무명 함수가 아닌 통상의 함수명도 지정할 수 있으므로 기억해 두면 편리합니다. 반복해서 반복 처리할 수 있는 구조로서 리스트나 이터레이터 등의 이터러블을 지정할 수도 있습니다. 반환값은 이터레이터입니다.

구문 **map( ) 함수**

> map(함수, 이터러블)

리스트 내포 표시

이 예의 처리는 5장에서 소개한 리스트 내포 표기(컴프리헨션)에 의해서도 기술할 수 있습니다. 다양한 방법으로 코딩을 할 수 있게 되면 편리합니다.

```
for d in [ x * 2 for x in data ]:
    prind( d )
```

리스트 내포 표기를 사용할 수도 있습니다

데코레이터로 함수에 기능을 추가한다

람다에 의해 이름이 없는 간단한 함수를 정의할 수 있었습니다. 그래서 이번은 반대로 복잡한 함수의 정의에 대해서 살펴봅시다.

함수를 정의할 때에 함수 내부에 거듭 함수를 정의할 때가 있습니다.

또한, 함수를 반환값으로서 반환하는 함수를 정의할 수도 있습니다. 함수를 인수로서 받을 수도 있습니다.

예를 들어, 다음의 deco( ) 함수의 정의 안에서는 wrapper( ) 함수의 정의를 기술합니다. 또한, 이 바깥쪽의 deco( ) 함수는 안쪽의 wrapper( ) 함수를 반환값으로서 반환하도록 합니다. 인수는 함수 func( )를 인수로서 받습니다. 이러한 복잡한 함수를 정의할 수도 있는 것입니다.

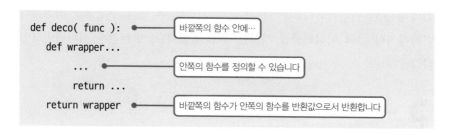

이러한 형태의 함수는 「@」라는 지정을 하고, 다른 함수에 기능을 추가하기 위해서 사용할 때가 있습니다. 이것을 데코레이터(decorator)라고 합니다.

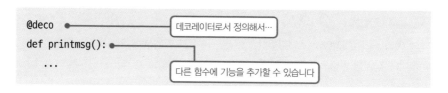

데코레이터는 다음과 같이 지정합니다.

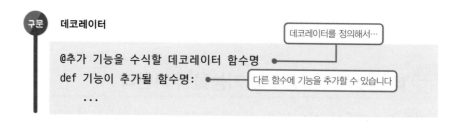

데코레이터로서 지정된 함수(여기서는 deco( ) 함수)는 기능이 추가되는 함수(여기서는 printmsg( ) 함수)를 실인수로서 받습니다.

이 상태를 실제 코드로 살펴봅시다.

Sample10.py ▶ 데코레이터를 사용한다

```
def deco( func ):          ← 바깥쪽의 함수에서 원래 함수를 인수로서 받습니다

    def wrapper( x ):
        wx = "---" + x + "---"   ← 안쪽의 함수에서 처리를 하고, 원래 함수도 처리합니다
        return func( wx )
    return wrapper         ← 바깥쪽의 함수가 안쪽의 함수를 반환값으로서 반환합니다


@deco          ← 데코레이터로서 지정해서…
def printmsg( x ):
    print( x, "를 입력했습니다." )   ← 함수에 기능을 추가할 수 있습니다

str = input( "메시지를 입력하세요." )

printmsg( str )        ← 함수를 호출하면…
```

Sample10의 실행 화면

```
메시지를 입력하세요. 안녕하세요 ↵
---안녕하세요--- 를 입력했습니다.   ← 기능이 추가되었습니다
```

printmsg() 함수는 본래 메시지의 표시만을 처리하는 함수입니다. 그러나 여기서는 데코레이터로서 deco() 함수를 지정하고, 앞뒤에 「---」를 붙이는 기능이 추가되어 있습니다.

실제로 추가되는 기능은 데코레이터 함수의 안쪽의 함수인 wrapper()이 정의합니다. 이 wrapper() 함수는 받는 인수의 앞 뒤에 「---」를 추가해서 새로운 인수로 합니다. 그리고 바깥쪽의 deco() 함수가 인수 func로서 받는 원래 함수 printmsg()를 이 새로운 인수로 호출하게 됩니다.

데코레이터를 지정함에 따라 원래의 printmsg() 함수의 내용을 변경하지 않고

wrapper( ) 함수로 기능을 추가할 수 있는 것입니다.

이처럼 데코레이터는 다른 함수에 기능을 추가할 때에 많이 사용합니다.

중요 | 데코레이터로 함수에 기능을 추가할 수 있다.

제너레이터를 정의할 수 있다

데코레이터가 되는 함수의 형태를 이해할 수 있었나요? 그러면 마지막으로 또 하나의 함수 종류를 소개합니다.

Python에서는 함수의 형식을 사용해 반복해서 요소를 반환하는 이터레이터 와 같은 구조를 정의할 수 있습니다. 이 함수는 제너레이터(generator)라고 합 니다.

제너레이터는 yield 문에 의해 각 요소를 반복해 반환하도록 정의합니다. 반 환값처럼 해서 반환하지만 return 문은 사용하지 않습니다.

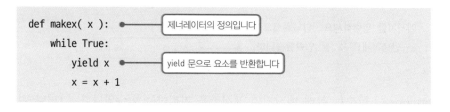

```
def makex( x ):          ●——— 제너레이터의 정의입니다
    while True:
        yield x          ●——— yield 문으로 요소를 반환합니다
        x = x + 1
```

이 makex( ) 함수는 while 문에 의해 무한 반복하는 형태로 되어 있는 것에 주 의하세요. 반복할 때마다 하나씩 값이 더해져 yield 문으로 반복됩니다.

이러한 제너레이터를 호출하면

yield 문으로 지정한 요소를 반환하는 이터레이터

를 얻을 수 있습니다. 즉, for 문에서 처리하거나 next( ) 함수를 지정함으로써 제너레이터의 yield 문에서 지정된 요소를 반복해 얻을 수 있게 됩니다.

```
n = makex( 0 )          제너레이터로부터 이터레이터를 얻습니다
print( next(n) )        next()로 0이 반환됩니다
print( next(n) )        next()로 1이 반환됩니다
```

이러한 제너레이터의 기능에 대해서도 이터레이터와 함께 알아두면 편리합니다.

중요 | 제너레이터를 정의해서 이터레이터를 얻을 수 있습니다.

7.6 변수와 범위(scope)

변수의 종류를 안다

함수 부분의 정리로서 함수 안에서 변수 등을 사용하는 구조에 대해서 알아 둡시다.

함수를 정의하게 되면 변수는 함수의 안이나 밖에서 사용됩니다. 이 중, 함수 내에서 이름이 정해지고 값의 대입이 이뤄지는 변수를 지역 변수(local variable)라고 합니다.

```
def func( price, num ):
    ...                        ┌─ 지역 변수 tt입니다
    tt = price * num;
```

함수의 가인수도 지역 변수입니다.

이것에 비해 함수 밖에서 이름이 정해지고 값의 대입이 이루어지는 변수를 전역 변수(global variable)라고 합니다.

```
shop = "서울"
    └─ ┌─ 전역 변수 shop입니다
```

```
a = 0 ──────────── 전역 변수

def funcB():
    b = 1 ──────────── 지역 변수
    ...


def funcC():
    c = 2 ──────────── 지역 변수
    ...
```

그림 7-14 지역 변수와 전역 변수
함수 안의 변수를 지역 변수라고 하고, 함수 밖의 변수를 전역 변수라고 합니다.

🐍 범위의 체계를 안다

지역 변수는 그 함수 내에서만 사용할 수 있습니다. 한편 전역 변수는 함수 밖
과 안 모든 곳에서 사용할 수 있습니다.

Lesson
7

이것을 확인하기 위해 다음 코드를 봅시다.

Sample11.py ▶ 변수의 범위를 안다

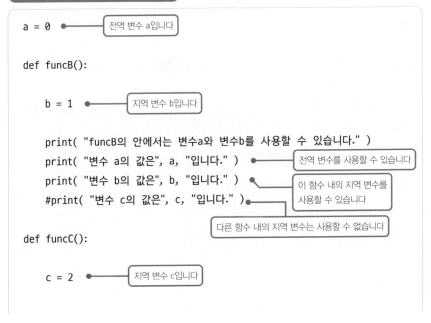

```
a = 0              ← 전역 변수 a입니다

def funcB():

    b = 1          ← 지역 변수 b입니다

    print( "funcB의 안에서는 변수a와 변수b를 사용할 수 있습니다." )
    print( "변수 a의 값은", a, "입니다." )     ← 전역 변수를 사용할 수 있습니다
    print( "변수 b의 값은", b, "입니다." )     ← 이 함수 내의 지역 변수를
    #print( "변수 c의 값은", c, "입니다." )        사용할 수 있습니다
                                             ← 다른 함수 내의 지역 변수는 사용할 수 없습니다
def funcC():

    c = 2          ← 지역 변수 c입니다
```

```
        print( "funcC의 안에서는 변수 a와 변수 c를 사용할 수 있습니다." )
        print( "변수 a의 값은", a, "입니다." )
        #print( "변수 b의 값은", b, "입니다." )
        print( "변수 c의 값은", c, "입니다." )
```
전역 변수를 사용할 수 있습니다

다른 함수 내의 지역 변수는
사용할 수 없습니다

이 함수 내의 지역 변수를 사용할 수 있습니다

```
print( "함수 밖에서 변수 a를 사용할 수 있습니다." )
print( "변수 a의 값은", a, "입니다." )
#print( "변수 b의 값은", b, "입니다." )
#print( "변수 c의 값은", c, "입니다." )

funcB()
funcC()
```
전역 변수를 사용할 수 있습니다

함수 내의 지역 변수는
사용할 수 없습니다

함수 내의 지역 변수는 사용할 수 없습니다

Sample11의 실행 화면

```
함수 밖에서 변수 a를 사용할 수 있습니다.
변수 a의 값은 0 입니다.
funcB의 안에서는 변수a와 변수b를 사용할 수 있습니다.
변수 a의 값은 0 입니다.
변수 b의 값은 1 입니다.
funcC의 안에서는 변수 a와 변수 c를 사용할 수 있습니다.
변수 a의 값은 0 입니다.
변수 c의 값은 2 입니다.
```

이 코드에서는 다음 3개의 변수를 사용합니다.

- 변수 a …… 함수 밖에 있는 전역 변수
- 변수 b …… funcB() 함수 내에 있는 지역 변수
- 변수 c …… funcC() 함수 내에 있는 지역 변수

먼저 지역 변수는

변수의 이름이 정해진 함수 내에서만 사용할 수 있다

예를 들어 지역 변수 b는 funcB() 밖에서 사용할 수 없습니다. 또한, 지역 변수 c는 funcC() 밖에서 사용할 수는 없습니다.

그리고 전역 변수는

(파일 내의) 어디에서나 사용할 수 있다

즉, 전역 변수 a는 함수 funcB(), funcC() 안에서 사용할 수 있습니다.

변수의 이름이 통용하는 영역을 범위(스코프, scope)라고 합니다.

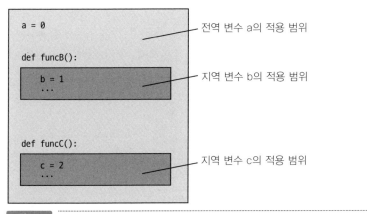

```
a = 0                    ─── 전역 변수 a의 적용 범위

def funcB():
    b = 1                ─── 지역 변수 b의 적용 범위
    ...


def funcC():
    c = 2                ─── 지역 변수 c의 적용 범위
    ...
```

그림 7-15 지역 변수와 전역 변수
함수 안에서 사용하는 변수를 지역 변수, 함수 밖에서 사용하는 변수를 전역 변수라고 합니다.

중요 | 변수의 이름이 통용하는 영역을 범위(스코프)라고 한다.

지역 변수 이름이 겹치면?

변수를 사용할 때는 주의할 것이 있습니다. 같은 함수 내의 지역 변수에는 같은 이름을 붙일 수 없습니다. 단, 다른 함수 내에서 사용하는 지역 변수에는 같은 이름을 붙여도 상관없습니다.

```
def func1():
    a = 0 ●──────┐
    ...          ┌──────────────────────────┐
                 │ 2개의 지역 변수는 서로 다른 것입니다 │
def func2():     └──────────────────────────┘
    a = 0 ●──────┘
    ...
```

이 코드에서는 func1() 함수와 func2() 함수 양쪽에서 「변수 a」를 이용하고 있습니다. 이 두 지역 변수는 각 함수 내에서만 사용하는 다른 변수입니다. 이름이 같아도 다른 함수 내의 지역 변수는 다른 변수입니다.

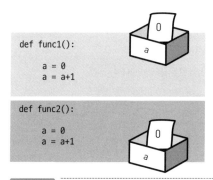

```
def func1():

    a = 0
    a = a+1
```

```
def func2():

    a = 0
    a = a+1
```

그림 7-16 지역 변수의 이름 중복
다른 함수 내에서 선언된 지역 변수는 다른 2개의 변수입니다.

전역 변수와 이름이 겹치면?

전역 변수와 지역 변수는 같은 변수명을 사용해도 됩니다. 예를 들어 다음을 보세요.

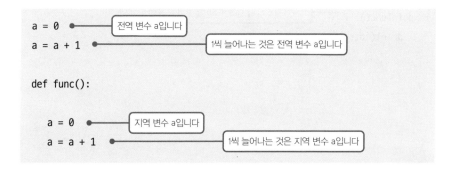

여기서는 전역 변수로서 「변수 a」에 대입을 하고 func() 함수 내에서 다시 지역 변수로서 「변수 a」에 대입을 했습니다. 전역 변수와 지역 변수에서는 이처럼 이름을 중복시킬 수 있습니다.

다만, 「a = 0」 등에 의해 지역 변수가 작성된 func() 함수 내에서 「a = a + 1」 등 값을 변경하면 그것은 지역 변수 a를 가리킵니다. 즉, 이 코드에서는 func() 함수 내에서 1 증가되는 것은 지역 변수 a가 됩니다.

한편, 함수 밖에서 1 증가되는 것은 전역 변수 a가 됩니다.

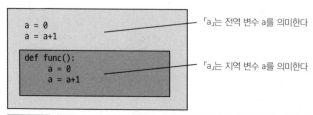

```
a = 0
a = a+1

def func():
    a = 0
    a = a+1
```

「a」는 전역 변수 a를 의미한다

「a」는 지역 변수 a를 의미한다

그림 7-17 **전역 변수와 지역 변수의 이름 중복**
전역 변수와 지역 변수의 이름이 중복되면 함수 내에서는 지역 변수, 함수 밖에서는 전역 변수가 사용됩니다.

이름 얻기

Python에서는 내장 함수 dir()에 의해 그 곳에서 정의되어 있는 변수 이름을 얻을 수 있습니다. 특히, 함수 내부에서 사용하면 함수의 지역 변수를 얻을 수 있습니다. 코드의 오류를 찾을 때 등에 사용하면 편리합니다.

```
def func():
    print( dir() )
```

func() 함수 내의 지역 변수명을 표시할 수 있습니다

7.7 기억 수명

변수의 기억 수명을 안다

변수는 프로그램을 시작하고 나서 끝날 때까지 쭉 계속해서 값을 기억하는 것
은 아닙니다. 이제까지 본 것처럼 변수를 사용할 때에는 값을 기억하기 위한
상자가 컴퓨터의 기억 장치인 메모리 내에 준비됩니다(❶). 이 변수에 값을 저
장하거나 출력하거나 해서 이용하는 것인데(❷), 마지막에 상자가 폐기됨에
따라 메모리가 다른 용도로 사용되게 됩니다(❸).

변수의 상자가 존재하며 값을 기억하고 있는 기간을 기억 수명이라고 합니다.

Lesson
7

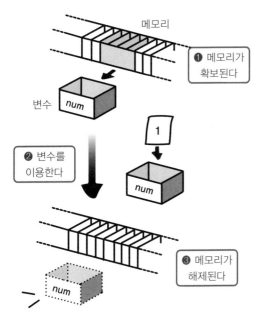

그림 7-18 변수의 기억 수명
❶ 값을 기억하기 위한 상자가 메모리
내에 준비되어, ❷ 변수에 값을 저장하거
나 출력하거나 해서 사용합니다. ❸ 마지
막으로 변수의 상자는 폐기되며 메모리
는 다른 용도로 사용됩니다.

변수가 어떠한 기억 수명을 갖는 지는 변수를 사용하는 위치에도 관계가 있습니다.

통상의 지역 변수는

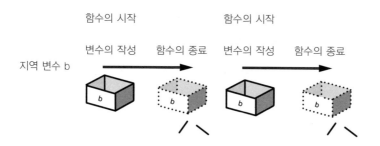

는 수명 주기가 있습니다. 즉, 통상의 지역 변수는 값을 받고 정의되고 난 후 함수가 종료할 때까지의 기간만큼 값을 저장해 둘 수 있는 것입니다.

한편, 전역 변수는

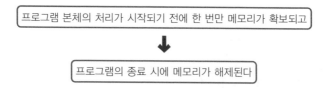

라는 수명 주기가 있습니다. 즉, 전역 변수는 값을 받아 작성되고 나서 코드를 기술한 파일의 처리가 종료할 때까지 계속 값을 저장해 둘 수 있습니다.

변수의 작성
전역 변수 a

파일의 끝

변수의 수명 주기를 확인하기 위해서 다음 코드를 봅시다.

Sample12.py ▶ 변수의 기억 수명을 안다

```python
a = 0          전역 변수 a입니다

def func():
    global a        함수 내에서 증가하는 a는 전역 변수로 합니다
    b = 0      지역 변수 b입니다

    print( "변수 a는", a, "변수 b는", b )

    a = a + 1       각 변수를 1씩 시킵니다
    b = b + 1

for i in range( 5 ):
    func()
```

Lesson
7

Sample12의 실행 화면

```
변수 a는 0 변수 b는 0
변수 a는 1 변수 b는 0
변수 a는 2 변수 b는 0
변수 a는 3 변수 b는 0
변수 a는 4 변수 b는 0
```

func( ) 함수는 변수 a, b의 값을 출력하고 나서 값을 1씩 증가하는 함수입니다. 전역 변수 a는 작성되고 나서 프로그램의 종료까지 값을 기억하기 때문에 1씩 값이 증가합니다. 한편, 지역 변수 b는 함수가 호출될 때마다 처음에 「0」이 저장되고, 함수의 종료마다 상자가 폐기됩니다. 그러므로 출력은 항상 「0」이 됩니다.

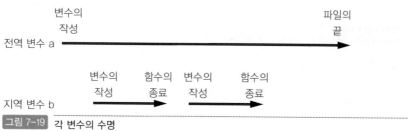

그림 7-19 **각 변수의 수명**
전역 변수는 정의되고 나서 프로그램이 종료할 때까지의 수명을 가지지만 통상의 지역 변수는 함수 내에서만 수명을 가집니다.

7.8 레슨의 정리

이 장에서는 다음을 배웠습니다.

- 일정한 처리를 합쳐 함수로서 정의하고 호출할 수 있습니다.
- 함수의 본체에 인수를 전달해 처리할 수 있습니다.
- 디폴트 인수를 설정할 수 있습니다.
- 인수를 키워드로 지정할 수 있습니다.
- 가변 길이의 인수를 설정할 수 있습니다.
- 함수의 본체로부터 반환값을 받을 수 있습니다.
- lambda 연산자로 무명 함수를 정의할 수 있습니다.
- 데코레이터 함수로 함수에 기능을 추가할 수 있습니다.
- 제너레이터를 정의하고 이터레이터를 얻을 수 있습니다.
- 변수에는 지역 변수와 전역 변수가 있습니다.

적절한 처리를 함수로 정의하고 함수를 호출함으로써 복잡한 코드를 보다 간단하게 기술할 수 있게 됩니다. 또한, Python 함수는 디폴트 인수 및 키워드 인수 등 다양한 지정을 할 수 있습니다. 이제까지 사용한 내장 함수의 형태에 대해서도 복습해 보세요.

연습문제

1. 지정한 개수의 「*」를 표시하는 함수 rpast(num)을 작성해 보세요. 키보드로 입력한 지정 개수의 「*」를 표시할 수 있게 하세요.

> 개수를 입력하세요. 5 ↵
> *****

2. 지정한 개수의 문자열을 반복 표시하는 함수 rpstr(num, str = "*")을 작성해 보세요. 디폴트 문자열은 「*」으로 합니다.

> 문자열을 입력하세요. 네 ↵
> 개수를 입력하세요. 5 ↵
> 문자열 있음---
> 네. 네. 네. 네. 네.
> 문자열 없음---
> *****

3. 제너레이터를 사용해서 다음 코드를 작성해 보세요.

> 시작값(정수)을 입력하세요. 3 ↵
> 정지값(정수)을 입력하세요. 10 ↵
> 3
> 4
> 5
> 6
> 7
> 8
> 9

*역자 주: 책의 뒷부분에 해답이 있습니다.

클래스

프로그램이 복잡해짐에 따라 효율적으로 프로그램을 작성할 필요가 있습니다. 이 장에서는 클래스의 개념을 배웁니다.
클래스를 사용하면 코드를 좀 더 체계적으로 작성할 수 있습니다. 클래스는 본격적인 프로그램을 작성할 때에 사용합니다. 이장에서는 클래스, 함수를 이용하기 위해서 모듈의 개념에 대해서도 배워봅시다.

Check Point!
- 클래스와 인스턴스
- 데이터 속성과 메서드
- 클래스 변수와 클래스 메서드
- 기저 클래스와 파생 클래스
- 상속
- 오버라이드
- 모듈
- 패키지

8.1 클래스의 기본

🐍 「데이터」와 「처리」를 합치는 클래스

프로그램이 복잡해짐에 따라 프로그램을 효율적으로 작성해야 합니다. 이 장에서는 클래스(class)라는 개념을 배웁시다.

클래스는 객체지향 프로그램을 만들기 위해 사용하며, 처리(메서드)와 속성(데이터)을 함께 사용해 프로그램을 작성할 수 있습니다. 클래스는

「데이터」와 「처리」를 합친다

를 위한 구조입니다.

우리는 지금까지도 다양한 형태로 「데이터」와 「처리」를 사용했습니다. 예를 들어, 3장에서는 변수에 대해서 배웠습니다. 변수에 다양한 「데이터」를 저장하고 사용했습니다. 또한, 5장·6장에서도 리스트나 다양한 데이터 구조에 따라 「데이터」를 사용했습니다.

또한 7장에서는 함수에 대해서 배웠습니다. 함수에서는 반복해 사용할 수 있는 「처리」를 합쳐 효율 좋은 코드를 작성했습니다.

클래스는 이러한 「데이터」와 「처리」를 함께 정의해서 작성합니다.

클래스에서는 「사물 또는 객체」의 개념을 사용해 「데이터」와 「처리」를 작성합니다. 예를 들어 기업에서는 「고객」이라는 사물의 개념으로 클래스를 생각할 수도 있을 것 같습니다. 이때, 고객에 관한 데이터를 「변수」나 「리스트」에 넣고, 고객에 대한 처리를 「함수」로 작성해 정의할 수 있습니다.

「고객」을 하나의 객체로 데이터와 처리를 정의하면, 고객에 관한 클래스를 다양한 프로그램에서 이용해 효율적인 프로그램을 작성할 수 있습니다.

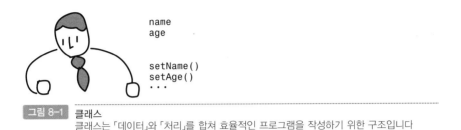

클래스를 정의한다

클래스의 작성법부터 배워봅시다. 클래스에는 변수·함수 등을 함께 기술합니다. 이것을 클래스 정의라고 합니다.

구문 클래스의 정의

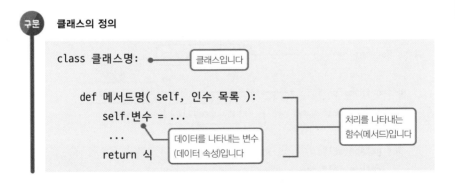

클래스를 선언하려면 class에 이어서 클래스명과 「:」(콜론)을 기술합니다. 클래스명은 변수나 함수의 이름과 마찬가지로 식별자의 규칙에 따른다면 마음대로 붙일 수 있습니다. 예를 들어, 사람에 대한 클래스명을 작성한다면 「Person」이라고 붙이면 좋습니다.

클래스의 정의 시에는 인덴트를 주고 데이터나 처리를 기술합니다. 먼저 보통 「self.」를 붙인 변수에 데이터가 될 값을 대입해서 사용할 수 있습니다. 이 변수는

데이터 속성(data attribute)

이라고 합니다. 데이터 속성으로서 데이터를 정의하는 것입니다.

또한, 첫 번째 인수를 「self」로 한 함수를 정의할 수 있습니다. 이 함수는

메서드(method)

라고 합니다. 메서드로서 처리를 정의하는 것입니다.[1]

또한, Python에서는 데이터 속성과 메서드를 합쳐서 단순하게 속성(attribute) 이라고 합니다. 「self」를 붙인 데이터 속성은 메서드 안에서 사용합니다.

예를 들어, 2개의 데이터 속성을 준비하고, 2개의 메서드를 정의하면 다음과 같은 형태의 클래스가 됩니다.

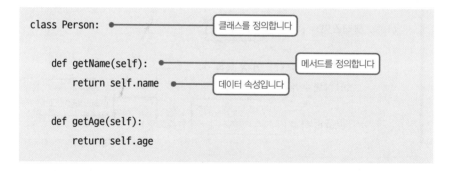

```
class Person:                          ●───  클래스를 정의합니다

    def getName(self):                 ●───  메서드를 정의합니다
        return self.name       ●───  데이터 속성입니다

    def getAge(self):
        return self.age
```

여기서는 사람의 이름을 나타내는 「name」, 나이를 나타내는 「age」라는 데이터 속성을 정의합니다. 또한, 이름을 확인하는 getName() 메서드, 나이를 확인하는 getAge() 메서드를 정의합니다.

---

1 역자 주: self라는 이름 대신 다른 이름을 사용해도 되지만 관례적으로 self를 사용하곤 합니다

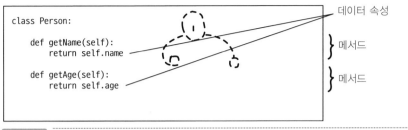

```
class Person:
    def getName(self):
        return self.name

    def getAge(self):
        return self.age
```

데이터 속성

} 메서드

} 메서드

인스턴스를 작성한다

이렇게 정의한 클래스를 실제로 이용하려면 보통은

인스턴스를 작성한다

는 처리를 합니다.

클래스는 특정의 사물을 객체화해 데이터(정보)와 처리(기능)를 정의하는 것입니다. 예를 들어 Person 클래스는 일반적인 「사람」에 대한 속성을 정의하는 것입니다. 이것을 실제로 이용하기 위해서는 이 클래스로부터 개개인의 정보·기능을 작성해야 합니다.

클래스로부터 생성되는 이 각각의 존재가 인스턴스(instance)입니다. 예를 들어, Person 클래스로부터 작성된 개개인의 사람이 인스턴스에 해당합니다.

인스턴스는 「클래스명( )」으로 지정해 작성하고 인스턴스를 나타내는 변수(인스턴스명)에 대입합니다.

구문 **인스턴스의 작성**

인스턴스명 = 클래스명()

즉, Person 클래스의 경우는 다음과 같이 지정해서 인스턴스를 작성합니다.

```
pr = Person()  ●──────[ pr은 인스턴스를 나타냅니다 ]
```

이 결과, 변수 pr이 Person 클래스의 인스턴스를 나타내게 됩니다. 이 인스턴
스 pr에 의해 Person 클래스의 데이터 속성 · 메서드를 이용할 수 있게 되는
것입니다.

데이터 속성 · 메서드를 이용한다

실제로 클래스로부터 인스턴스를 작성하고, 데이터 속성 · 메서드를 이용해
봅시다. 이것들을 이용하려면 「.」(피리오드)를 사용합니다.

> **구문** **속성의 이용**
>
> 인스턴스명.데이터 속성명
> 인스턴스명.메서드명(인수 목록)

즉, 다음과 같은 코드에서 인스턴스의 데이터 속성에 값을 대입하거나 메서드
를 호출합니다.

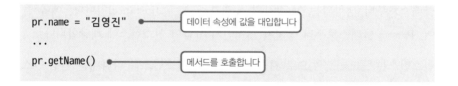
```
pr.name = "김영진"  ●──────[ 데이터 속성에 값을 대입합니다 ]
...
pr.getName()  ●──────[ 메서드를 호출합니다 ]
```

이렇게 기술함으로써 Person의 데이터 속성인 name에 이름을 대입하거나
getName() 메서드를 사용해서 이름을 확인하거나 할 수 있습니다.

여기에서 클래스로부터 인스턴스를 작성하는 코드를 확인해 봅시다.

```
class Person:                    ❶ 클래스를 정의합니다

    def getName( self ):          메서드를 정의합니다
        return self.name          데이터 속성을 나타내는 데는 self를 붙입니다

    def getAge( self ):
        return self.age

pr = Person()                    ❷ 인스턴스를 작성합니다
pr.name = "김영진"                ❸ 데이터 속성에 값을 대입합니다
pr.age = 23

n = pr.getName()                 ❸ 메서드를 호출합니다
a = pr.getAge()

print( n, "씨는", a, "세입니다." )
```

Sample1의 실행 화면

김영진 씨는 23 세입니다.

이 코드에서는 ❶에서 Person 클래스를 정의합니다. ❷에서 Person 클래스의 인스턴스를 작성합니다.

❸에서는 인스턴스의 데이터 속성·메서드를 이용합니다. 이름과 나이를 나타내는 데이터 속성에 값을 설정하고, 이름과 나이를 알아보는 메서드를 호출해서 이용하는 것입니다.

실행 결과에서는 한 사람의 정보가 표시되었습니다. 이처럼 클래스로부터 인스턴스를 작성함으로써 한 사람의 정보를 다룰 수 있습니다.

중요 | 클래스로부터 인스턴스를 작성할 수 있다.
인스턴스의 데이터 속성 · 메서드를 이용할 수 있다.

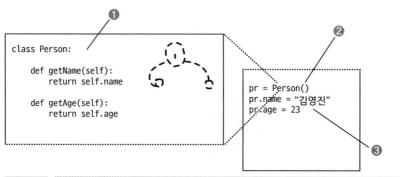

```
class Person:

    def getName(self):
        return self.name

    def getAge(self):
        return self.age
```

```
pr = Person()
pr.name = "김영진"
pr.age = 23
```

그림 8-3 클래스의 이용
클래스를 정의하면(❶), 인스턴스를 작성하고(❷), 데이터 속성 · 메서드를 이용할 수 있습
니다(❸).

여러 개의 인스턴스를 작성한다

클래스로부터 인스턴스를 작성해 보았습니다. 한 사람을 나타내는 인스턴스
를 작성함으로써 한 사람에 관한 정보를 다룰 수 있습니다.

인스턴스는 여러 개 작성할 수 있습니다. 그러므로 두 사람의 데이터를 관리
하는 것도 간단합니다. 인스턴스를 2개 작성하면 됩니다. 바로 코드를 작성해
봅시다.

Sample2.py ▶ 여러 개의 인스턴스를 작성한다

```
class Person:

    def getName( self ):
        return self.name

    def getAge( self ):
```

```
            return self.age

pr1 = Person()          ●────── 첫 번째 사람을 나타내는 인스턴스입니다
pr1.name = "김영진"
pr1.age = 23
n1 = pr1.getName()
a1 = pr1.getAge()


pr2 = Person()          ●────── 두 번째 사람을 나타내는 인스턴스입니다
pr2.name = "이지용"
pr2.age = 38
n2 = pr2.getName()
a2 = pr2.getAge()

                                          ┌── 첫 번째 사람의 정보를 출력합니다
print( n1, "씨는 ", a1, "세입니다." )  ●─┘
print( n2, "씨는 ", a2, "세입니다." )  ●───── 두 번째 사람의 정보를 출력합니다
```

Sample2의 실행 화면

```
김영진 씨는 23 세입니다.
이지용 씨는 38 세입니다.   ●────── 2개의 인스턴스를 관리할 수 있습니다
```

2개의 인스턴스를 작성하고, 「김영진씨 · 23세」 「이지용씨 · 38세」로 설정합니다. 두 사람의 정보를 관리할 수 있게 되었습니다. 인스턴스를 2개 작성함으로써 두 사람의 정보를 다룰 수 있게 된 것입니다.

5장·6장에서 배운 리스트와 같은 데이터 구조를 사용하면 더 많은 인스턴스를 관리할 수 있습니다. 예를 들어, 리스트 「people」을 다음과 같이 작성할 수 있습니다. 더욱 복잡한 프로그램을 작성할 수 있을 것입니다.

```
                         ┌── 여러 개의 인스턴스를 작성해서…
people = [Person(), Person()]
         └── 리스트로 관리할 수 있습니다
```

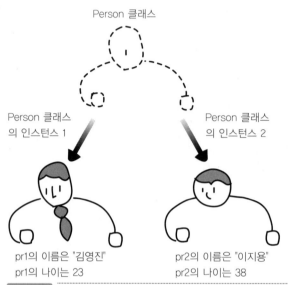

Person 클래스

Person 클래스
의 인스턴스 1

Person 클래스
의 인스턴스 2

pr1의 이름은 "김영진"
pr1의 나이는 23

pr2의 이름은 "이지용"
pr2의 나이는 38

그림 8-4 여러 개의 인스턴스
인스턴스를 여러 개 작성할 수 있습니다.

데이터 속성·메서드의 self

데이터 속성·메서드에는 「self」를 지정해 사용하는 걸 명심하세요. 클래스의 내부에는 self를 사용하지 않는 변수·메서드도 정의해서 이용할 수 있습니다. 다만, 그것들은 인스턴스를 통해 외부로부터 이용할 수는 없습니다. 속성에 self 지정을 잊으면 내부용 변수나 함수가 되므로 외부로부터 사용하면 오류가 발생합니다.

또한, 「self」는 인스턴스를 나타내는 관습적인 인수명입니다.

8.2 생성자(컨스트럭터)

🖥️ 생성자의 구조를 안다

이 절과 다음 8.3절에서는 특별한 데이터 속성과 메서드에 대해서 배웁시다. 먼저 이 절에서는 「생성자」라는 특수한 메서드에 대해서 배우도록 합니다.

인스턴스 작성 시 처음에 다양한 처리를 해야 할 때가 있습니다. 예를 들어, 인스턴스를 작성했을 때 초깃값을 주거나 값이 맞는지 여부를 체크하거나 하는 초기화 처리를 하고 싶을 때가 있을 것입니다.

이때,

인스턴스가 작성될 때 처음에 반드시 처리되는 메서드

를 기술해 둘 수 있습니다. 이 메서드가 생성자(컨스트럭터, constructor)라는 메서드입니다.

생성자는 「__init__」이라는 이름을 가진 메서드로서 정의합니다. 2개의 언더스코어로 시작하여 2개의 언더스코어로 끝나야 합니다.

구문 생성자

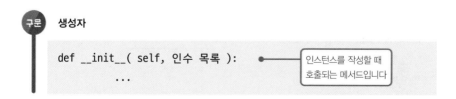

```
def __init__( self, 인수 목록 ):
        ...
```

인스턴스를 작성할 때 호출되는 메서드입니다

Person 클래스의 생성자는 다음과 같이 정의할 수 있습니다. 이 생성자에는 self 외에 이름·나이를 나타내는 인수를 2개 더 갖고 있습니다.

```
def __init__( self, name, age ):          ← 인스턴스를 작성할 때 호출됩니다
    self.name = name
    self.age = age
```

그러면

```
pr = Person( "김영진", 23 )          ← 인스턴스를 작성합니다
```

라고 기술해 인스턴스를 작성할 수 있습니다. 이때 생성자가 자동으로 호출되어 처리됩니다. 여기서는 name에 「김영진」, age에 「23」이 저장됩니다.

생성자를 사용해서 인스턴스를 작성해 봅시다.

Sample3.py ▶ 생성자

```
class Person:

    def __init__( self, name, age ):          ❷ 인스턴스를 작성할 때에 호출됩니다
        self.name = name
        self.age = age

    def getName( self ):
        return self.name

    def getAge( self ):
        return self.age

pr = Person( "김영진", 23 )          ❶ 인스턴스를 작성합니다

n = pr.getName()
a = pr.getAge()

print( n, "씨는", a, "세입니다." )
```

> 김영진 씨는 23 세입니다.

여기서는 인스턴스를 작성할 때 값을 전달합니다(❶). 생성자를 기술해 둠으로써(❷), 생성자가 호출되며 초기화가 됩니다.

생성자에는 인스턴스가 작성될 때 처리하고 싶은 것을 주로 기술합니다.

중요 | 인스턴스가 작성될 때 생성자가 호출된다.

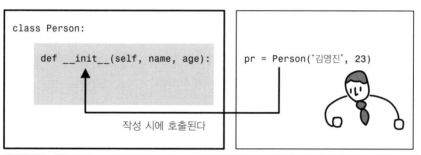

그림 8-5 생성자
생성자는 인스턴스가 작성될 때 호출됩니다.

8.3 클래스 변수·클래스 메서드

🐍 클래스에 관련된 데이터 속성과 메서드

이 절에서는 좀 더 특수한 데이터 속성과 메서드에 대해서 배웁시다.

이제까지 봐오던 데이터 속성은 각각의 인스턴스마다 존재합니다.

예를 들어, 나이를 나타내는 데이터 속성은 한 사람을 나타내는 인스턴스마다 값 「23」세나 「38」세를 가질 수 있었습니다. 메서드도 사람의 인스턴스를 작성한 다음에 호출할 수 있었습니다. 즉, 이제까지의 데이터 속성이나 메서드는

「각각의 인스턴스」에 관련되어 있다

입니다.

이에 반해, 각각의 인스턴스가 아닌 클래스 전체(전체 인스턴스)에서 공유하여 값을 저장하거나 처리해야 할 때가 있습니다. 이때, 클래스 전체에서 공유할 수 있는 속성이나 메서드가 있으면 편리합니다. 예를 들어, Person 클래스 전체에서 몇 개 인스턴스가 있는지를 기억하고 싶을 때 등에는 클래스 전체에서 공유해서 값을 저장해야 합니다.

클래스에서는 이러한 공유를 할 수 있는 데이터 속성이나 메서드를 정의할 수 있습니다. 이러한 데이터 속성이나 메서드는

「클래스 전체」에 관련된다

입니다. 이 절에서는 클래스에 관련된 데이터 속성과 메서드에 대해서 배웁시다.

클래스 데이터 속성의 구조를 안다

데이터 속성을 클래스 전체에서 사용하기 위해서는 다음과 같이 클래스의 정의를 하는 블록 내에서 데이터 속성을 나타내는 변수를 정의합니다.

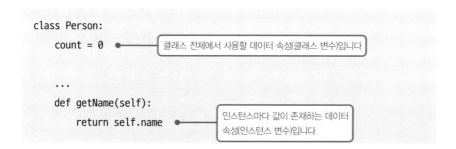

```python
class Person:
    count = 0        ● ──── 클래스 전체에서 사용할 데이터 속성(클래스 변수)입니다

    ...

    def getName(self):
        return self.name    ● ──── 인스턴스마다 값이 존재하는 데이터
                                      속성(인스턴스 변수)입니다
```

클래스 아래에서 정의된 데이터 속성은 클래스에 하나만 값이 존재합니다. 이 데이터 속성은 클래스 변수(class variable)라고 합니다.[2]

이제까지 본 것처럼 「self」가 붙어 있는 데이터 속성은 인스턴스마다 값이 존재합니다. 이 데이터 속성은 클래스 변수와 비교해서 인스턴스 변수(instance variable)라고 합니다.

Lesson
8

클래스 메서드의 구조를 안다

클래스에 관련된 메서드를 정의할 수도 있습니다. 이 메서드는 클래스 메서드(class method)라고 합니다. 클래스 메서드는 클래스 내에 정의한 메서드 위에 @classmethod를 사용해 정의합니다. 예를 들어, count 값을 반환하는 클래스 메서드를 정의해 봅시다.

```python
@classmethod
def getCount( cls ):        ● ──── 첫 번째 인수에 클래스명이 전달됩니다
    return cls.count        ● ──── 클래스명을 사용할 수 있습니다
```

---

2 역자 주: 클래스 변수는 정적 변수라고도 합니다

「cls」는 클래스명을 받기 위한 인수입니다. 클래스 메서드의 첫 번째 인수에는 클래스명이 전달됩니다. 여기서는 클래스명을 나타내는 인수 cls를 사용하여 클래스의 데이터 속성을 반환하고 있는 것입니다. 이처럼 클래스 메서드에는 일반적으로 「cls」를 첫 번째 인수로 가지게 됩니다.

또한, 이제까지 본 것과 같은 「self」를 인수로서 가진 메서드는 클래스 메서드와 비교해서 인스턴스 메서드(instance method)라고 합니다. 「self」는 인스턴스 자신(자기 자신)을 나타내는 것입니다.

> 중요ㅣ 클래스 전체에서 관리되는 데이터 속성(클래스 변수)은 클래스의 아래에 정의한다.
> 클래스 전체에서 관리되는 메서드(클래스 메서드)는 @classmethod의 아래에 정의한다.

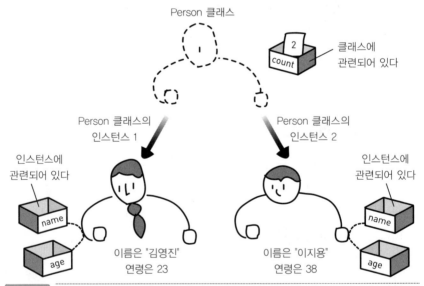

그림 8-6 클래스 변수 · 클래스 메서드
클래스에 관련된 데이터 속성(클래스 변수) · 메서드(클래스 메서드)를 정의할 수 있습니다.

클래스 변수 · 클래스 메서드를 이용한다

클래스 변수 · 클래스 메서드를 클래스의 외부로부터 이용할 때에는 「클래스명」을 붙여서 이용합니다.

예를 들어, 다음과 같이 클래스명인 「Person」과 「.」(피리오드)를 붙여서 클래스 변수 count 값을 알 수 있는 것입니다.

```
Person.count ●━━━━[ 클래스명을 붙여서 사용합니다 ]
```

클래스 메서드도 마찬가지로 호출할 수 있습니다.

```
Person.getCount() ●━━━━[ 클래스명을 붙여서 호출합니다 ]
```

그럼 클래스 변수 · 클래스 메서드를 이용해 봅시다. 다음 코드를 보세요.

Sample4.py ▶ 클래스 변수 · 클래스 메서드

```
class Person:
    count = 0 ●━━━━[ 클래스 변수입니다 ]

    def __init__( self, name, age ):   ●━━[ 인스턴스가 작성될 때에… ]
        Person.count = Person.count + 1 ●━━┓
                                            [ 클래스 변수인 count를 1 증가합니다 ]
        self.name = name
        self.age = age

    def getName( self ):
        return self.name

    def getAge( self ):
        return self.age
```

Lesson
8

```
        @classmethod  ●────[ 클래스 메서드입니다 ]
        def getCount( cls ):
            return cls.count


    pr1 = Person( "김영진", 23 )
    pr2 = Person( "이지용", 38 )


    print( pr1.getName(), "씨는", pr1.getAge(), "세입니다." )
    print( pr2.getName(), "씨는", pr2.getAge(), "세입니다." )
    print( "총 인원수는", Person.getCount(), "입니다." )
                                    ●────[ 클래스 메서드를 호출합니다 ]
```

Sample4의 실행 화면

```
    김영진 씨는 23 세입니다.
    이지용 씨는 38 세입니다.
    총 인원수는 2 입니다.  ●────[ 작성된 인스턴스 수가 표시됩니다 ]
```

먼저 클래스 정의 내에서 클래스 변수 count를 「0」으로 설정합니다. 다음에 생
성자 내에서 이 count를 1씩 증가합니다. 인스턴스를 작성할 때 이 생성자가
호출되므로 인스턴스가 작성 시 count가 1 증가하는 것입니다.

또한, 클래스 메서드 getCount()를 정의합니다. 이 메서드는 클래스 변수인
count를 반환합니다. 그래서 인스턴스를 2개 작성한 다음에 클래스 메서드를
호출함으로써 총 사람 수인 2가 출력되는 것입니다.

8.4 캡슐화

객체 지향

이 절까지 우리는 클래스의 기본에 대해서 배웠습니다. 이 절에서는 클래스를 사용할 때 주의할 것과 규칙에 대해서 알아보겠습니다.

클래스에는 사물의 개념에 근거해 데이터와 처리를 정의했습니다. 이런 것들로 인해 실제로 이름과 나이를 가진 사람을 작성하도록 프로그램을 작성할 수 있었던 것입니다. 이처럼 사물의 개념에 근거해 프로그램을 설계해 나가는 방법을 프로그램 세계에서는 객체 지향(object oriented)이라고 합니다.

그런데 객체 지향에서는 본래 사물의 데이터를 나타내는 데이터 속성을 마음대로 변경할 수 없게 해 두어야 합니다. 예를 들어, 사람의 나이가 마이너스 값으로 설정되어 버리면 어떻게 될까요?

```
pr = Person()
pr.age = -10    ●────[ 마이너스 값이 설정되면 문제가 발생할 수도 있습니다 ]
```

이러한 잘못된 값이 대입됨에 따라 이 Person 클래스를 이용하는 프로그램에 특정 문제가 발생할 수 있습니다.

객체 지향에서는 사물의 개념을 정의해 프로그램을 설계합니다. 사물의 기능을 정의해 클래스에서 오류가 발생하지 않는 프로그램의 부품으로서 사용하는 것이 주목적입니다. 그러므로 객체 지향에서는 이러한 잘못된 값이 설정되지 않도록 처리해야 합니다.

그림 8-7 잘못된 값의 대입
데이터 속성에는 잘못된 값이 대입되지 않게 해야 합니다.

이렇기 때문에 일반적으로 객체 지향에 의한 프로그래밍 언어에서는 클래스 정의의 외부로부터 속성에 접근할 수 없게 하는 구조를 사용합니다. 「pr.age = ...」와 같은 「.」(피리오드)를 사용한 접근을 할 수 없도록 해 두는 것입니다. 속성에 접근할 수 없으면 오류 값을 대입할 수 없고 프로그램 상의 문제는 일어나지 않습니다. 객체 지향에서는 외부로부터 속성에 접근할 수 없게 해서 프로그램에 발생할 문제를 미연에 방지하게 합니다.

속성으로의 접근을 하지 않게 한다

그러나 Python에서는 주의해야 합니다. Python에서는 언어의 간단함이 중시됩니다. 그래서 Python에서는 클래스의 외부로부터 데이터 속성을 이용해 이러한 마이너스 값을 설정할 수 있게 됩니다.

그래서 Python의 클래스를 정의할 때에는

**접근을 제한하고 싶은 속성의 이름을
언더스코어 하나(_)로 시작되는 이름으로 한다**

는 방법을 관습적으로 사용합니다.

예를 들어, Person 클래스의 나이를 나타내는 데이터 속성을 마음대로 바꿔 쓸 수 없도록 하기 위해서 다음과 같이 데이터 속성의 이름 앞에 「_」(언더스코어)를 붙여서 「_age」 등으로 하는 것입니다.

```
class Person:
    ...
    def __init__(self, name, age):
        self._age = age
```

외부로부터 접근하지 않도록 할 속성의 이름에는 맨 앞에 「_」를 붙입니다

그리고 Person 클래스를 이용할 때에는 다음과 같은 「_」를 붙인 변수를 사용하지 않도록 암묵적인 약속을 합니다.[3]

```
#pr._age = -10
```

「_」를 붙인 속성에 외부로부터 접근하지 않도록 합니다

Python에서는 이러한 방법으로 오류가 쉽게 발생하지 않는 클래스를 정의하도록 하는 것입니다.

이처럼 데이터를 안전하게 유지하고, 외부로부터 마음대로 접근할 수 없도록 하는 것을 객체 지향의 세계에서는 캡슐화(capsulization)라고 합니다.

속성으로의 액세스를 제한한다

Python에서는 관습적인 이름을 붙여서 캡슐화를 합니다. 다만, Python에는 값을 고쳐 쓰지 않도록 강제로 해 두는 방법도 있습니다. 이렇게 하기 위해서는

속성의 이름을 언더스코어 2개(__)로 시작되는 이름으로 한다

라는 방법으로 기술합니다. 즉, 값을 변경되지 않게 하고 싶은 속성에 다음과 같은 이름을 붙일 수 있는 것입니다.

3　역자 주: 실제로는 접근이 되지만 프로그래머 간에 약속으로 정해 접근하지 말자고 하는 것입니다.

```
class Person:
    ...
    def __init__(self, name, age):
        self.__age = age
```

외부로부터 접근할 수 없게 하려면 맨 앞에 「__」를 붙입니다

「__」(2개의 언더스코어)가 붙은 속성에는 클래스 외부로부터 접근할 수 없게 됩니다.

```
#pr.__age = -10
```

「__」를 붙인 속성에 외부로부터 접근할 수는 없습니다

다만, Python에서는 이러한 이름을 붙인 경우라고 해도 실제로는 속성의 이름이 다른 이름으로 변경되기 때문에 그 변경된 이름으로는 접근이 됩니다. 정말로 이 속성으로의 접근을 할 수 없도록 되어 있는 건 아닙니다.

이처럼 속성의 이름이 다른 이름으로 변경되어 접근할 수 없게 되는 Python의 구조는 맹글링(name mangling: 난호화)이라고 합니다. Python은 이런 간단한 방법으로 객체 지향을 구현합니다.

세터와 게터를 지정할 수 있다

Python에는 이 밖에도 캡슐화 구조가 있습니다.

Python에서는 데이터의 설정과 얻기를 적절하게 하는 메서드 정의를 내장 함수 propertry()에 의해 지정할 수 있습니다. 데이터를 설정하는 메서드는 세터(setter), 데이터를 얻는 메서드는 게터(getter)라고 합니다.

```
class Person:

    def 데이터를 설정하는 메서드명(self, ...):
```

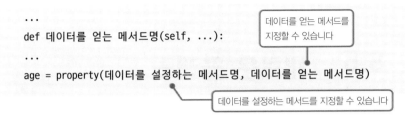

```
...
def 데이터를 얻는 메서드명(self, ...):
...
age = property(데이터를 설정하는 메서드명, 데이터를 얻는 메서드명)
```

데이터를 얻는 메서드를 지정할 수 있습니다

데이터를 설정하는 메서드를 지정할 수 있습니다

이 지정을 해 두면 다음의 형식으로 클래스의 밖으로부터 데이터를 설정하거나 얻는 메서드를 호출할 수 있게 됩니다.

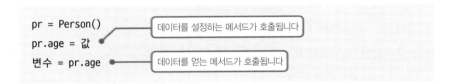

```
pr = Person()
pr.age = 값
변수 = pr.age
```

데이터를 설정하는 메서드가 호출됩니다

데이터를 얻는 메서드가 호출됩니다

이 때문에 「_」나 「__」 등으로 속성에 직접 접근할 수 없게 하더라도, 이러한 메서드에 의해서 데이터에 오류가 없는지 확인한 후, 데이터의 설정·얻는 것을 할 수 있도록 하여 캡슐화를 할 수 있게 되는 것입니다.

🐍 간단한 Python의 캡슐화

이처럼 Python에서는 이름에 「_」 또는 「__」를 붙이는 방법을 사용해서 캡슐화를 할 수 있습니다. 다만, Python에서 사용하는 객체 지향은 매우 간단한 것입니다. 그래서 이 책에서는 데이터 속성에 「_」나 「__」를 붙이지 않고 클래스를 기술합니다.

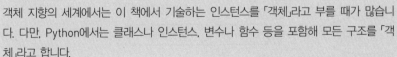

객체 지향

객체 지향의 세계에서는 이 책에서 기술하는 인스턴스를 「객체」라고 부를 때가 많습니다. 다만, Python에서는 클래스나 인스턴스, 변수나 함수 등을 포함해 모든 구조를 「객체」라고 합니다.

8.5 새로운 클래스

🐍 상속의 구조를 안다

이 절에서는 클래스를 확장시키는 방법을 학습합시다. Python에서는 이미 정의한 클래스를 바탕으로 새로운 클래스를 정의할 수 있습니다.

새로운 클래스를 정의하는 것을

　　클래스를 확장한다(extends)

라고 합니다. 새로운 클래스는 기존 클래스의 데이터 속성·메서드를 「상속받는」 구조로 되어 있습니다. 기존 클래스의 데이터 속성·메서드를 기술할 필요는 없습니다. 기존 클래스에 새롭게 필요한 데이터 속성·메서드를 추가해 코드를 작성할 수 있습니다.

이처럼 새롭게 확장한 클래스가 기존 클래스의 자산을 물려받는 것을 상속(계승, inheritance)이라고 합니다. 이때, 바탕이 되는 기존 클래스를 기저 클래스(base class), 그리고 새로운 클래스를 파생 클래스(derived class)라고 합니다.

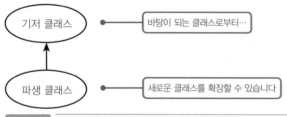

그림 8-8　클래스의 파생
기존 클래스(기저 클래스)로부터 새로운 클래스(파생 클래스)를 확장할 수 있습니다.

클래스를 확장한다

클래스를 확장하는 방법을 배웁시다. 파생 클래스는 클래스명의 다음에 「(기저 클래스명)」을 사용해 기저 클래스를 지정합니다.

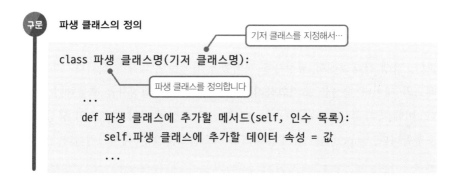

구문 파생 클래스의 정의

기저 클래스를 지정해서…

```
class 파생 클래스명(기저 클래스명):
```

파생 클래스를 정의합니다

```
    ...
    def 파생 클래스에 추가할 메서드(self, 인수 목록):
        self.파생 클래스에 추가할 데이터 속성 = 값
        ...
```

예를 들어, 사람을 나타내는 Person 클래스를 바탕으로 해서 고객을 나타내는 Customer 클래스를 정의해 봅시다.

Lesson
8

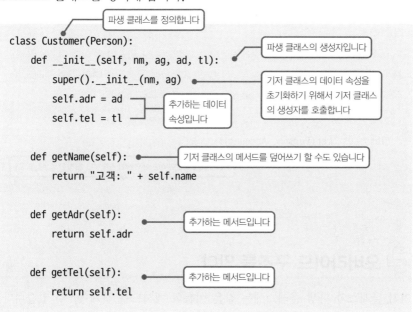

파생 클래스를 정의합니다

```
class Customer(Person):
    def __init__(self, nm, ag, ad, tl):
        super().__init__(nm, ag)
        self.adr = ad
        self.tel = tl

    def getName(self):
        return "고객: " + self.name

    def getAdr(self):
        return self.adr

    def getTel(self):
        return self.tel
```

파생 클래스의 생성자입니다

기저 클래스의 데이터 속성을 초기화하기 위해서 기저 클래스의 생성자를 호출합니다

추가하는 데이터 속성입니다

기저 클래스의 메서드를 덮어쓰기 할 수도 있습니다

추가하는 메서드입니다

추가하는 메서드입니다

Person 클래스로부터 Customer 클래스를 확장하면 Customer 클래스는 Person 클래스의 데이터 속성 · 메서드를 상속받을 수 있습니다. 그러므로 Customer 클래스는 상속받은 속성에 관해서 특별히 코드를 기술하지 않아도 됩니다. 파생 클래스 자체의 데이터 속성 · 메서드를 작성하면 됩니다.

여기서는 Customer 클래스로서 데이터 속성 adr · tel과 메서드 getAdr() · getTel() 을 추가했습니다. 생성자도 정의합니다.

또한, 파생 클래스에서 생성자를 정의했을 때에는 주의해야 합니다. 기저 클래스의 데이터 속성을 초기화하려면 기저 클래스의 생성자를 호출해야 합니다. 이때, 「super().기저 클래스의 생성자()」로 지정해 기저 클래스의 생성자를 호출합니다. 「super()」는 기저 클래스의 인스턴스를 얻는 메서드입니다.

> 중요 | 기저 클래스로부터 파생 클래스를 확장할 수 있다.
> 기저 클래스는 파생 클래스의 데이터 속성을 초기화한다.

다중 상속

Python에서는 여러 개의 기저 클래스로부터 확장할 수도 있습니다. 이때, 파생 클래스는 여러 개의 기저 클래스의 속성을 상속받습니다. 파생 클래스가 여러 개의 클래스 속성을 상속받는 것을 다중 상속(multiple inheritance)이라고 합니다.

```
class Customer(Person, Account):
    ...
```
> Person 클래스와 Account 클래스로부터 확장할 수 있습니다

오버라이드 구조를 안다

기저 클래스와 파생 클래스에는 같은 이름의 메서드를 갖게 할 수 있습니다. 예를 들어, Person 클래스는 getName() 메서드를 가집니다. 이때, Customer 클래스에서도 getName() 메서드를 정의할 수 있습니다.

```
class Person:
    ...
    def getName(self):          ●────────── 기저 클래스에 getName() 메서드가 있습니다
        return self.name

class Customer(Person):
    ...
    def getName(self):          ●────────── 파생 클래스에서도 getName()
        return "고객: " + self.name          메서드를 정의할 수 있습니다
```

이때, 파생 클래스에서는 어느 쪽의 메서드가 사용되는 것일까요? 다음 코드
를 생각해 보세요.

```
pr = Person()
print( pr.getName() )           ●────────── 기저 클래스의 메서드가 처리됩니다

cs = Customer()
print( cs.getName() )           ●────────── 파생 클래스의 메서드가 처리됩니다
```

기저 클래스의 인스턴스를 나타내는 변수로부터 getName() 메서드를 호출하
면 기저 클래스의 getName() 메서드가 사용됩니다.

그러나, 파생 클래스의 인스턴스를 나타내는 변수로부터 getName() 메서드를
호출하면 파생 클래스의 getName() 메서드가 사용됩니다. 기저 클래스에서
정의한 메서드가 아닌 파생 클래스에서 정의한 쪽의 메서드가 사용되는 것입
니다.

파생 클래스의 메서드가 기저 클래스의 메서드를 대신해 사용하는 것을 오버
라이드(override)라고 합니다. 같은 이름의 메서드가 인스턴스의 클래스에 따
라 사용되므로 알기 쉬운 코드를 작성할 수 있습니다.

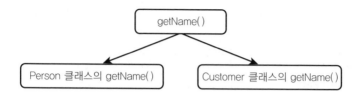

```
                    getName( )

Person 클래스의 getName( )        Customer 클래스의 getName( )
```

중요 | 파생 클래스의 메서드가 기저 클래스의 같은 이름의 메서드를 대신해
사용하는 것을 오버라이드라고 한다.

파생 클래스를 이용한다

상속과 오버라이드에 대해서 정리해 봅시다. 코드를 확인해 보세요.

`Sample5.py` ▶ 상속과 오버라이드

```python
class Person:                          ← 기저 클래스의 정의입니다

    def __init__(self, name, age):
        self.name = name
        self.age = age

    def getName(self):
        return self.name

    def getAge(self):
        return self.age

class Customer(Person):                ← 파생 클래스의 정의입니다
    def __init__(self, nm, ag, ad, tl):
        super().__init__(nm, ag)       ← 기저 클래스의 데이터 속성을
                                         초기화하기 위해서 기저 클래스
                                         의 생성자를 호출합니다
        self.adr = ad ┐
        self.tel = tl ┘  ← 추가한 데이터
                           속성입니다
```

```
        def getName(self):            ┌──────────────────────────────────┐
            return "고객: " + self.name │ 기저 클래스의 메서드를 덮어쓸 수도 있습니다 │
                                        └──────────────────────────────────┘

        def getAdr(self):             ┌─────────────────┐
            return self.adr           │ 추가한 메서드입니다 │
                                       └─────────────────┘

        def getTel(self):             ┌─────────────────┐
            return self.tel           │ 추가한 메서드입니다 │
                                       └─────────────────┘

pr = Customer( "김영진", 23, "mmm@nnn.nn.kr", "xxx-xxx-xxxx" )

nm = pr.getName()
ag = pr.getAge()
ad = pr.getAdr()
tl = pr.getTel()

print( nm, "씨는", ag, "세입니다." )
print( "메일 주소는", ad, "전화번호는", tl, "입니다." )
```

Lesson
8

Sample5의 실행 화면

```
고객: 김영진 씨는 23 세입니다.          ┌───────────────────────────┐
                                        │ 기저 클래스의 메서드가 호출됩니다 │
메일 주소는 mmm@nnn.nn.kr 전화번호는 xxx-xxx-xxxx 입니다.
                                   ┌──────────────────────────────────┐
                                   │ 파생 클래스에 추가한 메서드가 호출됩니다 │
                                   └──────────────────────────────────┘
```

내장형 클래스

Python에는 이제까지 배운 문자열·리스트·튜플·딕셔너리 등을 나타내는 클래스가 있습니다. 클래스를 정의할 때에는 이러한 클래스를 기저 클래스로 지정하여 확장할 수도 있습니다. 이러한 클래스에 자체적인 기능을 추가한 파생 클래스를 정의하면 효율적으로 코드를 작성할 수 있는 것입니다.

덧붙여 이러한 클래스의 생성자나 주요 메서드에 대해서는 5장·6장 등에서 소개하고 있습니다. 책의 마지막 부록에도 게재하고 있으니 복습해 보세요.

표 8-1: 주요 내장형 클래스

클래스	내용
int	정수
float	소수
list	리스트
tuple	튜플
dict	딕셔너리
set	세트
str	문자열

8.6 클래스에 관한 고수준 기능

특수한 메서드를 정의한다

이번 장에서는 클래스에 대해 배웠습니다. 이 절에서는 클래스에 관한 고수준 기능을 소개합니다.

클래스를 정의할 때, 이미 정해져 있는 이름의 메서드를 정의할 때가 있습니다. 예를 들어, 「__str__()」이라는 이름의 메서드를 정의해 둘 수가 있습니다.

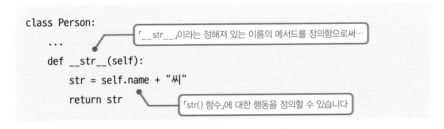

```
class Person:
    ...
    def __str__(self):
        str = self.name + "씨"
        return str
```

「__str__」이라는 정해져 있는 이름의 메서드를 정의함으로써…

「str() 함수」에 대한 행동을 정의할 수 있습니다

그러면 내장 함수 str()의 인수에 이 클래스의 인스턴스를 지정했을 때 이 __str__() 메서드의 반환값이 반환되게 됩니다.

즉, __str__() 메서드는

str() 함수로 클래스에 관한 문자열을 얻기 위해서 정의해 두는 특별한 메서드

인 것입니다.

```
pr = Person()
pr.name = "김영진"
print( str(pr) )
```

str() 함수로 문자열을 얻을 수 있게 됩니다

__str__() 메서드에는 자유롭게 처리 내용을 정의할 수 있는데, str() 함수
는 문자열로 변환하기 위한 내장 함수입니다. 그러므로 __str__() 메서드로
도 그 목적에 맞는 처리를 해야 합니다. 이 __str__() 메서드로는 문자열로서
「OO씨」라는 Person 클래스를 위한 문자열을 반환하도록 합니다. 또한, 인수
의 self는 자기자신을 나타내는 것입니다.

Python에서는 이 밖에도 다음과 같은 목적의 이미 정해진 메서드를 정의할 수
있습니다.

표 8-2: 주요 특수 메서드

정의하는 메서드	대응하는 내장 함수	내용
__str__(self)	str()	문자열을 반환한다
__format__()	format()	서식화한 문자열을 반환한다
__int__(self)	int()	정수를 반환한다
__float__(self)	float()	부동 소수점을 반환한다
__repr__(self)	repr()	식의 평가가 되는 문자열을 반환한다

🐍 연산자의 처리를 정의한다

Python에서는 이 밖에도 특정 이름의 메서드를 정의함에 따라

클래스에 관한 연산을 하는 연산자의 처리를 정의한다

를 할 수 있습니다.

예를 들어, + 연산자의 처리를 정의하기 위해서 메서드「__add__()」를 정의
할 수 있습니다. 클래스 A의 경우를 봅시다.

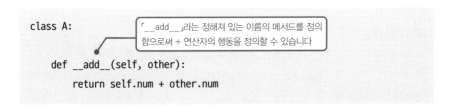

```
class A:
                    「__add__」라는 정해져 있는 이름의 메서드를 정의
                    함으로써 + 연산자의 행동을 정의할 수 있습니다

    def __add__(self, other):
        return self.num + other.num
```

이처럼 메서드를 정의함으로써 「a1 + a2」처럼 A 클래스의 인스턴스 계산을 할
수 있게 되는 것입니다.

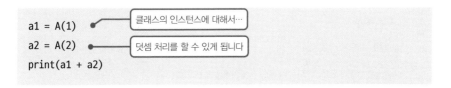

```
a1 = A(1)           클래스의 인스턴스에 대해서…
a2 = A(2)           덧셈 처리를 할 수 있게 됩니다
print(a1 + a2)
```

인수의 「self」는 왼쪽 오퍼랜드가 되는 자기자신, 「other」는 오른쪽 오퍼랜드를
나타내며 메서드 내의 처리에서 사용할 수 있습니다.

각 메서드는 해당하는 연산자의 기능에 맞는 처리로서 정의해야 합니다. 예
를 들어, + 연산자를 정의할 때에는 그 클래스에 맞는 「덧셈 처리」를 해야 합
니다.

표 8-3: 주요 연산자의 메서드

정의하는 메서드	대응하는 연산자	내용
__add__(self, other)	+	덧셈
__sub__(self, other)	−	뺄셈
__mul__(self, other)	*	곱셈
__truediv__(self, other)	/	나눗셈
__mod__(self, other)	%	나머지

각종 컬렉션의 메서드를 정의한다

Python에서는 리스트 등을 비롯한 내장형의 컬렉션 클래스를 확장할 수 있습니다. 각종 컬렉션 클래스를 확장할 때는 다음 이름의 메서드를 정의하면 편리합니다. 이러한 메서드를 정의하면 길이를 얻는 len() 함수, 요소 얻기·대입·삭제 등을 할 때 [ ]를 사용할 수 있게 됩니다.

표 8-4: 주요 컬렉션 클래스의 메서드

정의하는 메서드	대응하는 조작(a는 인스턴스)	내용
__len__(self)	len(a)	길이를 반환한다
__getitem__(self, 인덱스 또는 키)	a[인덱스 또는 키]	요소를 얻는다
__setitem__(self, 인덱스 또는 키, 값)	a[인덱스 또는 키] = 값	요소에 대입한다
__delitem__(self, 인덱스 또는 키)	del a[인덱스 또는 키]	요소를 삭제한다
__iter__(self)	iter(a)	이터레이터를 반환한다
__reversed__(self)	reversed(a)	역순으로 하는 이터레이터를 반환한다

8.7 모듈

🐍 파일을 분할한다

우리는 이제까지 다양한 함수와 클래스를 작성했습니다. 이렇게 작성한 함수와 클래스를 다른 프로그램에서 사용할 수 있으면 매우 편리할 것입니다. 한번 작성한 함수나 클래스를 여러 프로그램에서 재사용하는 것은 프로그램을 좀 더 효율적으로 작성할 수 있게 합니다.

Python에서는 재사용할 코드를 다른 파일로 분할해서 저장해 둘 수 있습니다. 파일을 분할해 둠으로써 이미 작성된 함수나 클래스를 사용해 고기능 프로그램을 개발하기가 쉬워집니다. 한 번 작성한 코드를 여러 프로그램에서 사용하기 쉽게 하는 것입니다.

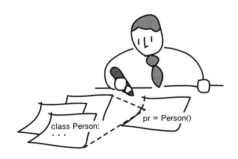

🐍 모듈로서 작성한다

이 절에서는 파일을 분할하는 방법에 대해서 살펴봅시다. 어떠한 파일을 분할하면 좋을까요?

Lesson
8

여기서는 이제까지 작성한 Person 클래스 · Customer 클래스를 다른 파일로 분할하는 방법을 살펴봅시다. 다음과 같이 파일 2개를 작성해 보세요. 파일 2개는 같은 디렉터리에 배치하세요.

myclass.py

```
class Person:                              클래스의 정의를 다른 모듈(파일)에 기술합니다

    def __init__(self, name, age):
        self.name = name
        self.age = age

    def getName(self):
        return self.name

    def getAge(self):
        return self.age

class Customer(Person):
    def __init__(self, nm, ag, ad, tl):
        super().__init__(nm, ag)

        self.adr = ad
        self.tel = tl

    def getName(self):
        return "고객: " + self.name

    def getAdr(self):
        return self.adr

    def getTel(self):
        return self.tel
```

```
import myclass          ●━━━━┐ 다른 모듈(파일)을 임포트합니다

pr = myclass.Customer( "김영진", 23, "mmm@nnn.nn.kr", "xxx-xxx-xxxx" )
                    ┌──── 다른 모듈(파일)의 클래스를 호출합니다
nm = pr.getName()
ag = pr.getAge()
ad = pr.getAdr()
tl = pr.getTel()

print( nm, "씨는", ag, "세입니다." )
print( "메일 주소는", ad, "전화번호는", tl, "입니다." )
```

여기에서는 이제까지 1개로 작성했던 파일을 2개로 분할했습니다. 하나는 myclass.py이고 다른 하나는 Sample6.py로 분할했습니다.

Python에서는 이러한 개개의 파일을

Lesson
8

모듈(module)

이라고 합니다. 모듈의 이름은 파일명에서 확장자를 뺀 것입니다. 여기서는 코드를 2개의 모듈(Sample6 모듈 · myclass 모듈)로 작성했습니다.

이 프로그램을 실행하려면 Sample6을 실행하세요.

Sample6의 실행 방법

```
python Sample6.py  ↵
```

Sample6의 실행 화면

```
고객: 김영진 씨는 23 세입니다.
메일 주소는 mmm@nnn.nn.kr 전화번호는 xxx-xxx-xxxx 입니다.
```

모듈을 임포트한다

분할한 각각의 모듈을 살펴봅시다. 먼저 Sample6 모듈(Sample6.py)에서는 코드의 맨 앞에 다음과 같이 기술합니다.

```
import mycalss   ●────[ 모듈(파일)을 읽어 들입니다 ]
```

import 문은 다른 모듈(파일)을 지정해서 읽어 들이는 처리를 하는 구문입니다. 여기서는 myclass 모듈(myclass.py)을 읽어 들이도록 지정합니다. myclass 안에서 정의된 클래스를 이용하기 위한 것입니다.

우선은 이처럼 다른 모듈을 임포트하는 방법에 대해서 이해합니다.

구문 **임포트**

```
import 모듈명   ●────[ 지정한 모듈(파일)을 읽어 들입니다 ]
```

임포트한 모듈의 함수 · 클래스를 이용한다

이렇게 임포트한 모듈 안의 함수나 클래스는 다음과 같이 「모듈명.」을 붙여서 이용할 수 있습니다.

```
               ┌───[ 「모듈명」을 붙여서… ]
pr = myclass.Customer( "김영진", 23, "mmm@nnn.nn.kr", "xxx-xxx-xxxx" )
          └───────[ 모듈 내의 클래스를 이용합니다 ]
```

즉, 다음과 같은 형태로 모듈 내의 함수나 클래스를 이용할 수 있는 것입니다.

 구문 **임포트한 함수 · 클래스의 이용**

> 모듈명.모듈 내의 함수명이나 클래스명 등....

이와 같이 모듈로 분할시켜 그 모듈의 클래스를 이용하였습니다. Sample6 모듈로부터 myclass 모듈의 Customer 클래스를 사용할 수 있었습니다. 이처럼 자주 사용하는 클래스나 함수 등은 다른 파일로 분할해 두면 편리합니다. 그러면 분할한 모듈의 함수나 클래스를 다른 프로그램에서도 사용하기 쉬워집니다.

여기서는 myclass 모듈의 Customer 클래스를 Sample6 모듈에서 사용하고 있는데, Customer 클래스는 Sample6 이외의 여러 모듈로부터도 사용할 수 있을 것입니다.

Lesson
8

myclass.py

```
class Person:
    ···

class Customer(Person):
    ···
```

Sample6.py

```
import myclass

pr = myclass.Customer(···)
```

그림 8-9 모듈(파일)의 분할
코드를 모듈로서 분할하면 한 번 작성한 코드를 재사용할 수 있습니다.

모듈의 응용

모듈을 임포트할 때에 이름을 붙인다

이 절에서는 모듈을 다룰 때 좀 더 편리하게 사용하는 방법을 소개합니다.

먼저 모듈을 임포트할 때 「as 별칭」을 지정하면 임포트해서 이용할 모듈에 별칭 이름을 붙일 수 있습니다.

구문 별칭 이름을 붙인다

```
import 모듈명 as 별칭
```

예를 들어, 다음과 같이 별칭을 붙일 수 있습니다.

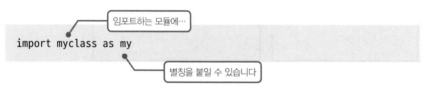

여기서는 myclass 모듈에 별칭 「my」를 정의한 것입니다. 그러면 myclass 모듈의 안의 Customer 클래스는 다음과 같이 사용할 수 있습니다.

이러한 방법은 서드파티(다른 개발사)로부터 제공되는 모듈이나 이름이 긴 모듈을 사용하는 경우에 편리합니다. 이 구문을 사용함으로써 좀 더 보기 좋은

코드를 기술할 수 있게 됩니다.

🐍 이름을 직접 임포트한다

모듈 내의 기능을 좀 더 간단하게 사용하기 위해서 「from 모듈명」에 이어서 직접 함수나 클래스 이름을 임포트할 수 있습니다.

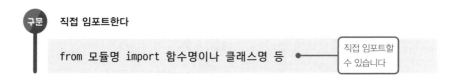

구문 **직접 임포트한다**

```
from 모듈명 import 함수명이나 클래스명 등
```
직접 임포트할 수 있습니다

이 지정을 사용하면 함수명이나 클래스명을 사용할 때, 맨 앞에 「**모듈명.**」을 붙이지 않고 직접 사용할 수 있습니다.

예를 들어, Customer 클래스를 다음과 같이 사용할 수 있는 것입니다.

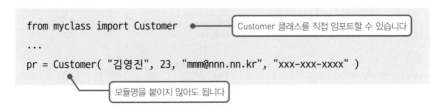

```
from myclass import Customer
...
pr = Customer( "김영진", 23, "mmm@nnn.nn.kr", "xxx-xxx-xxxx" )
```
Customer 클래스를 직접 임포트할 수 있습니다
모듈명을 붙이지 않아도 됩니다

자주 사용하는 함수나 클래스는 코드를 간단하게 기술할 수 있어서 편리합니다.

🐍 전체를 임포트한다

특정 모듈로부터 많은 함수·클래스 등을 임포트할 때 이러한 사용도 복잡할 수 있습니다. 이때는 「*」을 사용해 함수나 클래스를 모두 임포트할 수 있습니다.

구문 **모두 임포트한다**

```
from 모듈명 import *
```
모두 임포트할 수 있습니다

「*」를 사용하면 「from 모듈명」으로 지정된 모듈 내의 모든 함수·클래스 등이 모두 임포트됩니다. 다만, 다양한 이름이 임포트되어 코드의 오류가 발생할 수 있으므로 주의해서 사용해야 합니다.

🐍 패키지로 분류한다

비슷한 기능을 많이 가진 모듈이 있을 때, 모듈을 패키지(package)라는 개념으로 분류할 수 있습니다. 패키지명은 모듈(파일)이 존재하는 디렉터리(폴더)명입니다. 모듈을 디렉터리에 정리(배치)해 사용하는 것입니다

예를 들어, myclass.py를 「mydir」 디렉터리(폴더)에 저장하고 「mydir」을 패키지할 수 있습니다.

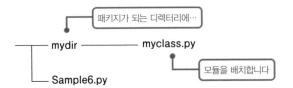

이렇게 하면 이 모듈을 사용하는 측에서는 「패키지명」을 이 모듈명에 붙여서 사용할 수 있게 됩니다.

myclass에 패키지명을 붙여서 지정할 때에는 Sample6.py를 다음과 같이 변경합니다.

Sample6.py ▶ 패키지명을 붙였을 때

```
import mydir.myclass          ● 패키지명을 포함한 모듈은…
...
pr = mydir.myclass.Customer( "김영진", 23, "mmm@nnn.nn.kr", "xxx-xxx-
xxxx" )          패키지명을 붙여 이용합니다
```

또한, from을 사용해서 모듈명을 직접 임포트할 수도 있습니다. 이때, 코드 안에서는 패키지명을 생략할 수 있습니다.

Sample6.py ▶ 모듈을 직접 임포트할 때

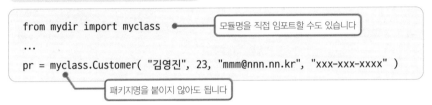

```
from mydir import myclass  ●────  모듈명을 직접 임포트할 수도 있습니다
...
pr = myclass.Customer( "김영진", 23, "mmm@nnn.nn.kr", "xxx-xxx-xxxx" )
```
패키지명을 붙이지 않아도 됩니다

Lesson
8

표준 라이브러리 모듈을 이용한다

Python 환경에는 어느 프로그램에서도 사용할 수 있는 표준적인 처리를 정의한 함수나 클래스가 여러 모듈로서 제공됩니다. 이것을 표준 라이브러리 (standard library)라고 합니다.

표준 라이브러리의 함수·클래스는 모듈명을 지정하고 임포트를 함으로써 사용할 수 있습니다.

예를 들어, 표준 라이브러리의 calendar 모듈을 임포트하면 달력을 나타내는 TextCalendar 클래스를 사용할 수 있습니다. TextCalendar의 인스턴스를 작성해서 메서드 prmonth()를 호출하면 지정 연월의 달력을 얻을 수 있습니다.

Sample7.py ▶ 표준 라이브러리의 모듈을 사용한다

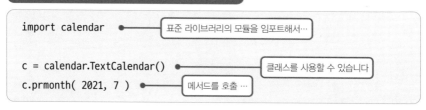

```
import calendar          ● ──── 표준 라이브러리의 모듈을 임포트해서…

c = calendar.TextCalendar()  ● ──── 클래스를 사용할 수 있습니다
c.prmonth( 2021, 7 )    ● ──── 메서드를 호출 …
```

Sample7의 실행 화면

```
      July 2021
Mo Tu We Th Fr Sa Su     ● ──── 기능을 사용할 수 있습니다
          1  2  3  4
 5  6  7  8  9 10 11
```

```
12 13 14 15 16 17 18
19 20 21 22 23 24 25
26 27 28 29 30 31
```

이 밖에도 다양한 기능이 표준 라이브러리로서 제공됩니다. 표준 라이브러리의 주요 모듈에는 다음과 같은 종류가 있습니다.

표 8-5: 표준 라이브러리의 주요 모듈

모듈명	내용	모듈명	내용
datetime	날짜시간	xml.dom	XML DOM
calendar	달력	xml.sax	XML SAX
time	시간	pickle	시리얼라이제이션
re	정규 표현	sqlite3	SQLite
math	수학	zipfile	zip
random	난수	tarfile	tar
statistics	통계	html	HTML
os	OS 관련	html.parser	HTML 해석
os.path	경로	http	HTTP
sys	Python 인터프리터	urllib	URL
io	입출력	urllib.request	URL에 관한 요청
json	JSON	socket	소켓
csv	CSV	email	메일

Lesson
8

Python에서는 표준 라이브러리 이외에도 다양한 용도를 가진 모듈을 인터넷에서 받을 수 있습니다. 이러한 모듈은 Python 프로그램의 개발에 폭넓게 사용됩니다. Python에서는 편리한 모듈을 사용함으로써 고도의 프로그램을 효율적으로 작성할 수 있게 됩니다. 이 책에서도 이제부터 많은 모듈을 사용합니다. 각종 모듈을 사용한 높은 수준의 프로그램을 작성해 나갑시다.

표준 라이브러리 이외의 모듈

인터넷에서는 다양한 모듈·패키지가 공개되어 있습니다. PyPI(the Python Package Index)에서는 PyPI에 등록된 각종 패키지를 검색할 수 있습니다.

- PyPI

  https://pypi.python.org/

PyPI에 공개되어 있는 패키지는 명령 입력툴로부터 「pip install 설치할 패키지명」을 입력해서 설치하거나 패키지 자체를 다운로드하고, 그 디렉터리 내에서 「python setup.py install」을 실행해서 설치할 수 있습니다. 또한, 패키지를 사용할 뿐만 아니라 자신이 개발한 패키지를 업로드해서 PyPI에 등록할 수도 있습니다.

그림 8-10 PyPI의 사이트

많은 공용 패키지가 많이 공개되어 있는 PyPI 페이지

이 책에서 설치한 Anaconda에서는 자주 사용하는 데이터 과학 계통의 모듈이 함께 설치됩니다. 이 책에서도 이렇게 설치된 모듈을 12장·13장 등에서 사용합니다.

또한, Anaconda에는 다양한 모듈을 설치하는 툴 conda가 포함되어 있습니다. 설치할 수 있는 모듈은 명령 입력 툴로부터 「conda search 모듈명」으로 검색을 할 수 있습니다. 그리고 설치하려면 「conda install 모듈명」이라고 명령을 실행합니다. 개발에 필요한 라이브러리를 받고 설치할 때 활용하면 편리합니다.

8.10 레슨의 정리

이 장에서는 다음을 배웠습니다.

- 클래스는 데이터 속성과 메서드를 가집니다.
- 클래스로부터 인스턴스를 작성할 수 있습니다.
- 생성자는 인스턴스를 작성할 때 호출됩니다.
- 클래스 변수와 클래스 메서드는 클래스에 관련되어 있습니다.
- 기저 클래스로부터 파생 클래스를 확장할 수 있습니다.
- 파생 클래스는 기저 클래스의 속성을 상속받습니다.
- 기저 클래스와 같은 메서드 이름을 가진 메서드를 파생 클래스로 정의해 오버라이드 할 수 있습니다.
- 파일을 모듈로서 분할할 수 있습니다.
- 모듈을 사용하려면 Import를 합니다.
- 모듈을 패키지로 분류할 수 있습니다.
- 다양한 함수·클래스가 표준 라이브러리의 모듈로서 제공됩니다.

이 장에서는 클래스의 사용 방법에 대해 배웠습니다. 클래스를 사용하면 오류가 쉽게 일어나지 않는 코드를 기술하여 고급 프로그램을 작성할 수 있습니다.

또한, Python에서는 많은 모듈을 사용할 수 있습니다. 이 책에서도 이러한 구조를 활용해 나갑시다.

연습문제

1. Car 클래스를 작성해 다음과 같이 표시하고, 자동차의 번호와 가솔린양을 관리하는 코드를 기술해 보세요.

> 번호는 1234 가솔린양은 25.5입니다.
> 번호는 2345 가솔린양은 30.5입니다.

*역자 주: 책의 뒷부분에 해답이 있습니다.

문자열과 정규 표현

이 장에서는 문자열의 이용에 대해서 배웁니다. Python에는 다양한 문자열 메서드가 있으며 각종 텍스트 검색이나 조작을 할 수 있습니다. 또한, Python에서는 정규 표현을 사용할 수도 있습니다. 정규 표현에 의해 패키지를 사용한 강력한 문자열 처리를 할 수 있습니다.

Check Point!
- 문자열 변환
- 정규 표현
- re
- 메타 문자

9.1 문자열의 확인과 조작

문자열의 기본 조작을 안다

이 장에서는 지금까지 학습한 지식과 2장에 다룬 문자열에 대해 더욱 자세하게 살펴봅시다. 문자열에 대해 배움으로써 텍스트를 다양하게 다룰 수 있게 됩니다.

Python 문자열은 리스트나 튜플 등과 같은 패키지의 일종입니다. 따라서 문자열은 리스트 등의 패키지에 대한 조작과 동일한 조작을 할 수 있습니다.

예를 들어, 문자열 안의 맨 앞 문자를 알려면 인덱스에 0을 지정함으로써 얻을 수 있습니다.

```
str[0]    ●━━━  인덱스가 0인 문자를 얻습니다
```

슬라이스를 사용해서 범위를 지정할 수도 있습니다. 5장의 「리스트」에서 배운 것처럼 역순으로 얻을 수도 있습니다.

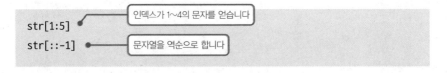

```
str[1:5]   ●━━━  인덱스가 1~4의 문자를 얻습니다
str[::-1]  ●━━━  문자열을 역순으로 합니다
```

또한, for 문을 사용해서 문자열 안의 문자를 1문자씩 반복할 수도 있습니다.

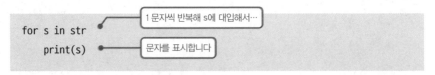

```
for s in str    ●━━━  1 문자씩 반복해 s에 대입해서…
    print(s)    ●━━━  문자를 표시합니다
```

그리고 길이를 알기 위해서 내장 함수 len()을 사용할 수 있습니다.

다만, 문자열은 변경할 수 없는 시퀀스로 되어 있습니다. 튜플과 마찬가지로 값을 변경할 수 없습니다.

```
#str[0] = "가"
```
← 이런 변경은 할 수 없습니다

Sample1.py ▶ 문자열의 조작을 안다

```
str = input( "문자열을 입력하세요." )

print( "문자열은", str, "입니다." )
print( "0번째 문자는", str[0], "입니다." )      ← 인덱스가 0인 문자를 얻습니다
print( "문자열을 역순으로 하면", str[::-1], "입니다." )
print( "문자열의 길이는", len(str), "입니다." )
```
← 문자열의 길이를 얻습니다

Sample1의 실행 화면

```
문자열을 입력하세요.감사합니다 ⏎
문자열은 감사합니다 입니다.
0번째 문자는 감 입니다.
문자열을 역순으로 하면 다니합사감 입니다.
문자열의 길이는 5 입니다.
```

문자열을 변환한다

Python에는 문자열을 더욱 다양하게 조작할 수 있는 내장 함수 메서드가 있습니다.

예를 들어, 영문자의 문자열에 대해서는 대문자와 소문자의 변환을 할 수 있습니다. 소문자를 대문자로 하려면 upper() 메서드를 사용합니다.

대문자를 소문자로 하려면 lower() 메서드를 사용합니다.

```
str = input( "문자열을 입력하세요." )

print( "문자열은", str, "입니다." )
print( "대문자로 하면", str.upper(), "입니다." )          대문자로 변환합니다
print( "소문자로 하면", str.lower(), "입니다." )          소문자로 변환합니다
```

Sample2의 실행 화면

```
문자열을 입력하세요.Hello ⏎
문자열은 Hello 입니다.                대문자로 변환됩니다
대문자로 하면 HELLO 입니다.
소문자로 하면 hello 입니다.            소문자로 변환됩니다
```

문자열을 특정 형식으로 구성한다

문자열의 foramt() 메서드를 사용해 인수에 삽입할 문자열을 지정하고, 특정 형식으로 구성할 수 있습니다.

문자열.format(삽입할 문자열, ...)   인수로 지정한 문자열을…

문자열 내의 { }에 삽입합니다

이 문자열의 안에는 삽입할 부분에 { }를 지정해 둡니다. 그리고 format() 메서드의 인수에서 삽입할 문자열을 지정합니다.

이때 문자열 안에 { }에서 0, 1, 2…라고 번호를 지정하면 그 번호에 대응하는 문자열이 { } 부분에 삽입됩니다. 삽입할 문자열이 하나뿐이라면 번호를 지정하지 않고 { }만 사용해도 됩니다.

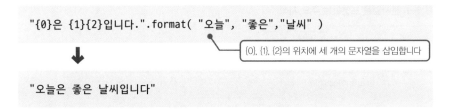

"{0}은 {1}{2}입니다.".format("오늘", "좋은","날씨")

{0}, {1}, {2}의 위치에 세 개의 문자열을 삽입합니다

"오늘은 좋은 날씨입니다"

또한, { }에서 키를 지정하면 키워드 인수의 형식으로 지정한 값이 문자열의 안에 삽입됩니다.

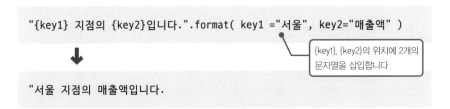

"{key1} 지점의 {key2}입니다.".format(key1 ="서울", key2="매출액")

{key1}, {key2}의 위치에 2개의 문자열을 삽입합니다

"서울 지점의 매출액입니다.

또한, { } 안의 「:」(콜론) 다음에 서식을 지정할 수도 있습니다. 예를 들어, 「,」(콤마)를 지정함으로써 1000단위 콤마를 사용할 수 있습니다.

{ }의 위치에 콤마 구분의 수치를 삽입합니다

"{:,}원".format(1000000)

"1,000,000원"

지정할 수 있는 서식은 다음과 같습니다. 서식은 여러 개를 함께 지정할 수 있습니다.

표 9-1: 문자열을 포맷하는 주요 서식

서식	내용	서식	내용
수치	자릿수	s	문자열
공백	양수의 앞에 공백	c	문자
+	+ - 기호를 붙인다	b	2진수
-	-만 붙인다	o	8진수
,	콤마를 넣는다	d	10진수
%	% 표시	x	16진수
⟨	왼쪽 정렬	f	고정 소수점 수
⟩	오른쪽 정렬	e	지수 표기
^	중앙 정렬		

실제로 입력해서 확인해 봅시다.

Sample3.py ▶ 문자열을 포맷한다

```
word0 = input( "첫 번째 단어를 입력하세요." )
word1 = input( "두 번째 단어를 입력하세요." )      입력한 3개의 문자
word2 = input( "세 번째 단어를 입력하세요." )      열을 삽입합니다


print( "{0}은 {1}{2}입니다. ".format( word0, word1, word2 ) )


num0 = int( input("개수를 입력하세요.") )
num1 = int( input("금액을 입력하세요.") )
                                              입력한 2개의 수치를 삽입합니다
print( "{0:<}개{1:>10,}원".format( num0, num1 ) )
```

Sample3의 실행 화면

```
첫 번째 단어를 입력하세요.오늘 ↵
두 번째 단어를 입력하세요.좋은 ↵
세 번째 단어를 입력하세요.날씨 ↵
오늘은 좋은날씨입니다.
개수를 입력하세요.10 ↵
금액을 입력하세요.10000 ↵
10개     10,000원
```

세 가지 단어의 표시에 대해서는 세 번째 단어를 반복 삽입했습니다. 2개의 수치의 표시에 대해서는 「개수」를 왼쪽 정렬, 「금액」을 콤마 구분으로 10자리 만큼 오른쪽 정렬로 하였습니다.

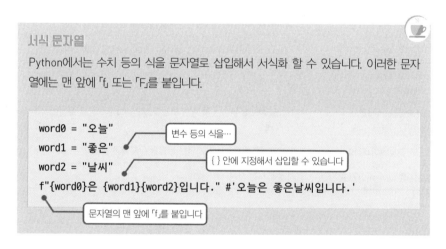

서식 문자열

Python에서는 수치 등의 식을 문자열로 삽입해서 서식화 할 수 있습니다. 이러한 문자열에는 맨 앞에 「f」 또는 「F」를 붙입니다.

```
word0 = "오늘"                  ← 변수 등의 식을...
word1 = "좋은"
word2 = "날씨"                  ← { } 안에 지정해서 삽입할 수 있습니다
f"{word0}은 {word1}{word2}입니다." #'오늘은 좋은날씨입니다.'
        ← 문자열의 맨 앞에 「f」를 붙입니다
```

🖥 문자열을 변환하는 메서드를 안다

이 밖에도 표 9-2의 메서드를 사용해서 각종 변환을 한 문자열을 얻을 수 있습니다. 문자열 다음에 「.」(피리오드)를 붙이고 메서드명을 지정함으로써 변환된 문자열을 얻을 수 있는 것입니다. 다양한 메서드를 사용해 보면 좋을 것입니다. 또한 인수명의 [ ] 부분은 생략할 수 있습니다.

표 9-2: 문자열의 주요 메서드(각종 변환)

메서드	내용
문자열.upper()	대문자로 변환한 문자열을 얻는다
문자열.lower()	소문자로 변환한 문자열을 얻는다
문자열.swapcase()	대문자를 소문자로, 소문자를 대문자로 변환한 문자열을 얻는다
문자열.capitalize()	맨 앞을 대문자로, 나머지를 소문자로 변환한 문자열을 얻는다
문자열.title()	타이틀 문자(단어별 대문자)를 얻는다
문자열.center(폭[, 문자])	지정 폭으로 중앙 정렬한 문자열을 얻는다(채우는 문자를 지정할 수 있음)
문자열.ljust(폭[, 문자])	지정 폭으로 왼쪽 정렬한 문자열을 얻는다(채우는 문자를 지정할 수 있음)
문자열.rjust(폭[, 문자])	지정 폭으로 오른쪽 정렬한 문자열을 얻는다(채우는 문자를 지정할 수 있음)
문자열.strip([문자])	공백 문자 또는 지정 문자를 삭제한 문자열을 얻는다
문자열.lstrip([문자])	맨 앞쪽의 공백 문자 또는 지정 문자를 삭제한 문자열을 얻는다
문자열.rstrip([문자])	맨 뒷쪽의 공백 문자 또는 지정 문자를 삭제한 문자열을 얻는다
문자열.split(sep = None, maxsplit = −1)	문자열을 분할한 각 단어의 리스트를 얻는다(구분 문자와 분할 횟수를 지정할 수 있음)
문자열.splitlines (줄바꿈 유무)	문자열을 행으로 분할한 각 행의 리스트를 얻는다(줄바꿈을 포함할지 지정할 수 있음)
문자열.join(이터레이터)	이터레이터로 반환되는 문자열을 결합한 문자열을 얻는다
문자열.format(삽입 문자열)	문자열을 지정 서식으로 삽입한다

문자열을 검색한다

문자열의 간단한 검색·치환에 관한 메서드도 제공됩니다. 문자열을 검색하기 위해서는 문자열의 find() 메서드를 사용합니다. 「find(부분 문자열)」에서 지정한 부분 문자열을 검색합니다.

```
str = input( "문자열을 입력하세요." )
key = input( "검색할 문자열을 입력하세요." )

res = str.find( key )          검색을 합니다

if res != -1:                  찾은 위치를 표시합니다
    print( str, "의 ", res, "위치에서", key, "를 찾았습니다." )
else:
    print( str,   "의 안에서 ", key, "를 찾을 수 없었습니다." )
```

Sample4의 실행 화면

```
문자열을 입력하세요.안녕하세요 ↵
검색할 문자열을 입력하세요.하 ↵
안녕하세요 의 2 위치에서 하 를 찾았습니다.
```

여기서는 find() 메서드로 문자열을 검색합니다. find() 메서드는 검색 대상 문자열에 지정한 부분 문자열을 찾으면 찾은 맨 앞부분의 인덱스를 반환합니다. 찾을 수 없으면 「−1」을 반환합니다. 그러므로 여기서는 찾은 장소의 위치가 표시되었습니다.

또한, 문자열이 존재하는지 여부 만을 확인하려면 in 연산자를 사용할 수 있습니다. 문자의 위치를 몰라도 된다면 이 방법이 간단하고 좋습니다.

```
if key in str:
    print( str, "의 안에", key, "를 찾았습니다." )     찾았으면 True입니다
```

🐍 문자열을 치환한다

문자열의 치환을 합시다. 치환은 문자열의 replace() 메서드를 사용합니다.

Sample5.py ▶ 문자열을 치환한다

```
str1 = input( "문자열을 입력하세요." )
old = input( "치환될 문자열을 입력하세요." )
new = input( "치환할 문자열을 입력하세요." )

if old in str1:
    str2 = str1.replace(old, new)    ●── 치환을 시행…
    print( str2, "로 치환했습니다." )    ●──── 치환된 문자열을 표시합니다
else:
    print( str1 + "의 안에서" + old + "를 발견했습니다." )
```

Sample5의 실행 화면

```
문자열을 입력하세요.안녕하세요 ↵
치환될 문자열을 입력하세요.세요 ↵
치환할 문자열을 입력하세요.십니까 ↵
안녕하십니까 로 치환했습니다.
```

replace() 메서드로는 치환될 문자열과 치환할 문자열을 지정해 치환을 합니다. 또한, 치환된 문자열이 여러 개 있으면 치환되는 횟수를 지정할 수도 있습니다. 다음과 같이 세 번째 인수로 지정합니다.

```
str2 = str1.replace( old, new, 1 )    ●── 찾았으면 1회만 치환합니다
```

🐍 문자열을 검색 · 치환하는 메서드를 안다

문자열의 검색 · 치환에 관한 메서드는 find( ) 메서드 · replace( ) 메서드 이외의 종류도 있습니다. 다음 표에 정리합니다.

표 9-3: 문자열의 중요 메서드(검색 · 치환)

메서드	내용
문자열.find(부분 문자열[, 시작[, 종료]])	부분 문자열을 검색한다(시작 위치와 종료 위치를 지정할 수 있음)
문자열.rfind(부분 문자열[, 시작[, 종료]])	부분 문자열을 역순으로 검색한다(시작 위치와 종료 위치를 지정할 수 있음)
문자열.index(부분 문자열[, 시작[, 종료]])	find( ) 메서드와 같은 처리로 예외를 송출한다
문자열.replace(old, new[, 횟수])	old를 new로 치환한 문자열을 얻는다(치환 횟수를 지정할 수 있음)
문자열.count(부분 문자열[, 시작[, 종료]])	부분 문자열이 몇 회 출현하는지를 반환한다(시작 위치와 종료 위치를 지정할 수 있음)
문자열.startswith(검색 문자열[, 시작[, 종료]])	맨 앞부분이 검색 문자열로 시작하면 True를 반환한다
문자열.endswith(검색 문자열[, 시작[, 종료]])	끝 부분의 검색 문자열로 끝나면 True를 반환한다

9.2 정규 표현

정규 표현을 안다

이전 절에서는 문자열의 간단한 검색·치환 방법을 배웠습니다. Python에서는 정규 표현(regular expression)이라는 방법을 사용해 문자열을 강력하게 확인·조작할 수 있습니다. 정규 표현에 관한 처리를 하려면 다음의 re 모듈을 임포트합니다.

구문 정규 표현의 사용

```
import re ●────[ 정규 표현의 re 모듈을 임포트합니다 ]
```

이 모듈을 사용하면 검색 조건에 정규 표현을 사용해 정밀한 검색·치환을 할 수 있습니다.

정규 표현을 사용한다

먼저 정규 표현을 사용한 검색 방법을 알아봅시다.

정규 표현을 사용한 검색 조건을 패턴(pattern)이라고도 합니다. Python에서 정규 표현을 사용하려면 먼저 이 패턴을 지정해서 컴파일(compile)이라는 처리를 해야 합니다(❶). 그리고 컴파일이 끝난 패턴의 메서드를 사용해서 검색이나 치환을 합니다(❷). 이 처리는 다음과 같이 합니다(❸).

❶ 패턴 문자열을 컴파일합니다

컴파일이 끝난 패턴을 나타내는 변수 = re.compile(패턴)
컴파일이 끝난 패턴을 나타내는 변수.search(검색 대상 문자열)

❷ 검색을 합니다

패턴이 검색 대상 문자열에 포함되는 것을

패턴이 문자열에 매치(match)한다

라고 합니다. 검색이 되어 패턴이 문자열에 매치하면, search( ) 메서드의 반환값은 매치한 부분의 정보를 포함하는 인스턴스가 됩니다. 매치하지 않으면, None(빈 값)이 됩니다. 그러므로 search( ) 메서드의 반환값을 조사함으로써 다양한 처리를 할 수 있습니다.

간단한 문자열을 패턴으로 검색한다

가장 간단한 검색 조건인 짧은 문자열을 패턴으로 지정해 검색을 합시다.

Lesson
9

Sample6.py ▶ 정규 표현을 사용한다

```
import re                        정규 표현의 re 모듈을 임포트합니다

ptr = [ "Apple", "GoodBye", "Thankyou" ]      패턴 문자열을 준비합니다
str = [ "Hello", "GoodBye", "Thankyou" ]
                                 검색 대상 문자열을 준비합니다

for valueptr in ptr:
    print( "------" )
    pattern = re.compile( valueptr )          패턴 문자열을 컴파일합니다
    for valuestr in str:
        res = pattern.search( valuestr )      검색(패턴 매치)를 합니다
        if res is not None:
            m = "○"
        else:
```

```
        m = "×"
    msg = "(패턴)" + valueptr + "(문자열)" + valuestr + "(매치)" + m
    print( msg )
```

Sample6의 실행 화면

```
------
(패턴)Apple(문자열)Hello(매치)×
(패턴)Apple(문자열)GoodBye(매치)×
(패턴)Apple(문자열)Thankyou(매치)×
------
(패턴)GoodBye(문자열)Hello(매치)×
(패턴)GoodBye(문자열)GoodBye(매치)○
(패턴)GoodBye(문자열)Thankyou(매치)×
------
(패턴)Thankyou(문자열)Hello(매치)×
(패턴)Thankyou(문자열)GoodBye(매치)×
(패턴)Thankyou(문자열)Thankyou(매치)○
```

여기서는 패턴이 되는 문자열과 검색 대상이 되는 문자열을 3종류씩 준비합니다. 이것들을 전부 대조시켜서 검색을 하였습니다.

실행 화면을 보면 패턴과 문자열이 일치하는 행에서는 「○」이 표시됩니다. 그 밖에는 「×」가 표시됩니다. 예를 들어 「Hello」 문자열 안에 「Apple」이라는 패턴은 존재하지 않으므로 「×」가 표시됩니다.

한편, 「GoodBye」라는 문자열 안에는 「GoodBye」가 존재하므로 「○」이 표시됩니다.

패턴이 검색 대상 문자열에 매치하는지 여부로 분류를 하고, 「○」와 「×」를 표시하였습니다. 패턴이 문자열에 매치하지 않으면 search() 메서드의 반환값이 None이 되므로 None이 아닐 때만 「○」을 표시합니다. 그 밖에는 「×」를 표시합니다.

여기에서는 패턴을 지정하고 검색하는 방법을 익혀보세요.

행의 시작과 끝을 나타내는 정규 표현을 사용한다

정규 표현에서는 「패턴」 부분에 좀 더 강력한 지정 방법을 사용할 수 있습니다. 세세한 지정을 사용해서 검색을 할 수 있습니다.

이때, 패턴 안에 메타 문자(meta character)라는 특수한 문자를 사용하게 됩니다. 여기서는 이 메타 문자 중, 「^」와 「$」에 대해 소개합니다.

「^」는 행의 앞을 나타내는 메타 문자입니다. 예를 들어, 패턴 「^TXT」는 문자열 「TXT」「TXTT」에 매치합니다. 「TTXT」나 「TTTXT」에는 매치하지 않습니다.

「$」는 행의 끝을 나타내는 메타 문자입니다. 예를 들어, 패턴 「TXT$」는 문자열 「TXT」「TTXT」에 매치합니다. 「TXTT」나 「TXTTT」에는 매치하지 않습니다.

표 9-4: 행의 앞과 행의 끝

메타 문자	의미
^	행의 앞
$	행의 끝

문자열이 「^」나 「$」를 사용한 패턴에 매치하는지를 알아보기 위해 다음 코드를 작성해 봅시다.

Sample7.py ▶ 행의 앞·행의 끝을 나타내는 정규 표현을 사용한다

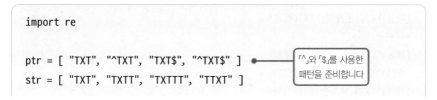

```
import re

ptr = [ "TXT", "^TXT", "TXT$", "^TXT$" ]
str = [ "TXT", "TXTT", "TXTTT", "TTXT" ]
```

「^」와 「$」를 사용한
패턴을 준비합니다

```
for valueptr in ptr:
    print( "------" )
    pattern = re.compile( valueptr )
    for valuestr in str:
        res = pattern.search( valuestr )          패턴 매칭을 합니다
        if res is not None:
            m = "○"
        else:
            m = "×"
        msg = "(패턴)" + valueptr + "(문자열)" + valuestr + "(매치)" + m
        print( msg )
```

Sample7의 실행 화면

```
------                                          「^」와 「$」를 사용한 결과입니다
(패턴)TXT(문자열)TXT(매치)○
(패턴)TXT(문자열)TXTT(매치)○
(패턴)TXT(문자열)TXTTT(매치)○
(패턴)TXT(문자열)TTXT(매치)○
------
(패턴)^TXT(문자열)TXT(매치)○
(패턴)^TXT(문자열)TXTT(매치)○
(패턴)^TXT(문자열)TXTTT(매치)○
(패턴)^TXT(문자열)TTXT(매치)×
------
(패턴)TXT$(문자열)TXT(매치)○
(패턴)TXT$(문자열)TXTT(매치)×
(패턴)TXT$(문자열)TXTTT(매치)×
(패턴)TXT$(문자열)TTXT(매치)○
------
(패턴)^TXT$(문자열)TXT(매치)○
(패턴)^TXT$(문자열)TXTT(매치)×
(패턴)^TXT$(문자열)TXTTT(매치)×
(패턴)^TXT$(문자열)TTXT(매치)×
```

매치하면 「○」를 표시합니다. 결과를 확인하면서 행의 앞과 행의 끝을 나타내는 기호의 사용법을 기억해 보세요.

그림 9-1 행의 앞을 「^」, 행의 끝을 「$」로 표기합니다.

1 문자를 나타내는 정규 표현을 사용한다

다른 메타 문자에 대해서 살펴봅시다. 「.」(피리오드)는 1 문자를 나타내는 메타 문자입니다. 예를 들어, 패턴 「T.T」는 「TXT」에 매치합니다.

「TT」나 「TXXX」에는 매치하지 않습니다.

표 9-5: 1 문자

메타 문자	의미
.	임의의 1 문자

Lesson
9

1 문자를 나타내는 메타 문자를 사용해서 정규 표현에 의한 검색을 합시다.

Sample8.py ▶ 1 문자를 나타내는 정규 표현을 사용한다

```python
import re

ptr = [ "TXT.", "TXT..", ".TXT", "..TXT" ]
str = [ "TXT", "TXTT", "TXTTT", "TTXT", "TTTXT" ]

for valueptr in ptr:
    print( "------" )
    pattern = re.compile( valueptr )
    for valuestr in str:
```

「.」를 사용한 패턴을 만듭니다

```
    res = pattern.search( valuestr )  ●────┤ 패턴 매칭을 합니다 │
    if res is not None:
        m = "○"
    else:
        m = "×"
    msg = "(패턴)" + valueptr + "(문자열)" + valuestr + "(매치)" + m
    print( msg )
```

Sample8의 실행 화면

```
------                              ┌ 「.」를 사용한 결과입니다 │
(패턴)TXT.(문자열)TXT(매치)×
(패턴)TXT.(문자열)TXTT(매치)○
(패턴)TXT.(문자열)TXTTT(매치)○
(패턴)TXT.(문자열)TTXT(매치)×
(패턴)TXT.(문자열)TTTXT(매치)×
------
(패턴)TXT..(문자열)TXT(매치)×
(패턴)TXT..(문자열)TXTT(매치)×
(패턴)TXT..(문자열)TXTTT(매치)○
(패턴)TXT..(문자열)TTXT(매치)×
(패턴)TXT..(문자열)TTTXT(매치)×
------
(패턴).TXT(문자열)TXT(매치)×
(패턴).TXT(문자열)TXTT(매치)×
(패턴).TXT(문자열)TXTTT(매치)×
(패턴).TXT(문자열)TTXT(매치)○
(패턴).TXT(문자열)TTTXT(매치)○
------
(패턴)..TXT(문자열)TXT(매치)×
(패턴)..TXT(문자열)TXTT(매치)×
(패턴)..TXT(문자열)TXTTT(매치)×
(패턴)..TXT(문자열)TTXT(매치)×
(패턴)..TXT(문자열)TTTXT(매치)○
```

그림 9-2 임의의 1 문자
임의의 1 문자를 「.」으로 표기합니다.

🐍 문자 클래스를 나타내는 정규 표현을 사용한다

[ ]로 감싼 패턴은 문자 클래스(character class)라고 합니다. [ ] 안에 기술한 문자 중 하나가 존재하면 매치됩니다.

예를 들어, 패턴 「[012]」는 「0」이나 「1」, 「2」에 매치됩니다. 「5」나 「56」, 「a」에는 매치하지 않습니다.

문자 클래스 안에서 「^」를 사용하면 부정을 나타냅니다. 예를 들어, 「[^012]」는 「012」 이외를 나타냅니다. 즉, 「5」나 「a」에 매치하지만 「0」이나 「1」, 「2」에 매치하지 않습니다.

「-」는 범위를 나타냅니다. 패턴 「[A-Z]」는 「A」나 「X」에 매치하지만 「a」나 「12」에 매치하지 않습니다. 「-」 부호를 문자 클래스 안에 이용하고 싶다면 「[A-Z-]」과 같이 마지막에 기술합니다.

[ ]를 사용한 패턴의 실행 예를 살펴봅시다.

표 9-6: 문자 클래스

패턴	패턴의 의미	매치하는 문자열의 예
[012345]	012345 중 어느 것	0, 3, 4 등
[0-9]	0~9 중 어느 것	0, 5, 6, 8, 9 등
[A-Z]	A~Z 중 어느 것	B, O, Z 등
[A-Za-z]	A~Z, a~z 중 어느 것	A, Q, b, y, z 등
[^012345]	012345가 아닌 문자	6, 7, 9 등
[01][01]	00, 01, 10, 11 중 어느 것	01, 11 등
[A-Za-z][0-9]	알파벳 하나에 숫자가 하나 이어진다	A0, a1, Z9 등

Lesson
9

```
import re

ptr = [ "[012]", "[0-3]", "[^012]" ]
str = [ "0", "1", "2", "3" ]

for valueptr in ptr:
    print( "------" )
    pattern = re.compile( valueptr )
    for valuestr in str:
        res = pattern.search( valuestr )
        if res is not None:
            m = "○"
        else:
            m = "×"
        msg = "(패턴)" + valueptr + "(문자열)" + valuestr + "(매치)" + m
        print( msg )
```

「[ ]」와 「^」를 사용한 패턴을 준비합니다

패턴 매칭을 합니다

Sample9의 실행 화면

```
------
(패턴)[012](문자열)0(매치)○
(패턴)[012](문자열)1(매치)○
(패턴)[012](문자열)2(매치)○
(패턴)[012](문자열)3(매치)×
------
(패턴)[0-3](문자열)0(매치)○
(패턴)[0-3](문자열)1(매치)○
(패턴)[0-3](문자열)2(매치)○
(패턴)[0-3](문자열)3(매치)○
------
(패턴)[^012](문자열)0(매치)×
(패턴)[^012](문자열)1(매치)×
(패턴)[^012](문자열)2(매치)×
(패턴)[^012](문자열)3(매치)○
```

[ ]와 ^를 사용한 결과입니다

자주 사용되는 문자 클래스는 표 9-7처럼 「₩」를 사용한 간단한 표기를 사용할 수 있습니다. 기억해 두면 편리합니다.

표 9-7: 문자 클래스의 간이 표현

표기	의미	표기	의미
₩s	공백	₩w	영숫자(단어)
₩S	공백이 아니다	₩W	영숫자(단어)가 아니다
₩d	숫자	₩A	문자열의 앞
₩D	숫자가 아니다	₩Z	문자열의 끝

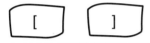

그림 9-3 문자 클래스
문자 클래스를 [ ]로 표기합니다. 문자 클래스 안의 [^]는 부정의 의미입니다.

🐍 반복을 나타내는 정규 표현을 사용한다

문자의 반복을 나타내는 메타 문자가 있습니다. 다음의 메타 문자는 기호의 직전 문자를 반복하는 것을 나타냅니다.

표 9-8: 반복

메타 문자	의미	메타 문자	의미
*	0회 이상	{a}	a회
+	1회 이상	{a,}	a회 이상
?	0 또는 1	{a, b}	a~b회

「*」는 0회 이상의 반복, 「+」는 1회 이상 반복, 「?」는 0 또는 1회를 나타냅니다.

예를 들어, 「T*」는 T의 0회 이상 반복, 「T+」는 T의 1회 이상 반복, 「T?」는 T의 0 또는 1회 반복을 나타내는 것입니다.

「{}」는 횟수를 지정합니다.

예를 들어, 「T{3}」은 T의 3회 반복을 나타냅니다. 「T{2, 3}」은 T의 2회 이상 3회 이하의 반복을 나타냅니다. 반복 기호에 의한 패턴을 확인해 봅시다.

Sample10.py ▶ 반복 기호에 의한 정규 표현을 사용한다

```
import re

ptr = [ "T*", "T+", "T?", "T{3}" ]          ● 반복 기호를 사용한 패턴을 준비합니다
str = [ "X", "TT", "TTT", "TTTT" ]

for valueptr in ptr:
    print( "------" )
    pattern = re.compile( valueptr )
    for valuestr in str:
        res = pattern.search( valuestr )     ● 패턴 매치를 검색합니다
        if res is not None:
            m = "○"
        else:
            m = "x"
        msg = "(패턴)" + valueptr + "(문자열)" + valuestr + "(매치)" + m
        print( msg )
```

Sample10의 실행 화면

```
------
(패턴)T*(문자열)X(매치)○
(패턴)T*(문자열)TT(매치)○
(패턴)T*(문자열)TTT(매치)○
(패턴)T*(문자열)TTTT(매치)○
------
(패턴)T+(문자열)X(매치)×
(패턴)T+(문자열)TT(매치)○
(패턴)T+(문자열)TTT(매치)○
(패턴)T+(문자열)TTTT(매치)○
------
(패턴)T?(문자열)X(매치)○
(패턴)T?(문자열)TT(매치)○
(패턴)T?(문자열)TTT(매치)○
(패턴)T?(문자열)TTTT(매치)○
------
(패턴)T{3}(문자열)X(매치)×
(패턴)T{3}(문자열)TT(매치)×
(패턴)T{3}(문자열)TTT(매치)○
(패턴)T{3}(문자열)TTTT(매치)○
```

> 반복 기호를 사용한 결과입니다

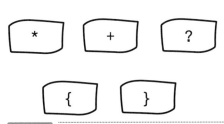

그림 9-4 반복

반복을 나타내는 메타 문자로서 「*」「+」「?」「{ }」이 있습니다.

🐍 최단 부분에 대한 매치를 안다

반복의 메타 문자인 「+」와 「*」로는 반복의 가장 긴 부분에 매치하게 됩니다. 예를 들어, 패턴이 「T+」, 문자열이 「TTT」이면 T나 TT가 아니라 <u>TTT</u> 전체에 1회 매치하게 됩니다.

TTT ●————[「T+」는 가장 긴 부분에 매치합니다]

그러나 최단 부분에 매치하게 할 수도 있습니다. 이 경우는 「*」 또는 「+」 다음에 「?」를 붙입니다. 즉, 패턴이 「T+?」, 문자열이 「TTT」이면 <u>T</u>에 3회 매치합니다.

T T T ●————[「T+?」는 가장 짧은 부분에 매치합니다]

이 차이는 search( ) 메서드의 반환값(이 책의 샘플에서는 「res」)에 영향을 줍니다. 패턴이 매치한 경우, search( ) 메서드의 반환값으로서 처음에 매치한 부분의 문자열을 얻을 수 있습니다. 즉, 위의 경우는 「TTT」, 아래의 경우는 「T」를 얻을 수 있는 것입니다.

표 9-9: 최단 매치

메타 문자	의미
*?	0회 이상의 반복 중 가장 짧은 부분
+?	1회 이상의 반복 중 가장 짧은 부분

🐍 그룹화와 선택을 나타내는 정규 표현을 사용한다

좀 더 메타 문자에 대해서 배웁시다.

일정한 패턴을 그룹으로 할 때에는 「( )」를 사용합니다. 예를 들어, 「(abc){2}」는

「abc」의 2회 이상 반복을 나타냅니다. 「abcabc」나 「abcabcabc」에 매치하는데, 「abc」에는 매치하지 않습니다.

둘 중 어느 하나를 매치하려면 「|」를 사용합니다. 예를 들어 패턴 「abc|def」는 「abc」 또는 「def」에 매치합니다.

표 9-10: 그룹화와 선택

메타 문자	의미
( )	합친다
|	어느 하나

Sample11.py ▶ 그룹화와 선택을 하는 정규 표현을 사용한다

```python
import re

ptr = [ "(TXT)+", "TXT|XTX" ]          ← 그룹화와 선택을 하는 패턴을 사용합니다
str = [ "TX", "TXT", "XTX", "TXTXT" ]

for valueptr in ptr:
    print( "------" )
    pattern = re.compile( valueptr )
    for valuestr in str:
        res = pattern.search( valuestr )    ← 패턴 매칭을 합니다
        if res is not None:
            m = "○"
        else:
            m = "×"
        msg = "(패턴)" + valueptr + "(문자열)" + valuestr + "(매치)" + m
        print( msg )
```

Lesson
9

```
------
(패턴)(TXT)+(문자열)TX(매치)×
(패턴)(TXT)+(문자열)TXT(매치)○
(패턴)(TXT)+(문자열)XTX(매치)×
(패턴)(TXT)+(문자열)TXTXT(매치)○
------
(패턴)TXT¦XTX(문자열)TX(매치)×
(패턴)TXT¦XTX(문자열)TXT(매치)○
(패턴)TXT¦XTX(문자열)XTX(매치)○
(패턴)TXT¦XTX(문자열)TXTXT(매치)○
```

그림 9-5 그룹화와 선택
그룹화를 하려면 「( )」, 선택을 하려면 「¦」를 사용합니다.

메타 문자를 패턴 문자열로 한다

다양한 메타 문자를 배웠습니다. 또한, 메타 문자로 사용되고 있는 기호를 그 대로 문자로 사용하고 싶을 때는 「￦」를 붙입니다. 예를 들어, 다음과 같이 패 턴을 기술합니다.

```
￦.          「.」를 의미합니다
￦++         「+」의 1회 이상 반복입니다
```

복잡한 정규 표현을 생각한다

마지막으로 복잡한 정규 표현에 대해서 생각해 보도록 합시다. 예를 들어,

사용자명@도메인명.나라명

이라는 메일 주소가 있는지를 조사하고 싶다고 합시다. 다음과 같이 표준적인 것을 기준으로 검증하는 걸 생각할 수 있습니다.

- 사용자명에 사용할 수 있는 문자는 영숫자, _(언더스코어), –(하이픈), .(피리오드)
- 도메인명에 사용할 수 있는 문자는 영숫자, _(언더스코어), –(하이픈), .(피리오드)
- 나라명에 사용할 수 있는 문자는 영문자

이때에는 다음과 같이 정규 표현을 생각할 수 있습니다.

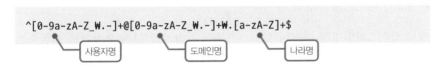

```
^[0-9a-zA-Z_W.-]+@[0-9a-zA-Z_W.-]+W.[a-zA-Z]+$
```

사용자명   도메인명   나라명

정규 표현의 기법은 하나가 아닙니다. 예를 들어, 영숫자를 나타내는 「Ww」를 사용하는 것도 생각할 수 있습니다. 또한, 나라명과 같이 한정된 경우에는 선택에 따라 보다 엄밀하게 판별하는 방법도 생각할 수 있습니다.

```
...W.(kr|com|...)$
```

모든 검증을 하는 정규 표현은 너무 복잡해지는 경우도 있습니다. 정규 표현을 사용하는 목적에 맞춰서 적절한 표현을 생각하는 것이 중요합니다.

정규 표현을 사용하는 메서드를 안다

이 절에서는 정규 표현을 사용해 search() 메서드로 검색을 했습니다.

검색 외에도 정규 표현을 사용할 수 있는 메서드와 그 처리에는 다음과 같은

Lesson
9

것이 있습니다.

표 9-11: 정규 표현의 메서드(re 모듈)

메서드	내용
정규 표현.search(검색 대상 문자열[, 시작[, 종료]])	정규 표현으로 검색한다
정규 표현.match(검색 대상 문자열[, 시작[, 종료]])	정규 표현으로 검색한다(앞만)
정규 표현.findall(검색 대상 문자열[, 시작[, 종료]])	정규 표현으로 검색한다(매치 부분 전부를 리스트로 반환한다)
정규 표현.sub(치환 후 문자열, 치환 대상 문자열[,횟수])	정규 표현에 매치한 부분을 치환한다
정규 표현.split(분할 대상 문자열[, 시작[, 종료]])	정규 표현에 매치한 부분으로 분할한다

예를 들어, 정규 표현에 매치될 때 치환을 할 수 있습니다. 그래서 치환을 하는 sub() 메서드를 사용해 봅시다.

예를 들어, 파일명의 나열이 있을 때 특정 확장자를 다른 확장자로 치환하는 처리를 생각해 보겠습니다. 예를 들어, 「.csv」나 「.html」「.py」와 같은 확장자를 「.txt」로 치환해서 변경하는 처리를 생각해 봅시다.

Sample12.py ▶ 정규 표현으로 치환한다

```
import re

ptr = "\.(csv|html|py)$"          ← 정규 표현에 의한 패턴입니다
str = [ "Sample.csv", "Sample.exe", "test.py", "index.html" ]

pattern = re.compile( ptr )
for valuestr in str:                      ← 패턴에 매치한 문자열의
    res = pattern.sub( ".txt", valuestr )      치환을 합니다
    msg = "(변환 전)" + valuestr + "(변환 후)" + res
    print( msg )
```

Sample12의 실행 화면

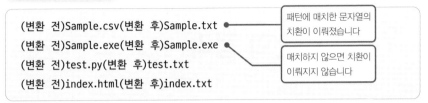

```
(변환 전)Sample.csv(변환 후)Sample.txt
(변환 전)Sample.exe(변환 후)Sample.exe
(변환 전)test.py(변환 후)test.txt
(변환 전)index.html(변환 후)index.txt
```

패턴에 매치한 문자열의
치환이 이뤄졌습니다

매치하지 않으면 치환이
이뤄지지 않습니다

치환에서도 패턴을 지정하여 컴파일 해 두는 것은 동일합니다. 치환할 부분의 패턴을 지정하여 컴파일하는 것입니다.

그리고 sub( ) 메서드로는 첫 번째 인수에 치환 후 문자열, 두 번째 인수에 검색 대상이 되는 치환 전 문자열을 지정합니다. 이렇게 치환이 됩니다.

여기에서는 확장자가 「.csv」「.html」「.py」 중 하나일 때 「.txt」로 치환하는 처리를 했습니다. 패턴에 매치하는 문자열만이 치환되어 있음을 알 수 있습니다.

Lesson
9

이 장에서는 다음을 배웠습니다.

- 문자열은 변경할 수 없는 시퀀스로서의 처리를 할 수 있습니다.
- 문자열의 upper( ) 메서드를 사용하여 소문자를 대문자로 변환할 수 있습니다.
- 문자열의 lower( ) 메서드를 사용하여 대문자를 소문자로 변환할 수 있습니다.
- 문자열의 find( ) 메서드를 사용하여 문자열을 검색할 수 있습니다.
- 문자열의 replace( ) 메서드를 사용하여 문자열을 치환할 수 있습니다.
- re 모듈을 사용하여 정규 표현을 다룰 수 있습니다.
- 정규 표현의 메타 문자로서 행의 앞을 나타내는 「^」과 행의 끝을 나타내는 「$」가 있습니다.
- 정규 표현의 메타 문자로서 1 문자를 나타내는 「.」(피리오드)가 있습니다.
- 정규 표현의 메타 문자로서 범위를 나타내는 「[ ]」가 있습니다.
- 정규 표현의 메타 문자로서 반복을 나타내는 「*」「+」「?」「{ }」가 있습니다.
- 정규 표현의 메타 문자로서 패턴을 정리하는 「( )」와 선택을 나타내는 「|」가 있습니다.

Python은 텍스트에 대해 강력한 조작을 할 수 있습니다. 특히 정규 표현을 사용하면 문자열을 유연하게 검증할 수 있을 것입니다. 잘 다룰 수 있게 되면 편리합니다.

연습문제

1. 다음 코드를 작성해 보세요.

> 파일 리스트는 다음과 같습니다.
> Sample.csv
> Sample.exe
> Sample1.py
> Sample2.py
> Sample.txt
> index.html
> 확장자를 입력하세요. py ↵
> 해당하는 파일의 리스트는 다음과 같습니다.
> Sample1.py
> Sample2.py

2. 다음의 패턴에 문자열이 매치하는지 여부를 대답해 보세요.

	패턴	문자열
①	[012]{3}	113
②		010
③	x[0-9A-Fa-f]{2, 4}	xA
④		xX1
⑤	^[a-zA-Z_][a-zA-Z0-9_]*	product
⑥		12A_
⑦	[0-9]{3}-[0-9]{4}	3330000
⑧		106-0001

3. 다음의 문자열에 매치하는 패턴을 대답해 보세요.

① 세 자리의 8진수

② 「세 자리의 숫자 – 네 자리의 숫자 – 네 자리의 숫자」의 형식을 가진 전화번호

*역자 주: 책의 뒷부분에 해답이 있습니다.

Lesson 10

파일과 예외 처리

이 장에서는 파일을 다루는 방법을 배웁니다. 대량의 데이터를 다루는 경우에는 파일에 데이터를 읽고 쓰는 것이 요구됩니다. 파일 읽고 쓰기를 할 때의 오류 처리에 활용되는 예외 처리 구조를 함께 공부합시다.

Python에서는 표준 라이브러리 등의 다양한 모듈을 사용하면 각종 형식의 파일을 쉽게 읽고 쓸 수 있습니다. 파일에 관한 정보를 알아보는 모듈에 대해서도 배워봅시다.

Check Point!
- 파일
- 오픈 모드
- csv
- json
- 예외 처리
- os
- os.path

10.1 텍스트 파일

텍스트 파일을 읽고 쓴다

Python에서는 대량의 데이터를 다루는 일이 많습니다. 이때, 파일에 데이터를 읽고 쓸 수 있으면 편리합니다.

그래서 이 절에서는

파일의 내용을 읽고 쓰는 방법

에 대해서 배웁니다.

여기서는 간단하게 다룰 수 있는 텍스트 파일(text file)을 이용하기로 합니다. 텍스트 파일은 문자를 입력 · 편집하는 텍스트 에디터로 다룰 수 있으며, 사람이 이용하기 쉬운 파일로 되어 있습니다.

텍스트 파일에 써넣는다

먼저 Python의 코드로 텍스트 파일을 작성하고, 데이터를 써넣는 처리를 해봅시다. 다음 코드를 실행해 보세요.

Sample1.py ▶ 텍스트 파일에 써넣는다

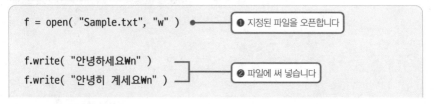

```
f = open( "Sample.txt", "w" )          ─── ❶ 지정된 파일을 오픈합니다

f.write( "안녕하세요₩n" )
f.write( "안녕히 계세요₩n" )          ─── ❷ 파일에 써 넣습니다
```

```
f.close()
```
❸ 파일을 닫습니다

이 코드를 실행하면 코드를 실행한 디렉터리(폴더) 안에 파일 「Sample.txt」가 작성됩니다. 이 파일을 텍스트 에디터에서 열면 다음과 같은 내용임을 알 수 있습니다.

Sample.txt

안녕하세요
안녕히 계세요

파일의 조작은 다음의 순서로 다룹니다.

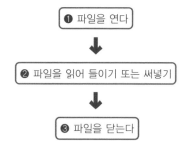

❶ 파일을 연다

❷ 파일을 읽어 들이기 또는 써넣기

❸ 파일을 닫는다

파일의 열기(오픈)는 내장 함수인 open() 함수를 사용합니다(❶). open() 함수에는 인수 「파일명 · 오픈 모드」를 전달할 수 있습니다. 여기서는 써넣기를 하는 모드로 「"w"」(쓰기)를 지정합니다.

지정된 파일을…

```
f = open( "Sample.txt", "w" )
```

쓰기 모드로 오픈합니다

파일이 오픈되면 파일을 나타내는 인스턴스가 반환됩니다. open() 함수에 지정할 수 있는 오픈 모드에는 다음과 같은 종류가 있습니다. 표로 정리합니다.

표 10-1: 주요 오픈모드

오픈 모드	의미
"w"	쓰기 모드로 텍스트 파일을 연다
"r"	읽기 모드로 텍스트 파일을 연다
"a"	추가 모드로 텍스트 파일을 연다
"x"	신규 작성 모드로 텍스트 파일을 연다
"w+"	갱신을 위한 쓰기 모드로 텍스트 파일을 연다
"r+"	갱신을 위한 읽기 모드로 텍스트 파일을 연다
"a+"	갱신을 위한 추가 모드로 텍스트 파일을 연다
"wb"	바이너리 쓰기 모드로 연다
"rb"	바이너리 읽기 모드로 연다

파일을 오픈하면 데이터를 읽고 쓸 수 있습니다. 여기서는 파일의 write() 메서드로 파일에 써넣습니다(❷). 또한, 이 코드에서는 끝의 줄바꿈을 추가하도록 문자열의 끝에는 「￦n」을 지정합니다.

마지막으로 파일의 close() 메서드로 파일을 닫습니다(❸). 파일로의 읽고 쓰기가 끝나면 다음과 같이 파일을 닫는 작업을 해야 합니다. 이 처리를 하지 않으면 파일에 문제가 생길 수 있습니다.

`f.close()` ●━━━ 파일을 닫습니다

> **중요 |** 파일을 열기 위해서는 내장 함수의 open() 함수를 사용한다.
> 파일을 닫기 위해서는 파일의 close() 메서드를 사용한다.

with 문으로 연다

파일을 조작할 때는 마지막에 파일을 닫지 않으면 문제가 발생할 수 있습니다. 이 문제에 대응하기 위해서는 파일 처리를 할 때 with 문(with statement)을 사용하면 편리합니다. with 문을 사용해서 파일을 열면 도중에 처리가 종료하더라도 반드시 파일이 닫힙니다.

구문 **with 문**

```
with 처리 as 파일 변수:
```

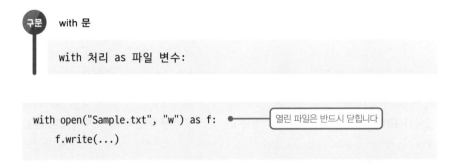

```
with open("Sample.txt", "w") as f:
    f.write(...)
```

열린 파일은 반드시 닫힙니다

다만, 이 책에서는 with 문을 사용하지 않고 파일을 닫는 코드를 기술하도록 합시다.

텍스트 파일을 읽어 들인다

작성한 텍스트 파일로부터 데이터를 읽어 봅시다. 이번은 파일을 읽기 모드로 오픈합니다. 코드를 실행할 때에는 앞에서 작성한 텍스트 파일(Sample.txt)이 코드와 같은 폴더 내에 있는지 확인하세요.

Sample2.py ▶ 텍스트 파일을 읽어 들인다

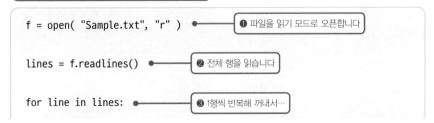

```
f = open( "Sample.txt", "r" )

lines = f.readlines()

for line in lines:
```

❶ 파일을 읽기 모드로 오픈합니다

❷ 전체 행을 읽습니다

❸ 1행씩 반복해 꺼내서…

```
     print( line, end="" )  ●────[ 표시합니다 ]

  f.close()
```

Sample2의 실행 화면

안녕하세요
안녕히 계세요

이번에는 파일의 내용을 읽어 화면에 표시합니다. 여기서는 파일을 읽기 모드
로 오픈한 다음(❶), 파일의 readlines() 메서드를 사용해서 전체 행을 읽어 들
입니다(❷). 그리고 이 읽어 들인 행을 for 문으로 1행씩 반복해 표시합니다(❸).

🐍 파일을 조작하는 메서드를 안다

파일에 관한 메서드를 사용해서 파일 읽기를 했습니다. 파일의 메서드에는 다
음과 같은 종류가 있습니다. 표로 정리합시다.

표 10-2: 파일의 주요 메서드

메서드명	내용
파일.write(문자열)	파일에 문자열을 써넣는다
파일.writelines(시퀀스)	파일에 여러 행을 써넣는다
파일.readline()	파일로부터 1행 읽어 들여 문자열을 반환한다
파일.readlines()	파일로부터 여러 행을 읽어 들여 리스트로 반환한다
파일.read(크기)	파일로부터 크기만큼 읽어 들여 바이트열을 반환한다(지정하지 않으면 전부 읽어 들인다)
파일.seek(위치)	읽고 쓰는 위치를 이동한다
파일.tell()	현재의 읽고 쓰는 위치를 얻는다
파일.close()	파일을 닫는다

바이너리 파일

이 책에서는 사람이 사용하기 쉬운 파일인 텍스트 파일을 사용했습니다. 다만, 오픈 모드로 "rb" 또는 "wb"를 지정해 바이너리 파일을 다룰 수도 있습니다.

바이너리 파일은 컴퓨터의 내부에서 다뤄지는 데이터 형식으로 저장된 파일입니다. 바이너리 파일로 저장함으로써 파일 크기를 작게 할 수 있습니다.

Lesson
10

10.2 CSV 파일

CSV 파일을 읽어 들인다

텍스트 파일로서 저장되는 데이터에는 다양한 형식이 있습니다. 이 중, 데이터를 「,」(콤마)로 구분한 형식은 스프레드시트나 데이터베이스 등에서 자주 이용되는 데이터 형식 중 하나입니다. 이 데이터 형식은 CSV(Comma Separated Value) 형식이라고 합니다.

Sample.csv

```
서울, 연필, 25
서울, 지우개, 30
대전, 노트, 56 ●————[ 콤마로 구분된 CSV 형식의 데이터입니다 ]
대구, 자, 100
부산, 노트, 73
```

CSV 형식의 데이터를 이용할 때에는 표준 라이브러리의 csv 모듈을 사용할 수 있습니다.

구문 csv 모듈의 이용

```
import csv ●————[ csv 모듈을 임포트합니다 ]
```

실제로 CSV 파일을 읽어 들여봅시다. 위의 내용을 가진 Sample.csv 파일을 코드와 같은 폴더에 저장하세요.

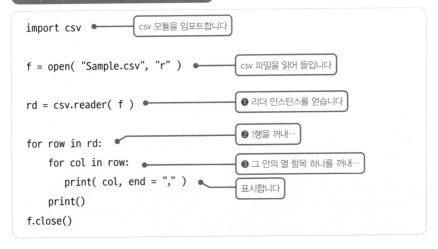

```python
import csv

f = open( "Sample.csv", "r" )

rd = csv.reader( f )

for row in rd:
    for col in row:
        print( col, end = "," )
    print()
f.close()
```

- csv 모듈을 임포트합니다
- csv 파일을 읽어 들입니다
- ❶ 리더 인스턴스를 얻습니다
- ❷ 1행을 꺼내⋯
- ❸ 그 안의 열 항목 하나를 꺼내⋯
- 표시합니다

Sample3의 실행 화면

```
서울,연필,25,
서울,지우개,30,
대전,노트,56,
대구,자,100,
부산,노트,73,
```

- csv 파일의 데이터를 읽어 들였습니다

이 코드에서는 CSV 파일을 읽어 들이고, 인스턴스 「리더」를 처리하고 있습니다. csv 모듈의 reader() 함수를 사용하면 리더를 얻을 수 있습니다(❶).

리더 인스턴스는 CSV 파일의 각 행을 반환하는 이터레이터로 되어 있습니다. 그러므로 for 문을 사용하면 각 행을 얻을 수 있습니다(❷). 각 행 안의 열은 다시 안쪽의 for 문으로 꺼냅니다(❸). 이렇게 해서 CSV 파일을 처리할 수 있는 것입니다.

Lesson
10

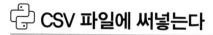 # CSV 파일에 써넣는다

CSV 파일을 읽어 들일 수 있었나요? 또한, CSV 파일에 써넣을 때에는 csv 모듈의 writer() 함수를 사용합니다. 이 함수에 의해 인스턴스 「라이터」를 얻을 수 있습니다(❶).

인스턴스를 얻으면 라이터의 writerow() 메서드나 writerows() 메서드 등에서 리스트 등을 지정해서 써넣기를 할 수 있습니다(❷ ❸).

```
w = csv.writer( f )          ❶ 라이터 인스턴스를 얻습니다
w.writerow( ["서울", "지우개"] )          ❷ 1행으로 써넣을 수 있습니다
w.writerows( [["서울", "자"], ["대전","노트"]] )
                              ❸ 여러 행으로 써넣을 수도 있습니다
```

CSV 파일에 읽고 쓰기 위한 주요 함수·메서드를 표로 정리합니다.

표 10-3: csv 모듈의 주요 함수·메서드

함수 · 메서드	내용
writer(파일)	라이터 인스턴스를 얻는다
reader(파일)	리더 인스턴스를 얻는다
라이터.writerows(시퀀스)	CSV 파일에 1행으로 써넣는다
라이터. writerows(시퀀스)	CSV 파일에 여러 행으로 써넣는다

> 중요 | CSV 데이터를 읽어 들이는 데는 reader() 함수로 리더를 얻습니다.
> CSV 데이터를 써넣는 데는 writer() 함수로 라이터를 얻습니다.

각종 파일의 이용

Python에서는 모듈을 이용함으로써 다양한 형식의 데이터를 처리할 수 있습니다. 이러한 모듈에는 다음 절에 소개하는 JSON 형식의 데이터를 처리하는 json 모듈, XML 형식의 데이터를 처리하는 xml.dom 모듈, xml.sax 모듈 등이 있습니다.

10.3 JSON 파일

JSON 파일을 읽어 들인다

인터넷에서는 JSON(JavaScript Object Notation) 형식의 데이터가 자주 사용됩니다. JSON 파일은 다음과 같이 「**이름: 값**」의 대응으로 이뤄진 열로 나타내는 형식인 데이터입니다. 값이 여러 번 반복되어 「이름: 값」으로 이뤄진 열로 될 때도 있습니다. 이 열은 { }로 합칩니다.

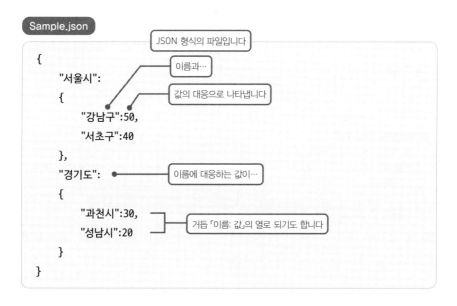

Sample.json

```
{
    "서울시":
    {
        "강남구":50,
        "서초구":40
    },
    "경기도":
    {
        "과천시":30,
        "성남시":20
    }
}
```

- JSON 형식의 파일입니다
- 이름과…
- 값의 대응으로 나타냅니다
- 이름에 대응하는 값이…
- 거듭 「이름: 값」의 열로 되기도 합니다

JSON 데이터를 다룰 때에는 표준 라이브러리의 json 모듈을 사용합니다.

json 모듈의 이용

```
import json  ●━━━━━( json 모듈을 임포트합니다 )
```

JSON 파일을 다뤄봅시다. 위의 JSON 파일(Sample.json)을 코드와 같은 폴더 내에 텍스트 에디터로 작성해 두세요.

JSON 파일은 json 모듈의 load() 함수로 읽어 들입니다. 바로 사용해 봅시다.

Sample4.py ▶ JSON 파일을 읽어 들인다

```
import json  ●━━━━━━━━( json 모듈을 임포트합니다 )

f = open( "Sample.json", "r" )  ●━━━( JSON 파일을 오픈합니다 )

data = json.load( f )  ●━━━━( JSON 파일을 읽어 들입니다 )

print( data )  ●━━━━━━( 읽어 들인 데이터를 표시합니다 )

f.close()
```

Sample4의 실행 화면

```
{'서울시': {'강남구': 50, '서초구': 40}, '경기도': {'과천시': 30, '성남시': 20}}
```
━━(JSON 파일의 데이터가 읽혀집니다)

JSON 형식의 데이터 전체는 Python에서는 딕셔너리로 다뤄집니다. 표시하면 딕셔너리로 되어 있는 것을 알 수 있습니다.

🐍 JSON 파일에 써넣는다

JSON 파일에 데이터를 써넣을 수도 있습니다. 써넣을 때에는 json 모듈의

dump() 함수를 사용합니다. 쓸 데이터(딕셔너리)와 파일을 인수로서 지정합니다.

```
json.dump( {"서울": 30, "부산":20}, f )
```
파일에 JSON 형식으로 써넣기를 합니다

중요 | JSON 파일을 읽어 들이려면 load() 함수를 사용한다.

　　　　JSON 파일을 써넣으려면 dump() 함수를 사용한다.

표 10–4: json 모듈

함수	내용
load(파일)	JSON 파일을 읽어 들인다
dump(오브젝트, 파일)	JSON 파일에 써넣는다

JSON 파일을 사용할 때의 주의

JSON 파일을 써넣을 때에 키워드 인수로서 「indent = 인덴트」를 지정하면 데이터에 인덴트가 들어가기 때문에 데이터를 읽기 쉬워집니다.

또한, Python에서 JSON 데이터를 읽고 쓸 때에는 다음과 같이 데이터 값의 종류 변환이 이뤄집니다. JSON 파일을 읽어 들여 그대로 JSON 파일로 써넣었다고 해도 처음의 파일과 다른 값이 될 때가 있으므로 주의하세요.

JSON	Python	JSON	Python
오브젝트	딕셔너리	실수	부동 소수점 수
배열	리스트	true/false	True/False
문자열	문자열	null	None
정수	정수		

pickle 모듈

파일에 데이터를 읽고 쓰기 위해서는 바이너리 파일을 사용해 Python의 변수나 리스트 등의 오브젝트를 그대로 저장할 수도 있습니다. 이것을 오브젝트의 시리얼라이제이션(직렬화: serialization)이라고 합니다.

이 파일을 읽고 쓸 때는 pickle 모듈을 사용합니다. 바이너리로 파일을 오픈한 다음, load() 함수로 읽기, dump() 함수로 쓰기를 합니다.

Python에서는 pickle 모듈에 의한 쓰기를 「pickle화」라고 합니다. pickle로는 오브젝트를 그대로 읽고 쓰기 때문에 JSON과는 달리, 읽고 쓰기 전후로 값이 달라지지는 않습니다.

다만, JSON 파일은 텍스트 파일로 사람이 읽을 수 있게 되어 있습니다. 한편, pickle을 사용할 때는 사람이 읽을 수 없는 바이너리 파일로 저장됩니다. 그러므로 보안상 pickle로 읽어 들인 파일의 값을 확인하지 못하게 하고, 그대로 코드에서 사용할 수 없도록 해야 합니다.

10.4 예외 처리

🐍 예외 처리의 구조를 안다

CSV 파일이나 JSON 파일 등 다양한 형식의 파일을 처리했습니다. 이러한 파일을 읽고 쓰는 코드를 실행했을 때, 각종 오류가 발생할 수 있습니다. 예를 들어, 코드를 실행했을 때에 읽으려는 파일이 존재하지 않는다면 오류가 발생하게 됩니다.

이 밖에도 코드를 실행할 때의 오류에는 여러 가지가 있습니다. 예를 들어, 리스트나 딕셔너리를 사용할 때에 존재하지 않는 인덱스나 키에 접근하는 오류도 생각할 수 있습니다.

Python에서는 이러한 각종 오류를 처리하기 위해서

예외 처리(exception handling)

라는 것을 할 수 있습니다. 이 절에서는 예외 처리에 대해서 살펴봅시다.

🐍 예외 처리를 기술한다

Python에서는 다양한 오류를 나타내는 예외(exception)라는 특수한 클래스를 다룰 수 있습니다. 예외를 다루는 예외 처리는 다음과 같이 기술합니다.

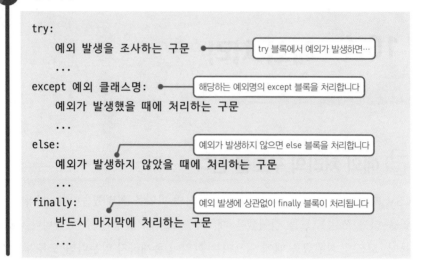

else 블록과 finally 블록은 생략할 수 있습니다. 이 예외 처리는 다음과 같은 순서로 처리됩니다.

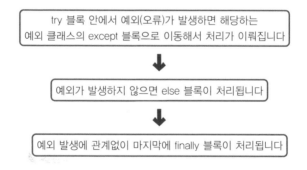

즉,

예외(오류)가 발생할 수 있는 코드를 try 블록으로 해 두고,

예외가 발생할 때의 처리를 except 블록에 기술해 둔다

라는 방법으로 오류를 처리하는 것입니다. finally 블록에는 오류 발생에 관계 없이 반드시 처리해야 할 코드를 기술합니다.

예외를 확인하기 위해서 예외 처리를 하는 코드를 기술해 봅시다.

Sample5.py ▶ 예외 처리를 한다

```
try:
    f = open( "Sample.txt", "r" )      ❶ 파일을 열 수 없는 예외가 발생했을 때…

except FileNotFoundError:              ❷ 이 except 블록을 처리합니다
    print( "파일을 열 수 없습니다." )

else:                                  ❸ 예외가 발생하지 않았으면 else 블록을 처리합니다
    lines = f.readlines()
    for line in lines:
        print( line, end = "" )
    f.close()

finally:                               ❹ 예외 발생에 관계없이 finally 블록이 처리됩니다
    print( "처리를 종료합니다." )
```

Sample5의 실행 화면(Sample.txt가 존재하지 않는다면)

```
파일을 열 수 없습니다.
처리를 종료합니다.
```

이 예외 처리에서는 예외가 발생할 수 있는 파일의 오픈 처리를 try 블록으로서 기술합니다(❶).

파일이 존재하지 않는 예외는 클래스 FileNotFound로 되어 있습니다. 그러므로 코드를 실행해서 파일을 열려고 했을 때 만약 파일이 존재하지 않는다면 FileNotFoundError를 지정한 except 블록이 처리됩니다(❷). 이렇게 오류를 처리하도록 하는 것입니다.

한편, 만약 파일이 존재한다면 else 블록이 처리되어 파일을 읽어 들입니다(❸).

그리고 마지막에는 항상 finally 블록이 처리됩니다(❹).

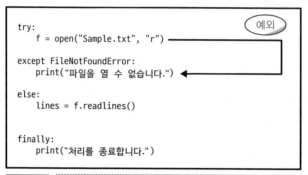

예외 처리

    try 블록에서 발생한 예외를 except 블록에서 처리할 수 있습니다.

중요ㅣ try 블록에서 발생한 예외에 대한 처리를 except 블록에서 할 수 있습니다.

🐍 예외 처리를 응용한다

예외 처리의 응용을 소개합니다. 먼저, 예외 처리의 except 블록은 여러 개 사용할 수 있습니다. 즉, 여러 종류의 예외(오류)에 대해서 그 오류에 따른 다른 예외 처리를 할 수 있는 것입니다.

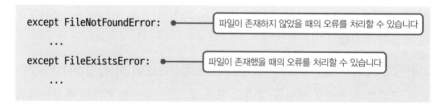

또한, except 블록에서 예외명을 지정할 때에 「,」(콤마)로 구분한 튜플로서 예외명을 나열합니다. 즉, 여러 개의 예외를 함께 처리할 수 있습니다.

```
except (FileNotFoundError, FileExistsError) :
    ...
```

> 2가지 종류의 오류를 함께
> 처리할 수 있습니다

또한, 「except 예외 클래스 as 변수:」로 변수를 지정해 두면, 그 변수를 사용해서 예외 중의 예외 정보를 출력할 수 있습니다.

```
except FileNotFoundError as e:
    print( e )
```

> 변수를 지정해 두면…
> 예외의 정보를 출력할 수 있습니다

이처럼 예외 처리를 응용함으로써 다양한 오류 처리를 할 수 있습니다.

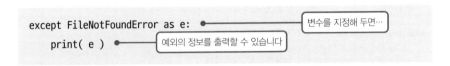 내장 예외의 종류를 안다

Sample5에서는 파일을 찾을 수 없을 때의 예외로서 FileNotFoundError 클래스를 처리했습니다. 이렇게 자주 발생하는 프로그램 오류를 나타내는 예외는 내장 예외(built-in exception)로서 코드의 안에서 이용할 수 있습니다. 주요 내장 예외를 다음 표에 정리합니다.

Lesson
10

표 10-5: 주요 내장 예외(—는 파생 클래스)

예외	내용
BaseException	모든 예외 클래스의 기저(처리) 클래스
Exception	시스템 종료 이외의 예외 클래스의 기저(처리) 클래스
RuntimeError	미분류된 오류
OSError	시스템 관련 오류
—FileNotFoundError	파일이 존재하지 않는 오류
—FileExistsError	파일이 존재하는 오류

ArithmeticError	산술 오류
—OverFlowError	오버플로에 의한 오류
—ZeroDivisionError	제로에 의한 나눗셈 오류
—FloatingPointError	부동 소수점 수에 의한 오류
LookupError	인덱스나 키가 비활성화되었을 때의 오류
—IndexError	인덱스 오류
—KeyError	키 오류
ModuleNotFoundError	모듈을 찾을 수 없는 오류
ImportError	모듈 임포트 시의 오류
Attribute Error	속성 참조 · 대입 시의 오류
ValueError	값 오류
—UnicodeError	인코드 · 디코드 오류
NameError	이름을 찾을 수 없는 오류
SyntaxError	구문 오류
—TypeError	형 오류
—IndentationError	인덴트 오류

내장 예외 클래스에는 기저 클래스로부터 확장된 파생 클래스도 있습니다. 예를 들어 FileNotFoundError 클래스는 보다 넓은 개념의 오류를 나타내는 OSError 클래스를 확장한 파생 클래스입니다. 이럴 때 기저 클래스의 예외를 지정해서 처리함으로써 파생 클래스의 예외 전체를 처리할 수도 있습니다.

```
except OSError:
    ...
```

파일을 찾을 수 없는 오류를 포함하는 시스템 관련의 오류 전체를 처리할 수 있습니다

예외 클래스를 정의한다

다양한 내장 예외를 소개했습니다. 그런데 Python에서는 내장 예외 외에 자신
이 예외 클래스를 정의할 수도 있습니다. 이때는 시스템 오류 이외의 오류 전
반을 나타내는 Exception 클래스나 그 서브 클래스로부터 확장하도록 합니다.

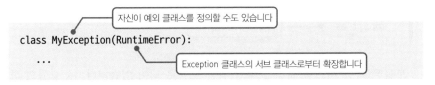

```
class MyException(RuntimeError):
    ...
```

자신이 예외 클래스를 정의할 수도 있습니다

Exception 클래스의 서브 클래스로부터 확장합니다

코드 안에서 예외를 발생시키려면 raise 문(raise statement)을 사용합니다. 그
러면 이 코드(모듈)를 이용하는 사용자는 정의 · 발생된 예외를 지정해서 내장
예외와 마찬가지로 발생한 오류에 따른 처리를 할 수 있게 됩니다.

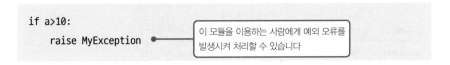

```
if a>10:
    raise MyException
```

이 모듈을 이용하는 사람에게 예외 오류를
발생시켜 처리할 수 있습니다

이러한 예외 처리의 구조를 이용함으로써 실행 시의 오류에 대해서 세세한 처
리를 할 수 있는 것입니다.

10.5 시스템 처리

시스템에 관한 처리를 한다

이 장에서는 다양한 파일의 읽고 쓰기와 그 오류 처리를 했습니다. 표준 라이
브러리의 os 모듈을 사용하면 좀 더 파일·폴더에 대해 다양한 처리를 할 수
있습니다.

구문 os 모듈의 이용

```
import os    ●━━━ os 모듈을 임포트합니다
```

os 모듈은 각종 시스템 처리를 하기 위한 모듈로 되어 있습니다. os 모듈의 함
수에 의해 다음의 조작 등을 할 수 있습니다.

표 10-6: os 모듈

함수	내용
stat(패스)	지정한 파일의 정보를 얻는다
getcwd()	현재 디렉터리를 얻는다
remove(패스)	지정한 파일을 삭제한다
mkdir(패스)	지정한 디렉터리를 생성한다
rmdir(패스)	지정한 디렉터리를 삭제한다
rename(변경 전 이름, 변경 후 이름)	파일명을 변경한다
listdir(패스)	지정한 패스의 파일명 리스트를 얻는다
access(패스, 모드)	지정한 패스의 접근 권한(모드)을 알아본다

chmode(패스, 모드)	지정한 패스의 접근 권한(모드)을 변경하다
getenv(환경 변수명)	환경 변수의 값을 얻는다

🐍 디렉터리의 내용을 표시한다

여기에서는 예로서 파일 · 폴더에 관한 정보를 표시해 봅시다. 파일을 정리해 모아두는 「폴더」는 프로그래밍 세계에서 디렉터리(directory)라고 합니다. 또한, 계층형으로 정리되어 있는 디렉터리 · 파일의 장소를 나타내는 개념을 패스(path) 또는 경로라고 합니다.

os 모듈의 listdir() 함수를 사용하면 지정한 패스의 디렉터리 내의 파일 · 디렉터리의 목록을 얻을 수 있습니다.

Lesson 10

Sample6.py ▶ 디렉터리 정보를 알아본다

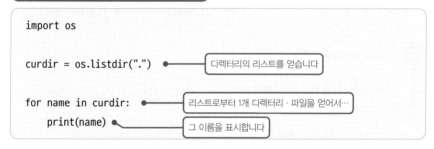

```
import os

curdir = os.listdir(".")        ● 디렉터리의 리스트를 얻습니다

for name in curdir:             ● 리스트로부터 1개 디렉터리 · 파일을 얻어서…
    print(name)                 ● 그 이름을 표시합니다
```

Sample6의 실행 화면

```
Sample.csv
Sample.json
Sample.txt
Sample1.py          ● 디렉터리 내의 파일명이 표시됩니다
Sample2.py
Sample3.py
Sample4.py
```

```
Sample5.py
Sample6.py
Sample7.py
Sample8.py
Sample9.py
```

「.」은 현재 디렉터리(커런트 디렉터리)를 나타냅니다. 여기서는 이 코드
(Sample6.py)가 존재하는 디렉터리로 되어 있습니다. 즉 이 코드는 코드와 같
은 디렉터리 내에 있는 파일(또는 디렉터리)의 목록을 얻고, 그 이름을 for 문
으로 1개씩 표시하는 것입니다.

패스를 지정해서 정보를 얻는다

패스를 지정함으로써 파일이나 디렉터리에 관해 더욱 자세한 정보를 얻을 수
있습니다. 패스로부터 정보를 얻기 위한 모듈로서 os.path 모듈이 있습니다.

구문 os.path 모듈의 이용

```
import os.path ●━━━━━ [ ospath 모듈을 임포트합니다 ]
```

os.path 모듈의 함수에 의해 다음 정보를 얻을 수 있습니다.

표 10-7: os.path 모듈

함수	내용
abspath(패스)	절대 패스를 얻는다
dirname(패스)	디렉터리명을 얻는다
basename(패스)	파일명을 얻는다
split(패스)	패스를 분할한다

splittext(패스)	패스를 확장자명 부분과 분할한다
splitdrive(패스)	패스를 드라이브명 부분과 분할한다
commonprefix(시퀀스)	시퀀스 패스의 앞부분으로부터 공통하는 부분을 얻는다
exists(패스)	패스가 존재하는지 여부를 얻는다.
commonpath(패스명의 리스트)	패스명의 리스트로부터 공통되는 부분을 얻는다
isfile( )	파일인지 여부를 알아본다
isdir( )	디렉터리인지 여부를 알아본다
getsize(패스)	파일 크기를 얻는다
getatime(패스)	최종 접근 시각(초)을 얻는다
getmtime(패스)	최종 갱신 시각(초)을 얻는다
getctime(패스)	작성 시각(초)을 얻는다

그럼 os.path 모듈을 사용해서 파일에 관한 자세한 정보를 알아보도록 합시다.

Sample7.py ▶ 파일 정보를 알아본다

```
import os
import os.path          ●────[ospath 모듈을 임포트합니다]

curdir = os.listdir( "." )

for name in curdir:                    [❶ 절대 패스명을 표시합니다]
    print( os.path.abspath(name), end = "," )

    if( os.path.isfile(name) ):    ●────[❷ 파일인지를 알아보고…]
        print( "파일입니다." )    ●────[정보를 표시합니다]
    else:
        print( "디렉터리입니다." )
print()
```

```
C:₩YPSample₩10₩Sample.csv,파일입니다.
C:₩YPSample₩10₩Sample.json,파일입니다.
C:₩YPSample₩10₩Sample.txt,파일입니다.
C:₩YPSample₩10₩Sample1.py,파일입니다.
C:₩YPSample₩10₩Sample2.py,파일입니다.
C:₩YPSample₩10₩Sample3.py,파일입니다.
C:₩YPSample₩10₩Sample4.py,파일입니다.
C:₩YPSample₩10₩Sample5.py,파일입니다.
C:₩YPSample₩10₩Sample6.py,파일입니다.
C:₩YPSample₩10₩Sample7.py,파일입니다.
C:₩YPSample₩10₩Sample8.py,파일입니다.
C:₩YPSample₩10₩Sample9.py,파일입니다.
```

여기서는 os.path 모듈의 함수를 이용해서 파일의 정보를 얻을 수 있습니다. 먼저, abspath() 함수로 절대 패스명을 표시합니다(❶). 절대 패스명은 파일이 정리되어 있는 디렉터리의 계층을 위에서부터 순서대로 생략하지 않고 기술한 것입니다.

또한, isfile() 함수로 파일인지를 확인합니다(❷). isfile( ) 함수는 파일이면 True, 디렉터리(폴더)이면 False를 반환합니다. 파일인지 여부를 알아보고 그 정보를 표시하도록 합니다.

10.6 날짜와 시각

날짜 · 시간(일시) 정보를 다룬다

프로그램의 안에서는 일시 정보를 다루는 일이 자주 있습니다. 예를 들어, 이전 절처럼 파일에 관한 정보를 얻을 때에도 작성 일시 · 갱신 일시 등의 일시정보를 다룹니다.

Python에서 일시 정보를 이용하는 데는 표준 라이브러리 datetime 모듈을 사용합니다.

구문 **일시 정보의 이용**

```
import datetime  ●────  datetime 모듈을 임포트합니다
```

datetime 모듈에 포함되는 datetime 클래스를 이용하면 일시 정보를 다룰 수있습니다.

예를 들어, datetime 클래스의 클래스 메서드인 now() 메서드를 이용하면 현재 일시를 datetime 클래스의 인스턴스로서 얻을 수 있습니다. 이 인스턴스의데이터 속성에 의해 연 · 월 · 일 등의 값을 표시할 수 있습니다.

또한, datetime 모듈에 포함되는 timedelta 클래스를 이용하면 일시의 계산을할 수 있습니다. 실제로 확인해 봅시다.

```
import datetime                              datetime 모듈을 임포트합니다

dt = datetime.datetime.now()                 ❶ 현재 일시를 얻습니다
print( "현재는", dt, "입니다." )
print( "연: ", dt.year )
print( "월: ", dt.month )                     ❷ 일시를 나타내는 데이터
print( "일: ", dt.day )                          속성을 얻습니다

dt = dt + datetime.timedelta(days = 1)       ❸ 일시를 더할 수 있습니다
print( "1일 후는", dt, "입니다." )
```

Sample8의 실행 화면

```
현재는 2021-07-04 02:07:13.973682 입니다.
연:  2021
월: 7
일:  4
1일 후는 2021-07-05 02:07:13.973682 입니다.
```

여기서는 now( ) 메서드로 현재의 일시를 얻고(❶), 연·월·일을 나타내는 데이터 속성을 표시합니다(❷).

now( ) 메서드는 클래스 메서드이기 때문에 모듈명 datetime에 이어서 클래스명 datetime을 붙여서 호출하는 것에 주의하세요. 한편, 코드 안의 다른 메서드나 데이터 속성은 작성된 일시의 인스턴스이므로 인스턴스의 속성으로 사용해 일시를 구합니다.

일시의 덧셈은 timedelta 클래스의 인스턴스로 구현합니다(❸). 「days = 1」처럼 키워드 인수로 값을 지정해 일시에 더함으로써 지정된 데이터 속성에 덧셈을 할 수 있습니다. 여기서는 「1일」을 더한 일시를 얻을 수 있습니다. 또한, 마이너스 값을 지정한 경우는 뺄셈이 이뤄집니다.

이 밖에도 datetime 모듈에 다양한 기능이 있습니다. 이용할 수 있는 주요 속성을 소개합니다.

표 10-8: datetime 모듈

데이터 속성 · 메서드	내용
datetime(연, 월, 일, 시, 분, 초, 마이크로초, 타임존)	일시를 작성 · 얻는다(연, 월, 일만 지정할 수 있음)
datetime.now()	현재 일시의 인스턴스를 얻는다
datetime.today()	현재 날짜의 인스턴스를 얻는다
datetime.fromtimestamp(타임 스탬프)	타임스탬프를 나타내는 인스턴스를 얻는다
datetime.strptime(일시 문자열, 서식)	지정한 서식의 일시 문자열로부터 인스턴스를 얻는다
일시.date()	같은 일시의 date 인스턴스를 얻는다
일시.time()	같은 일시의 time 인스턴스를 얻는다
일시.weekday()	요일(0~6)을 얻는다
일시.strftime(서식)	지정한 서식의 일시 문자열을 얻는다
일시.year	연
일시.month	월
일시.day	일
일시.hour	시
일시.minute	분
일시.second	초
일시.microsecond	마이크로초
일시.tzinfo	타임 존
timedelta(속성 = 값)	일시(속성으로 지정)의 가감산을 한다

Lesson
10

🐍 일시 정보를 서식화한다

마지막으로 일시를 다룰 때 자주 사용되는 datetime 클래스의 strtime() 메서드를 소개합니다.

strtime() 메서드의 인수에 서식을 포함한 문자열을 지정함으로써 지정한 서식에 맞는 문자열을 얻을 수 있습니다.

```
str = dt.strftime( "%c" )  ●————— 적절한 서식의 일시 문자열을 만듭니다
...
str = dt.strftime( "%Y-%m-%d" )  ●————— 「연-월-일」의 문자열로 만듭니다
```

서식화한 문자열을 실제로 확인해 봅시다.

Sample9.py ▶ 일시를 서식화한다

```python
import datetime

dt = datetime.datetime.now()
str = dt.strftime( "%c" )
print( "현재는", str, "입니다." )

dt = dt + datetime.timedelta( days = 1 )
str = dt.strftime( "%Y-%m-%d" )
print( "1일 후는", str, "입니다." )
```

Sample9의 실행 화면

```
현재는 Sun Jul  4 02:09:09 2021 입니다.
1일 후는 2021-07-05 입니다.
```

strftime( ) 메서드를 사용해서 일시 정보로부터 문자열을 얻을 수 있었습니다. strftime( ) 메서드로 지정할 수 있는 서식에는 다음과 같은 것이 있습니다.

다양한 방법으로 표시해 보세요.

표 10-9: 일시에 관한 서식

서식	의미	범위 또는 예
%c	일시	
%x	날짜	
%X	시간	
%H	시(24시간, 0 붙임)	00~23
%I	시(12시간, 0 붙임)	01~12
%M	분(0 붙임)	00~59
%S	초(0 붙임)	00~59
%Y	연도(4자리수)	2021 등
%y	연도(2자리수)	07 등
%B	월(영문자)	January~December
%b	월(영문자 약칭)	Jan~Dec
%m	월(0 붙임)	01~12
%d	일(0 붙임)	01~31
%w	요일(수치)	0(일요일)~6(토요일)
%Z	타임존	UTC 등
%p	AM/PM	AM/PM
%A	요일(영문자)	Sunday~Saturday
%a	요일(영문자 약칭)	Sun~Sat
%j	일 번호	001~366
%U	주 번호(월요일 시작)	00~53
%W	주 번호(일요일 시작)	00~53

Lesson
10

또한, 이것과는 반대로 문자열로부터 일시 정보를 얻기 위해서 datetime 클래스의 클래스 메서드인 strptime()을 사용할 수 있습니다. 지정한 서식으로 문자열을 해석해서 datetime 인스턴스를 작성합니다. 문자열과 일시의 변환에 이용하면 편리할 것입니다.

```
dt = datetime.datetime.strptime( "2018-01-04", "%Y-%m-%d" )
```

「연-월-일」로 해석한 인스턴스를 작성합니다

일시 정보를 다루는 모듈

datetime 모듈에는 일시를 다루는 datetime 클래스 외에 날짜만을 다루는 date 클래스나 시각 만을 다루는 time 클래스가 있습니다.

또한, Python의 표준 라이브러리에는 그 밖에 일시를 다루는 모듈로서 시각을 다루는 time 모듈이나 8장에서 소개한 달력을 다루는 calendar 모듈이 있습니다. 이러한 편리한 모듈과 그 클래스에 대해서도 책 후반부 Appendix B의 「리소스」에서 Python의 레퍼런스를 참조하면 좋을 것입니다.

10.7 레슨의 정리

이 장에서는 다음을 배웠습니다.

- open( ) 함수를 사용하여 파일을 열 수 있습니다.
- 파일의 close( ) 메서드를 사용하여 파일을 닫을 수 있습니다.
- 파일의 메서드를 사용하여 파일의 읽고 쓰기를 할 수 있습니다.
- csv 모듈을 사용하여 CSV 파일의 읽고 쓰기를 할 수 있습니다.
- json 모듈을 사용하여 JSON 파일의 읽고 쓰기를 할 수 있습니다.
- os 모듈을 사용하여 파일·디렉터리 정보를 얻기·조작할 수 있습니다.
- os.path 모듈을 사용하여 패스에 의한 정보를 얻을 수 있습니다.
- datetime 모듈을 사용하여 일시 정보를 알아볼 수 있습니다.

이 장에서는 파일에 관한 기능을 배웠습니다. 파일을 조작할 수 있으면 다양한 데이터를 이용하는 처리를 할 수 있습니다. 텍스트 파일·CSV·JSON 파일 등, 적절한 파일을 이용하는 것이 중요합니다. 파일·디렉터리·일시에 관한 정보를 얻는 방법도 기억해 두면 편리합니다.

Lesson
10

연습문제

1. 아래 예와 같이 현재 디렉터리 내의 파일에 대해서 정보를 출력하세요. 또한, 다음의 함수 · 메서드를 이용할 수 있습니다.

   ▪ os.path.getsize () ········ 파일 크기를 얻는다

   ```
   이름        크기
   Sample.txt  174 바이트
   Sample1.py  201 바이트
   Sample2.py  620 바이트
   ```

2. 아래 예와 같이 현재 디렉터리 내의 파일에 대해서 일시 정보를 출력하세요. 또한, 다음의 함수 · 메서드를 이용할 수 있습니다.

   ▪ os.path.getatime() ········ 최종 액세스 시각의 타임 스탬프를 얻는다
   ▪ datetime.datetime.fromtimestamp() ········ 타임존으로부터 datetime 인스턴스로 변환한다

   ```
   이름           최종 액세스 시각
   Sample.txt     2021-07-04 02:15:27.491645
   Sample1.py     2021-06-29 17:56:27.317146
   Sample2.py     2021-07-04 01:47:27.107756
   ```

*역자 주: 책의 뒷부분에 해답이 있습니다.

데이터베이스와
네트워크

대량의 데이터를 처리할 때에 데이터베이스가 사용되는 일이 있습니다. 데이터베이스는 대량의 데이터를 효율적으로 관리하는 시스템입니다. 많은 유용한 데이터가 데이터베이스에 의해 관리됩니다. 데이터 분석 등의 용도로 데이터베이스를 이용하는 기회도 있을 것입니다. 또한, Web 등에서 정보를 추출하려면 네트워크에 관한 지식도 필요합니다. 이 장에서는 데이터베이스와 네트워크를 이용하는 방법에 대해서 배웁시다.

Check Point!
- 데이터베이스
- SQL 문
- SQLite
- 표의 작성·갱신·삭제
- SELECT 문
- 데이터의 정렬
- 네트워크
- URL 오픈
- HTML의 해석

11.1 데이터베이스

데이터베이스를 사용하는 코드를 작성한다

Python에서 데이터 분석 등을 할 때 대량의 데이터를 다룰 경우가 있습니다. 이러한 데이터는 데이터를 관리를 위해 특화된 각종 데이터베이스 제품으로 관리할 때가 많습니다. 이 장에서는 데이터베이스를 다루는 코드를 작성해 봅시다.

데이터베이스의 구조를 안다

현재, 기업 등에서 이용되는 데이터베이스 제품은 관계형 데이터베이스 (relational database)라는 종류가 주류입니다. 관계형 데이터베이스는 데이터를 표 형식으로 다룰 수 있는 데이터베이스입니다. 예를 들어, 상품에 관한 데이터를 다음과 같은 표의 형태로 다룰 수 있습니다.

product 표

name	price
연필	80
지우개	50
자	200
컴퍼스	300
볼펜	100

데이터를 표 형식으로 다룰 수 있습니다

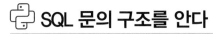 SQL 문의 구조를 안다

관계형 데이터베이스는 SQL(구조화 질의어) 언어에 의해 간단히 데이터를 조작하고 질의할 수 있습니다.

「price」열의 값이 「300」인 상품

을 데이터베이스에 질의해서 조건에 따라서 데이터를 꺼낼 수 있습니다.

name	price
컴퍼스	300

● —— [데이터를 꺼낼 수 있습니다]

SQL에서는 구문이라는 단위로 하나의 질의(쿼리)를 하도록 되어 있습니다. 이제부터 간단한 SQL 문을 소개하면서 데이터베이스를 알아봅시다.

> **중요 |** 관계형 데이터베이스에 쿼리를 하려면 SQL 문을 사용한다.

질의

데이터베이스

그림 11-1 데이터베이스
데이터베이스를 이용하는 코드를 작성할 수 있습니다.

표를 작성한다

관계형 데이터베이스를 이용하려면 먼저 데이터베이스 내에 데이터를 저장하기 위한 표(table)를 작성해야 합니다. 이번 절에서는 표를 작성하는 방법부터 살펴봅시다.

표의 작성 등과 관련된 SQL 문은 다음과 같습니다. 표의 작성 · 갱신 · 삭제에 관한 SQL 문이 정해져 있습니다.

표 11-1: 표의 작성 · 갱신 · 삭제

데이터 조작	SQL 문
표를 작성한다	CREATE TABLE 표 이름(열 이름 형, …)
표를 갱신한다	ALTER TABLE 표 이름(ADD 열 이름 형, · · ·)
표를 삭제한다	DROP TABLE 표 이름

예를 들어 표를 작성할 때는 다음과 같이 CREATE TABLE 문을 사용할 수 있습니다.

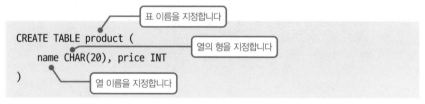

```
CREATE TABLE product (          표 이름을 지정합니다
    name CHAR(20), price INT    열의 형을 지정합니다
)                               열 이름을 지정합니다
```

이 SQL 문을 통해서 표 「product」를 작성할 수 있습니다.

여기서는 product 표 안에 문자를 저장할 수 있는 name 열과 정수를 저장할 수 있는 price 열을 작성합니다.

product 표

name	price

표를 작성할 수 있습니다

중요 | SQL 문을 사용해서 표의 작성·갱신·삭제를 할 수 있다.

표에 데이터를 추가한다

표를 작성했으면 표에 데이터를 저장해야 합니다. 불필요한 데이터가 존재하면 갱신·삭제도 해야 할 것입니다. 이러한 데이터의 추가·갱신·삭제에 관한 SQL 문은 다음과 같습니다.

표 11–2: 데이터의 추가·갱신·삭제

데이터 조작	SQL 문
데이터를 추가한다	INSERT INTO 표 이름 VALUES(값, 값…)
데이터를 갱신한다	UPDATE 표 이름 SET 열 이름 = 값 WHERE 조건
데이터를 삭제한다	DELETE FROM 표 이름 WHERE 조건

예를 들어, 앞에서의 product 표에 데이터「연필, 80」을 추가하려면 INSERT 문을 지정합니다.

```
INSERT INTO product          표 이름을 지정합니다
VALUES('연필', 80)           값을 지정합니다
```

이 구문에 의해 name 열에 「연필」, price 열에 「80」이 순서대로 저장됩니다. 이 방법을 사용하면 필요한 데이터를 표에 저장할 수 있습니다.

product 표

name	price
연필	80

●————[데이터를 추가할 수 있습니다]

> **중요 |** SQL 문을 사용해서 데이터의 추가 · 갱신 · 삭제를 할 수 있다.

표로부터 데이터를 질의한다

표와 데이터 준비를 했으면 필요한 데이터를 쿼리해 표에서 추출합니다. 표의 쿼리를 하려면 다음의 SELECT 문을 사용합니다.

표 11-3: 데이터의 질의

데이터 조작	SQL 문
데이터를 질의한다	SELECT 열 이름 FROM 표 이름 WHERE 조건

예를 들어, product 표의 전체 데이터를 지정해서 추출하려면 다음의 SELECT 문을 사용합니다.

```
SELECT * FROM product
```
●————[표 이름을 지정합니다]

product 표에 5건의 데이터가 존재한다면 이 SQL 문으로 5건의 전체 데이터를 꺼낼 수 있습니다.

name	price
연필	80
지우개	50
자	200
컴퍼스	300
볼펜	100

데이터를 꺼낼 수 있습니다

SELECT 문에 지정한 기호 「*」는 전체 열을 나타내는 지정입니다. 표 안의 열 이름을 지정할 수도 있습니다.

> 중요 | SQL 문인 SELECT 문을 사용해서 데이터의 쿼리를 할 수 있습니다.

표 전체를 표시한다

이제까지 소개한 SQL 문을 사용해서 데이터베이스를 조작하는 코드를 작성해 봅시다.

Python 환경에서는 간단한 데이터베이스인 SQLite가 표준으로 포함되어 있습니다. 표준 라이브러리인 sqlite3 모듈을 사용하면 데이터베이스를 조작할 수 있습니다.

구문 데이터베이스의 이용

```
import sqlite3
```

데이터베이스를 이용하기 위한 모듈을 임포트합니다

바로 sqlite3 모듈을 사용해 봅시다.

```python
import sqlite3

conn = sqlite3.connect( "pdb.db" )

c = conn.cursor()

c.execute( "DROP TABLE IF EXISTS product" )

c.execute( "CREATE TABLE product(name CHAR(20), price INT)" )
c.execute( "INSERT INTO product VALUES('연필', 80)" )
c.execute( "INSERT INTO product VALUES('지우개', 50)" )
c.execute( "INSERT INTO product VALUES('자', 200)" )
c.execute( "INSERT INTO product VALUES('컴퍼스', 300)" )
c.execute( "INSERT INTO product VALUES('볼펜', 100)" )

conn.commit()

itr = c.execute( "SELECT * FROM product" )

for row in itr:
    print( row )

conn.close()
```

데이터베이스를 이용하기 위한 모듈을 임포트합니다

❶ 데이터베이스에 접속합니다

❷ 커서를 얻습니다

❸ 표를 작성합니다

데이터를 추가합니다

❹ 커밋합니다

표의 전체 데이터를 꺼냅니다

꺼낸 데이터를 표시합니다

❺ 데이터베이스를 닫습니다

Sample1의 실행 화면

```
('연필', 80)
('지우개', 50)
('자', 200)
('콤파스', 300)
('볼펜', 100)
```

모든 데이터를 꺼냅니다

SQLite를 사용하기 위해서는 다음 순서로 조작을 합니다.

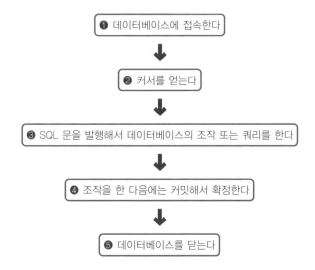

먼저 connect() 함수를 사용해서 데이터베이스에 접속합니다. 여기서는 데이터베이스 「pdb.db」에 접속합니다. 이런 이름의 데이터베이스가 존재하지 않는다면 데이터베이스가 새롭게 생성됩니다. 데이터베이스에 접속하면 Connection 클래스의 인스턴스가 반환됩니다(❶).

다음에 Connection 클래스의 cursor() 메서드를 사용하여 Cursor 클래스 인스턴스를 얻습니다(❷). Cursor 클래스는 커서(cursor)라는 개념을 나타내기 위한 것입니다. 커서는 데이터를 1행씩 조작을 하기 위해서 필요한 구조입니다.

커서를 얻으면 SQL 문을 실행할 수 있습니다. SQL을 실행하는 데는 Cursor 클래스의 execute() 메서드를 사용합니다.

여기에서는 먼저 표가 존재할 때 표의 삭제를 합니다. 이때 SQL 문의 안에서 「IF EXISTS」라는 표현을 사용할 수 있습니다. 이 표현은 SQL 확장 표현이며, 표의 존재를 확인할 수 있습니다.

그리고 CREATE TABLE 문을 사용해서 product 표를 작성합니다(❸). 작성한 표에는 INSERT 문으로 데이터를 추가합니다.

그런데 이러한 데이터베이스를 갱신 조작을 한 다음에는 반드시 갱신을 확정하는 처리를 해야 합니다. 이 처리를 커밋(commit)이라고 합니다. 커밋을 하려면 Connection 클래스의 commit() 메서드를 사용합니다(❹).

그리고 SELECT 문으로 데이터를 쿼리합니다. 쿼리 결과로서 결과 데이터를 순서대로 처리할 수 있는 이터레이터가 반환됩니다.

마지막으로 Connection 클래스의 close() 메서드를 사용하여 데이터베이스와의 접속을 닫습니다(❺). 이러한 순서로 데이터베이스에서 데이터를 꺼낼 수 있는 것입니다.

다음 표에서 데이터베이스 조작에서 필요한 기능을 정리합니다.

표 11-4: sqlite3 모듈

함수 · 메서드	내용
connet(파일명)	파일명을 지정해 데이터베이스에 접속한다
커넥션.commit( )	갱신을 커밋한다
커넥션.close( )	데이터베이스를 닫는다
커서.execute(SQL 문)	데이터베이스에 SQL 문을 실행한다

데이터베이스로의 접근

관계형 데이터베이스에는 다양한 종류가 있습니다. 표준으로 제공되는 SQLite 외에도 인터넷에 공개된 각종 모듈을 이용함으로써 MySQL이나 PostgreSQL 등의 다양한 데이터베이스 제품에 접근할 수 있습니다. 이러한 데이터베이스 제품은 모두 SQL에 의해 조작을 할 수 있습니다.

질의

데이터베이스

SQLite
MySQL
PostgreSQL

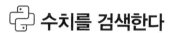

11.3 조건에 의한 검색

수치를 검색한다

이전 절에서는 표에 저장되어 있는 데이터의 전체를 꺼냈습니다.

데이터를 쿼리할 때에는 조건을 지정해서 조건에 해당하는 데이터만을 꺼낼 수도 있습니다. 이 때에는 SELECT 문의 안에서

WHERE 조건

을 지정합니다. 예를 들어, product 표에서 단가가 「200」 이상인 데이터만을 꺼냅시다. 이때 다음과 같이 지정합니다.

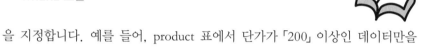

```
SELECT *
FROM product
WHERE price >= 200    ●————[ 조건을 지정합니다 ]
```

product 표

name	price
연필	80
지우개	50
자	200
컴퍼스	300
볼펜	100

➡

name	price
자	200
컴퍼스	300

SQL에는 조건을 다음의 연산자로 작성할 수 있습니다.

표 11-5: SQL의 조건을 붙이는 연산자

연산자	식이 True가 될 때
==	좌변이 우변과 같다
⟨⟩	좌변이 우변과 같지 않다
⟩	좌변이 우변보다 크다
⟩=	좌변이 우변보다 크거나 같다
⟨	좌변이 우변보다 작다
⟨=	좌변이 우변보다 작거나 같다
AND	좌변과 우변이 모두 True
OR	좌변 또는 우변 중 하나가 True
NOT	우변이 True가 아닐 때

실제로 확인해 봅시다. 또한, 이 장의 이 절 이후의 코드는 Sample1을 실행해 먼저 product 표와 데이터를 작성되어 있어야 합니다.

Sample2.py ▶ 조건을 붙여서 좁힌다

```python
import sqlite3

conn = sqlite3.connect( "pdb.db" )

c = conn.cursor()

itr = c.execute( "SELECT * FROM product WHERE price >= 200" )

for row in itr:
    print( row )

conn.close()
```

조건을 붙여서 꺼냅니다

('자', 200) ● ← 단가가 「200」 이상인 데이터를 꺼냈습니다
('콤파스', 300)

SQL 문을 조금 변경해 데이터 전체를 꺼내는 방법과 마찬가지로 데이터를 일부 꺼낼 수 있었습니다. 단가가 「200」 이상인 2건의 데이터만이 추출됩니다.

문자열로 검색한다

또 다른 연습을 해 봅시다. 조건을 붙일 때에 문자열을 지정할 수 있습니다. name 열이 「연필」인 행을 검색해 봅시다. 문자열은 싱글 퀘테이션으로 감쌉니다.

```
SELECT *
FROM product
WHERE name = '연필' ● ← 문자열을 지정합니다
```

product 표

name	price
연필	80
지우개	50
자	200
컴퍼스	300
볼펜	100

→

name	price
연필	80

← 문자열을 지정해서 좁힙니다

코드를 실행해서 확인해 보세요. 「연필」 데이터만이 추출되는 것을 알 수 있을 것입니다.

```python
import sqlite3

conn = sqlite3.connect( "pdb.db" )

c = conn.cursor()

itr = c.execute( "SELECT * FROM product WHERE name = '연필' " )

for row in itr:
    print( row )

conn.close()
```

Sample3의 실행 화면

('연필', 80) ●━━━━━━━━[「연필」 데이터를 꺼냅니다]

🐍 데이터의 일부로 검색한다

문자열로 검색을 할 때, 데이터의 일부를 지정해서 검색할 수도 있습니다. 이를 위해서는

LIKE

라는 지정을 사용합니다.

예를 들어, 문자 「우」를 포함하는 상품을 검색해 봅시다. 이때, 여러 개의 문자열을 나타내는 「%」를 「우」의 앞 뒤에 붙입니다.

```
SELECT *
FROM product
WHERE name = LIKE '%우%'    ●────  문자열의 일부를 지정해서 좁힙니다
```

코드를 작성해 봅시다. 검색 부분 이외는 Sample2와 같습니다.

Sample4.py ▶ 데이터의 일부로 검색한다

```python
import sqlite3

conn = sqlite3.connect("pdb.db")

c = conn.cursor()

itr = c.execute( "SELECT * FROM product WHERE name LIKE '%우%' " )

for row in itr:
    print( row )

conn.close()
```

Sample4의 실행 화면

```
('지우개', 50)   ●────  「우」를 포함하는 데이터를 꺼냅니다
```

값의 순서로 정렬한다

이 절의 마지막으로 꺼낸 데이터를 정렬하는 방법을 소개합니다. 정렬을 하려면

ORDER BY 열 이름

으로 정렬의 기준이 되는 열 이름을 지정합니다. 예를 들어, 다음의 SQL 문에 의해 price 열의 값이 작은 순(오름차순)으로 정렬됩니다.

```
SELECT *
FROM product
ORDER BY price ●——— ❶ price 열의 값이 작은 순으로 정렬됩니다
```

또한, 큰 순(내림차순)으로 정렬하려면 마지막에 DESC를 붙입니다.

```
SELECT *
FROM product
ORDER BY price DESC ●——— ❷ price 열의 값이 큰 순으로 정렬됩니다
```

❶ price 열의 값이 작은 순(오름차순)으로 정렬합니다.

name	price
지우개	50
연필	80
볼펜	100
자	200
컴퍼스	300

❷ price 열의 값이 큰 순(내림차순)으로 정렬합니다

name	price
컴퍼스	300
자	200
볼펜	100
연필	80
지우개	50

그래서 여기서는 단가가 높은 순(내림차순)으로 정렬해 봅시다. 쿼리 부분 이외는 지금까지와 같습니다.

Sample5.py ▶ 정렬한다

```
import sqlite3


conn = sqlite3.connect( "pdb.db" )
```

```
c = conn.cursor()

itr = c.execute( "SELECT * FROM product ORDER BY price DESC" )

for row in itr:
    print( row )

conn.close()
```

price 열의 값이 큰 순으로 정렬됩니다

Sample5의 실행 화면

```
('콤파스', 300)
('자', 200)
('볼펜', 100)
('연필', 80)
('지우개', 50)
```

단가가 높은 순으로 정렬됩니다

단가가 높은 순으로 데이터를 정렬했습니다. 데이터베이스의 정보를 활용하고 있습니다.

Lesson
11

🖥️ 데이터베이스의 보안에 유의한다

이 장에서는 SQL 문을 사용해서 다양한 검색을 했습니다. 다만, 프로그램의 이용자가 검색 데이터를 지정해서 입력하는 것과 같은 프로그램을 작성할 때는 주의해야 할 것이 있습니다. 예를 들어, 다음과 같은 SQL 문에서 검색을 하는 경우를 생각해 봅시다.

```
SELECT * FROM product WHERE price = ☐
```

검색하는 조건에 입력 데이터를 사용할 때를 생각합시다

사용자가 입력하는 값

이때, 사용자가 다음과 같이 SQL 문을 포함하는 구문을 입력하면 검색을 실행할 때 데이터베이스 안의 데이터가 삭제되어 버립니다.

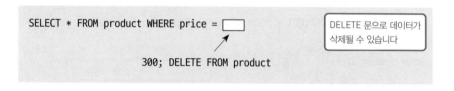

```
SELECT * FROM product WHERE price = □
                   300; DELETE FROM product
```
DELETE 문으로 데이터가 삭제될 수 있습니다

이와 같이 옳지 않은 SQL 문을 입력받음으로써 데이터베이스가 비정상적으로 조작되고 이것을 SQL 인젝션이라고 합니다. 사용자에게 검색 조건을 입력시킬 때는 데이터베이스의 보안에 주의해야 합니다.

이러한 상황을 막기 위해서는 SQL 문 안의 검색 조건을 플레이스 홀더라는 구조로 작성해 둡니다. 플레이스 홀더는 SQL 문 안의 특수한 의미를 가진 문자를 제거하여 옳지 않은 SQL 문이 실행되지 않도록 하는 것입니다.

Python에서는 플레이스 홀더를 기호 「?」로 기술합니다(❶). 그러면 플레이스 홀더와 입력 값이 기억되는 변수를 관련 짓는(바인드한다) 작업이 이뤄집니다 (❷).

이렇게 SQL 문이 실행될 때 플레이스 홀더와 입력 값이 교체되고(❸), 옳지 않은 SQL 문을 실행되지 않게 할 수 있습니다.

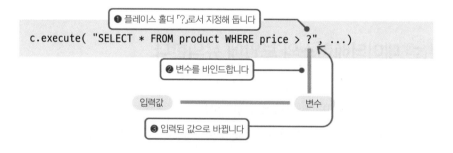

❶ 플레이스 홀더 「?」로서 지정해 둡니다

```
c.execute( "SELECT * FROM product WHERE price > ?", ...)
```

❷ 변수를 바인드합니다

입력값 ──────── 변수

❸ 입력된 값으로 바뀝니다

데이터베이스의 활용

SQL 문에는 여기에서 소개한 방법 외에도 여러 가지 구문이 있습니다. 예를 들어, 여러 개의 표를 결합하거나 같은 데이터를 그룹화 할 수도 있습니다. 다양한 SQL 구문을 사용하여 데이터베이스에서 자유롭게 데이터를 꺼낼 수 있습니다.

이 책에서는 기본 구문에 한정해서 SQL 구문을 소개하고 있습니다. 데이터베이스를 활용할 때에는 더욱 높은 수준의 SQL 문을 사용해 보세요.

11.4 네트워크의 이용

URL을 오픈한다

데이터베이스에서 관리된 데이터를 이용하는 방법에 대해서 살펴봤습니다. 데이터를 이용할 때에 데이터가 네트워크 상에 존재할 때도 있습니다. 그래서 이 절에서는 네트워크의 이용 방법을 소개합니다.

표준 라이브러리인 urllib 패키지의 모듈을 이용하면 URL을 지정해서 네트워크 상의 데이터를 이용할 수 있게 됩니다.

여기서는 URL을 지정해서 읽기 때문에 urllib.request 모듈을 사용합니다

구문 URL을 읽어 들이는 모듈

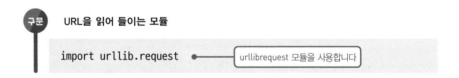

```
import urllib.request          ● ─── urllibrequest 모듈을 사용합니다
```

Sample6.py ▶ URL을 오픈한다

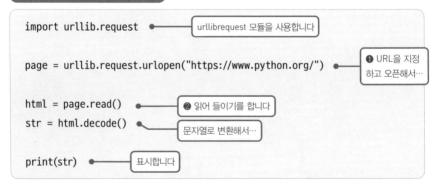

```
import urllib.request          ● ─── urllibrequest 모듈을 사용합니다

page = urllib.request.urlopen("https://www.python.org/")     ● ── ❶ URL을 지정
                                                                   하고 오픈해서…

html = page.read()          ● ─── ❷ 읽어 들이기를 합니다
str = html.decode()         ● ─── 문자열로 변환해서…

print(str)          ● ─── 표시합니다
```

```
<!doctype html>
...(생략)
```
HTML이 표시됩니다

urllib.request 모듈의 urlopen() 함수를 사용하면 URL로 연결할 수 있습니다
(❶).

Web 페이지에 연결한 경우에는 http.client 모듈의 HTTPResponse 클래스의
인스턴스가 반환됩니다. 그래서 이 클래스의 read() 메서드로 페이지를 읽어
들일 수 있습니다(❷). 또한, 읽어 들인 데이터는 바이트 열로 되어 있으므로
바이트 열을 나타내는 bytes 클래스의 decode() 메서드를 사용해서 문자열로
변환하여 표시를 했습니다.

HTML을 해석한다

URL을 지정하여 Web 페이지를 읽고, 거기에서 얻은 HTML을 해석해야 할
때도 있습니다. 그럴 때에는 html.parser 모듈의 HTMLParser 클래스를 사
용합니다.

```
from html.parser import HTMLParser
```
HTMLParser 클래스를 임포트합니다

이 클래스는 HTML 해석을 하는 메서드를 가지고 있습니다. HTML를 읽어
들여 해석할 때 HTML 안에 태그나 데이터가 나타나면 그것들을 해석하기 위
해서 다음 이름의 메서드가 호출되게 되어 있습니다.

표 11-6: HTML Parser 클래스의 메서드

메서드	호출되는 타이밍
handle_starttag(tag, attrs)	시작 태그의 출현
handle_endtag(tag)	종료 태그의 출현

handle_startendtag(tag, attrs)	시작 태그와 종료 태그를 합친 태그의 출현
handle_data(data)	데이터의 출현
handle_comment(data)	코멘트의 출현
handle_entityref(name)	실체 참조의 출현
handle_charref(name)	문자 참조의 출현

그래서 HTML을 해석할 때는 HTMLParser 클래스의 파생 클래스를 정의합니다. 그리고 표 11-6의 필요한 메서드를 정의해 오버라이드함으로써 필요한 해석을 할 수 있습니다.

예를 들어, 시작 태그나 태그 아래에 있는 데이터를 처리하고 싶다면 다음 메서드를 오버라이드하는 것입니다.

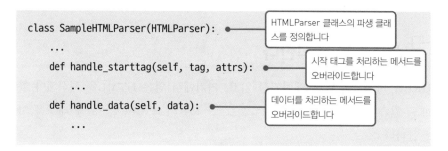

```
class SampleHTMLParser(HTMLParser):
    ...
    def handle_starttag(self, tag, attrs):
        ...
    def handle_data(self, data):
        ...
```

HTMLParser 클래스의 파생 클래스를 정의합니다

시작 태그를 처리하는 메서드를 오버라이드합니다

데이터를 처리하는 메서드를 오버라이드합니다

실제로 해석을 하려면 미리 정의한 클래스의 인스턴스를 작성하고, 읽어 들인 데이터를 feed() 메서드에 지정합니다.

```
html = page.read()
str = html.decode()

p = SampleHTMLParser()
p.feed( str )
```

정의한 클래스의 인스턴스를 작성하고…

읽어 들인 페이지를 해석합니다

그러면 실제로 페이지가 읽어 들여져 페이지 안에 시작 태그나 태그 아래 등에 있는 데이터가 나타났을 때에 오버라이드한 메서드의 처리가 호출됩니다. 이렇게 HTML이 해석됩니다.

이 상태를 바로 코드로 봅시다.

Sample7.py ▶ HTML을 해석한다

```python
import urllib.request
from html.parser import HTMLParser

class SampleHTMLParser( HTMLParser ):
    def __init__( self ):
        HTMLParser.__init__( self )
        self.title = False

    def handle_starttag( self, tag, attrs ):
        if tag == "title":
            self.title = True

    def handle_data( self, data ):
        if self.title is True:
            print( "타이틀: ", data )
            self.title = False

page = urllib.request.urlopen( "http://www.python.org" )

html = page.read()
str = html.decode()

p = SampleHTMLParser()
p.feed( str )

p.close()
```

htmlparser 모듈의 HTMLParser 클래스를 임포트합니다

HTMLParser 클래스를 기저 클래스로 한 파생 클래스를 정의합니다

❶ 생성자를 정의합니다

❷ HTML의 시작 태그를 해석하는 메서드를 정의합니다

❸ HTML 안의 데이터를 얻는 메서드를 정의합니다

정의한 클래스의 인스턴스를 작성하고…

읽어 들인 페이지를 해석합니다

Lesson
11

> 타이틀: Welcome to Python.org

여기에서는 생성자 내에서 데이터 속성 self.title을 작성하고 False로 합니다
(❶). 또한, 시작 태그를 해석하는 메서드 내에서 시작 태그로서 〈title〉이 나
타났을 때 self.title을 True로 합니다(❷). 그리고 데이터를 처리하는 메서드
안에서 self.title이 True였을 때 데이터를 출력합니다(❸).

그리고 〈title〉 시작 태그의 아래에 있는 데이터인 타이틀을 출력합니다.

이렇게 자신이 HTMLParser 클래스의 파생 클래스의 메서드의 처리 내용을
정의하고 오버라이드함으로써 다양한 HTML 해석을 할 수 있게 됩니다. 타이
틀 외에도 다양한 태그나 데이터를 처리할 수 있을 것입니다.

네트워크를 다루는 그 밖의 모듈

네트워크를 다루기 위해서는 여기서 소개한 모듈을 이용하는 것 외에도 여러 가지 방법
이 있습니다. 특히, 간단하게 Web 페이지를 이용할 때에는 Anaconda에서도 설치되는
Requests 모듈이 이용됩니다.

11.5 레슨의 정리

이 장에서는 다음을 배웠습니다.

- 관계형 데이터베이스에서는 표로 데이터를 관리합니다.
- 관계형 데이터베이스를 조작하기 위해서는 SQL 문을 사용합니다.
- SQL 문에 의해 표를 작성·갱신·삭제를 할 수 있습니다.
- SQL 문에 의해 데이터의 추가·삭제·갱신을 할 수 있습니다.
- SQL 문에 의해 데이터의 쿼리를 할 수 있습니다.
- SQL 문에 의해 조건을 지정하여 쿼리를 할 수 있습니다.
- SQL 문에 의해 데이터의 정렬을 할 수 있습니다.
- URL을 오픈할 수 있습니다.
- HTML의 해석을 할 수 있습니다.

데이터베이스는 대량의 데이터를 관리할 때 빼놓을 수 없는 존재입니다. 데이터베이스의 데이터를 이용함으로써 다양한 데이터 분석을 할 수 있을 것입니다.

또한, 네트워크를 다루는 라이브러리를 이용함으로써 네트워크 상의 데이터도 다룰 수 있게 됩니다. 여기에서는 데이터베이스나 네트워크를 이용하기 위한 기본을 알아 두도록 합시다.

연습문제

1. 다음의 데이터베이스를 작성하고 모든 행을 표시해 보세요.

product 표

name(상품명)	num(재고)
귤	80
딸기	60
사과	22
복숭아	50
밤	75

```
('귤', 80)
('딸기', 60)
('사과', 22)
('복숭아', 50)
('밤', 75)
```

2. 1의 데이터베이스에서 재고가 30 이하인 행을 표시해 보세요.

```
('사과', 22)
```

*역자 주: 책의 뒷부분에 해답이 있습니다.

기계학습의 기초

컴퓨터의 발전에 의해 대량의 데이터를 다룰 수 있게 된 오늘날,
기계학습이 주목받고 있습니다. 이 장에서는 기계학습을 실시하
는 코드를 작성할 때 필요한 지식을 배웁니다.
기계학습에서는 통계학·수학 분야의 지식을 응용합니다. Python
에서는 많은 통계·수학 관련 지표를 각종 모듈에 의해 얻을 수
있습니다. 또한, 기계학습에서는 데이터의 가시화도 해야 합니다.
다양한 그래프 그리는 법을 배웁시다.

Check Point!
- 통계 지표
- statistics
- math
- random
- 데이터의 가시화
- Matplotlib
- NumPy

12.1 기계학습

기계학습을 안다

컴퓨터의 발전에 의해 대량의 데이터를 고속으로 처리할 수 있게 된 현재, 컴퓨터로 구현한 다양한 방법이 주목되고 있습니다.

기계학습(machine learning)은 사람과 동일한 사고를 컴퓨터를 이용해서 시행해 도움이 되게 하는 방법입니다. 관측된 데이터를 학습하여 해당하는 모델로부터 미래 예측을 하거나 데이터의 규칙을 찾아내는 것 등을 목표로 합니다.

Python은 고도의 데이터 처리를 할 수 있게 하며, 그것들을 간단하게 실현하는 패키지 · 모듈이 많이 공개됨으로써 기계학습에서의 이용이 매우 활발해지고 있습니다. 그래서 이 장에서는 기계학습을 위해 필요한 지식을 배우도록 합시다.

기계학습에는 다양한 방법이 알려져 있습니다. 예를 들어, 데이터나 기준을 학습 사례로 주고 모델을 지도하고 그 모델을 바탕으로 예측 등을 하는 방법으로서 분류(classification)나 회귀(regression)라는 방법이 있습니다. 이러한 방법은 표준(정답)을 주고 학습을 하므로 지도 학습이라고 합니다.

한편, 데이터만을 주고 기준 자체를 찾아내려는 방법으로 클러스터링(clustering) 방법이 알려져 있습니다. 이러한 방법은 비지도 학습이라고 합니다.

이러한 기계학습의 각종 방법(알고리즘)을 익히려면 이제까지 배워 온 데이터 처리 방법 등과 더불어 기초적인 통계 지식이나 그래프 등을 사용한 데이터 가시화 방법 등에 대해 넓게 알아 둬야 합니다. 이번 장에서는 기계학습의 기초를 배웁니다.

12.2 통계 지표

통계 지표를 다루는 모듈

이 절에서는 먼저 대량의 데이터로부터 기본적인 통계 지표를 얻는 방법에 대해서 배웁시다. Python의 표준 라이브러리에는 통계 지표를 얻기 위한 statistics 모듈이 존재합니다.

구문 통계 지표를 다루는 모듈

```
import statistics
```
통계를 다루는 statistics 모듈을 임포트합니다

statistics 모듈에서는 데이터 분석의 중앙이나 산포를 나타내는 일반적인 각종 통계 지표를 얻을 수 있습니다. 바로 확인해 봅시다.

Sample1.py ▶ 통계 지표를 얻는다

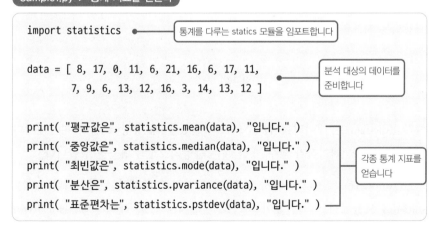

```python
import statistics

data = [ 8, 17, 0, 11, 6, 21, 16, 6, 17, 11,
        7, 9, 6, 13, 12, 16, 3, 14, 13, 12 ]

print( "평균값은", statistics.mean(data), "입니다." )
print( "중앙값은", statistics.median(data), "입니다." )
print( "최빈값은", statistics.mode(data), "입니다." )
print( "분산은", statistics.pvariance(data), "입니다." )
print( "표준편차는", statistics.pstdev(data), "입니다." )
```

통계를 다루는 statics 모듈을 임포트합니다

분석 대상의 데이터를 준비합니다

각종 통계 지표를 얻습니다

Lesson
12

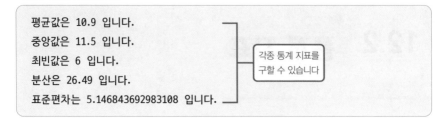

평균값은 10.9 입니다.
중앙값은 11.5 입니다.
최빈값은 6 입니다.
분산은 26.49 입니다.
표준편차는 5.146843692983108 입니다.

각종 통계 지표를
구할 수 있습니다

여기서는 리스트로 준비한 분석 대상의 데이터에 대해서 일반적인 통계 지표
인 평균값 · 중앙값 · 최빈값 · 분산 · 표준편차를 얻고 있습니다.

중앙을 나타내는 지표를 안다

이렇게 얻어진 통계 지표에 대해서 조금 설명합니다. 대량의 데이터에 대해서
그 전체의 특징을 알기 위해서는 데이터가 어떻게 분산되어 있는지를 파악해
야 합니다.

먼저, 분산의 중앙을 나타내는 지표로서 평균값 · 중앙값 · 최빈값이 있습니다.

평균값(mean)은 모든 데이터를 더한 값을 데이터의 개수로 나눈 것입니다.
「x_1, x_2, ...x_{n-1}, x_n」의 n개의 데이터가 있다고 하면 평균은 다음 식으로 나타냅
니다. 평균은 데이터 전체의 중앙을 나타내는 개념으로서 일반적으로도 자주
사용되는 지표입니다.

$$\text{평균값} \quad \frac{\sum x_i}{n}$$

중앙값(median)은 데이터를 값 순으로 나열했을 때 중앙에 위치하는 데이터
값을 말합니다. 데이터가 짝수 개일 때는 중앙의 2개의 평균을 취합니다.

최빈값(mode)은 데이터 중에서 가장 많은 빈도로 존재하는 값입니다. 또한,
statistics 모듈에서는 최빈값이 하나로 정해지지 않을 때에는 StatisticsError

예외가 발생되므로 주의하세요.

🐍 산포를 나타내는 지표를 안다

분포의 산포(흩어짐 정도)를 나타내는 지표로서 분산과 표준편차가 자주 사용됩니다.

분산(variance)은 각 데이터와 평균과의 차의 제곱을 평균한 값이며, 데이터가 평균에서 얼마나 흩어져 있는지를 나타내는 지표로 삼을 수 있습니다. 데이터를 「x_1, x_2, ...x_{n-1}, x_n」, 평균을 「μ」라고 하면 분산은 다음 식으로 나타냅니다.

$$\text{분산} \quad \frac{\sum (x_i - \mu)^2}{n}$$

표준편차(standard deviation)는 분산의 양의 제곱근으로 다음 식으로 나타낼 수 있습니다. 표준편차는 데이터 값과 같은 단위로 나타낼 수 있으므로 산포를 나타내는 직관적인 지표로서 이용됩니다.

$$\text{표준편차} \quad \sqrt{\frac{\sum (x_i - \mu)^2}{n}}$$

statistics 모듈로 얻을 수 있는 이러한 대표적인 지표에 대해 정리해 둡니다.

표 12-1: statistics 모듈의 주요 함수

함수	내용
mean(데이터 계열)	평균값을 얻는다
median(데이터 계열)	중앙값을 얻는다
mode(데이터 계열)	최빈값을 얻는다
pstdev(데이터 계열)	모집단으로서의 표준편차(모표준편차)를 얻는다
pvariance(데이터 계열)	모집단으로서의 분산(모분산)을 얻는다

stdev(데이터 계열)	불편표준편차(표본 표준편차)를 얻는다
variance(데이터 계열)	불편분산(표본 분산)을 얻는다

모집단과 표본

데이터 분석에서는 한정된 수의 샘플에 대해서 조사함으로써 바탕이 되는 모든 데이터의 분포에 대해서 추론을 합니다.

이때 바탕이 되는 모든 데이터를 구성하는 집단을 모집단(population)이라고 합니다. 데이터에서 채취된 샘플은 표본(sample)이라고 합니다.

일반적으로 표본 데이터의 산포는 모집단 데이터의 산포보다도 작아진다고 생각할 수 있습니다. 그러므로 표본 데이터로서 다룰 때는 「데이터의 개수」가 아닌 「데이터의 개수 − 1」로 나눈 분산·표준편차를 이용해 모표준편차·모분산의 좋은 추정값으로 하는 것이 시행됩니다. 이러한 지표를 불편표준편차·불편분산이라고 합니다.

statistics 모듈에서도 데이터를 샘플로 간주하여 불편표준편차·불편분산을 구할 수 있습니다.

12.3 히스토그램

🐍 데이터의 가시화를 한다

기계학습에서는 그래프 등을 그려서 데이터의 가시화를 하기도 합니다.
Python에서 그래프를 그리려면 Matplotlib의 matplotlib.pyplot 모듈을 사용
하면 편리합니다. 이 책에서는 Matplotlib이 Anaconda에 의해 설치된 모델로
서 다룹니다.

matplotlib.pyplot 모듈에는 「plt」라고 이름을 붙여서 임포트하는 것이 관습입
니다.

구문   **그래프를 그린다**

matplotlibpyplot를 임포트합니다

```
import matplotlib.pyplot as plt
```

plt라는 이름을 사용합니다

여기서는 Sample1에서 사용한 데이터를 사용해 데이터가 나타내는 횟수를 기
록하는 그래프를 그려봅시다. 실행 결과로 그래프가 표시되면 화면 오른쪽 위
의 「X」(닫기) 버튼으로 종료합니다.

Lesson
12

Sample2.py ▶히스토그램을 그린다

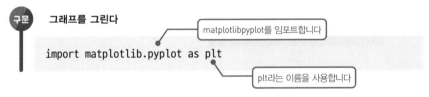

```
import matplotlib.pyplot as plt          matplotlibpyplot를 임포트합니다

data = [ 8, 17, 0, 11, 6, 21, 16, 6, 17, 11,
         7, 9, 6, 13, 12, 16, 3, 14, 13, 12 ]
```

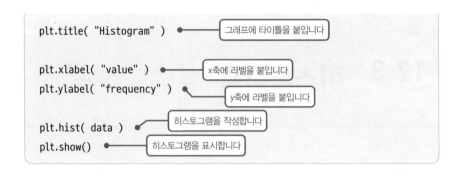

```
plt.title( "Histogram" )          그래프에 타이틀을 붙입니다

plt.xlabel( "value" )          x축에 라벨을 붙입니다
plt.ylabel( "frequency" )          y축에 라벨을 붙입니다

plt.hist( data )          히스토그램을 작성합니다
plt.show()          히스토그램을 표시합니다
```

Sample2의 실행 화면

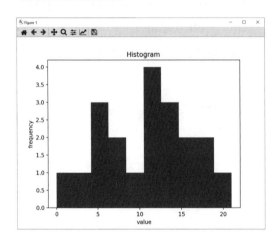

🐍 히스토그램을 그린다

위의 그래프는 데이터의 축을 x축, 데이터가 나타내는 횟수를 y축에 기록한 그래프입니다. 이처럼 데이터가 나타내는 빈도를 나타낸 그래프를

히스토그램(histogram)

이라고 합니다.

matplotlib.pyplot 모듈에서는 hist() 함수에 데이터의 리스트를 지정함으로써 히스토그램을 작성할 수 있습니다.

```
plt.hist(data)  ●──── 히스토그램을 작성합니다
```

matplotlib.pyplot 모듈에서는 작성한 그래프를 실제로 표시할 때에 show() 함수를 사용해야 합니다. 여기에서도 마지막에 show() 메서드를 호출해서 표시를 합니다.

```
plt.show()  ●──── 히스토그램을 표시합니다
```

히스토그램을 사용하면 데이터의 분석을 시각적으로 파악하기 쉽습니다. 히스토그램에서는 데이터의 값을 계급(class)이라는 범위마다 나누어 각 범위의 데이터 수를 카운트합니다. 각 계급에 속하는 데이터 수는 도수(frequency)라고 합니다.

계급의 개수를 계급 수(class number)라고 합니다. 즉, 히스토그램에 나타나는 막대의 수가 계급 수가 됩니다. 각 계급 값의 범위는 계급 폭(class width)이라고 합니다.

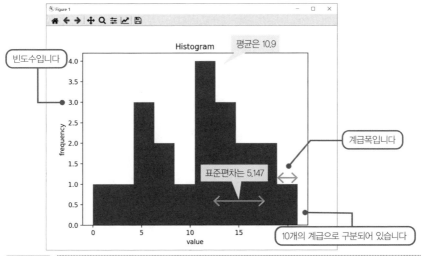

그림 12-1 │ 히스토그램의 명칭

Sample1에서 얻은 통계 지표가 x축 상의 어디에 위치하는지 그래프 상에서 확인하세요. 통계 지표에 대해서 잘 이해할 수 있을 것입니다. 평균은 데이터의 중앙을 나타내는 개념의 하나입니다. 또한, 표준편차는 평균으로부터의 데이터 산포의 지표가 됩니다.

또한, hist() 함수에는 데이터 외에도 키워드 인수를 사용해서 여러 가지 지정을 할 수 있습니다. 주요 인수는 다음과 같으므로 여러 가지 그래프를 그려보세요.

표 12-2: hist() 함수의 주요 인수

인수	내용	기본 값	그 밖의 지정 등
x	데이터 계열		필수
bins	계급 수	규정 값	
range	범위	None	
cumulative	누적	False	True(누적)
bottom	하단	None	
histtype	히스토그램의 종류	"bar"(막대)	"barstacked"(쌓기) "step"(테두리 선) "stepfilled"(테두리 선 채우기)
align	위치	"mid"(중앙)	"left"(왼쪽) "right"(오른쪽)
orientation	방향	"vertical"(수직)	"horizontal"(수평)
rwidth	계급 폭에 대한 막대의 상대폭	None	
log	대수 표시	False	True(대수 표시)
color	색	None	표 12-8 참조
label	범례	None	
stacked	쌓기	False	True(쌓기 표시)

그래프를 그리기 위한 함수를 안다

matplotlib.pyplot 모듈에는 그래프를 그리기 위한 다양한 함수가 있습니다. Sample2에서도 각종 함수를 사용해서 그래프의 타이틀, x축, y축의 라벨을 지정합니다.

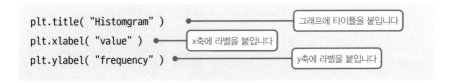

matplotlib.pyplot 모듈에서는 이 밖에도 그래프의 각종 설정을 하는 함수가 많이 있으므로 다음 표에 정리합니다.

또한, 각 함수에는 다양한 인수를 지정할 수 있으므로, 이 표에는 주요 지정만을 나타냅니다. 자세한 것은 책 후반부 Appendix B의 「리소스」에서 소개하는 Matplotlib의 레퍼런스를 참조하세요. 필요한 정보를 사용하는 그래프를 그릴 수 있게 되면 좋을 것입니다.

표 12-3: matplotlib.pyplot 모듈의 주요 함수

함수의 예	내용
axis([x 최솟값, x 최댓값, y 최솟값, y 최댓값])	축을 설정하다
xlim(x 최솟값, x 최댓값)	x축의 범위를 설정한다
ylim(y 최솟값, y 최댓값)	y축의 범위를 설정한다
xlabel(x축명)	x축명을 설정한다
ylabel(y축명)	y축명을 설정한다
xticks(위치열)	위치열에 눈금을 설정한다
yticks(위치열)	위치열에 눈금을 설정한다
title(타이틀)	타이틀을 설정한다
text(x, y, 문자열)	x, y에 문자열을 그린다
plot(데이터 계열)	데이터 계열을 플롯한다

Lesson
12

plot(x, y)	(x, y)에 플롯한다
arrow(x, y, dx, dy)	(x, y)─(dx, dy)에 화살표를 그린다
legend()	범례 표시
imread(파일)	이미지를 읽어 들인다
imsave(파일)	이미지로 저장한다
imshow(x)	x에 이미지를 표시한다
hist(데이터 계열)	히스토그램을 그린다
scatter(데이터 계열1, 데이터 계열2)	산포도를 그린다
cla()	클리어한다
show()	그래프를 표시한다

한국어 표시

이 책에서는 그래프의 라벨 등에 영숫자를 사용합니다. 또한, Matplotlib에 한국어를 표시하려면 rcParams 속성에 한국어 폰트의 이름을 지정해야 합니다. 사용하는 PC 환경에 설치되어 있는 한국어 폰트를 지정하세요.

```
plt.rcParams["font.family"] = "GULIM"
plt.title("히스토그램")
...
```

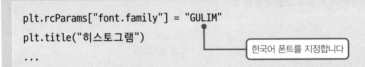

한국어 폰트를 지정합니다

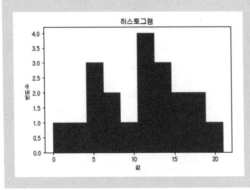

12.4 산포도

🐍 산포도를 그린다

히스토그램에 이어서 또 다른 그래프를 작성해 봅시다. 히스토그램과 마찬가지로 자주 이용되는 그림으로

산포도(scatter plot)

가 있습니다.

산포도는 두 쌍의 짝이 되는 데이터 항목 간의 관계를 나타낼 수 있습니다. 가장 간단한 산포도에서는 x 좌표와 y 좌표의 교점이 되는 (x, y)에 플롯을 시행해 x와 y의 관계를 나타냅니다.

여기에서는 랜덤한 값을 취하는 x와 y의 값을 작성해서 산포도를 그려 봅시다.

Sample3.py ▶ 산포도를 그린다

```python
import random
import matplotlib.pyplot as plt

x = []
y = []

for i in range( 100 ):
    x.append( random.uniform(0, 50) )      # 0~50의 랜덤한 x 값을 얻습니다
    y.append( random.uniform(0, 50) )      # 0~50의 랜덤한 y 값을 얻습니다
```

Lesson
12

```
plt.scatter( x, y )
plt.show()
```

산포도를 작성합니다

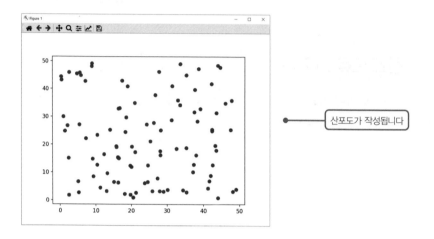

산포도가 작성됩니다

산포도를 작성하는 데는 scatter() 함수를 사용합니다. 인수에 x와 y의 데이터 계열을 지정합니다.

```
plt.scatter( x, y )
```

산포도를 작성합니다

여기서는 먼저 for 문을 사용해서 x와 y의 0~50의 랜덤한 값을 100개 작성합니다. 이 값에 의해 그래프 상의 좌표 (x, y)에 100개의 플롯을 시행합니다.

---

1 역자 주: 실행 그림은 랜덤이므로 각자 다를 수 있습니다.

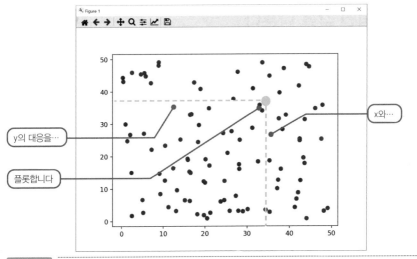

그림 12-2 산포도

y의 대응을…

플롯합니다

x와…

산포도를 그리기 위한 scatter( ) 함수에는 다음과 같은 주요 인수가 있습니다.

표 12-4: scatter( ) 함수의 주요 인수

인수	내용	기본 값	그 밖의 지정
x	x		필수
y	y		필수
s	크기	규정값	
c	색	"b"(파란색)	표 12-8 참조
marker	마커	"o"	표 12-9 참조
cmap	컬러맵	None	
alpha	투명도	None	0.0(투명)~1.0(불투명)
linewidths	선의 굵기	None	
edgecolors	경계색	None	표 12-8 참조

Lesson
12

🐍 랜덤인 값을 다룬다

이 샘플에서는 x와 y를 작성하기 위해서 랜덤인 수를 작성합니다. 이러한 랜덤한 수(난수)를 작성하는 데는 표준 라이브러리의 random 모듈을 사용합니다.

구문 **random 모듈의 이용**

```
import random  ●━━━━┤ 난수 관련해 다루는 random 모듈을 임포트합니다 │
```

random 모듈의 uniform() 함수를 사용하면 지정 범위의 랜덤한 부동 소수점 수를 얻을 수 있습니다. 즉, 여기에서 본 것처럼 0~50의 랜덤한 값을 100개 작성할 수 있는 것입니다.

```
for i in range( 100 ):  ●━━━━┤ 100개만큼 반복… │
    x.append( random.uniform(0, 50) )
    y.append( random.uniform(0, 50) )  ━━━━┤ 0~50의 랜덤한 값을 얻습니다 │
```

random 모듈에는 이 밖에도 다음의 기능 등이 준비되어 있습니다.

표 12–5: random 모듈의 주요 함수

함수	내용
seed()	난수의 초기화를 한다
choice(시퀀스)	시퀀스로부터 1개 요소를 반환한다
random()	0.0~1.0의 부동 소수점 수의 난수를 반환한다
uniform(a, b)	a~b의 부동 소수점 수의 난수를 반환한다
randint(a, b)	a~b의 정수의 난수를 반환한다
shuffle(시퀀스)	시퀀스를 섞는다
sample(모집단, 개수)	모집단으로부터 지정된 개수의 샘플을 리스트로 반환한다
normalvariate(평균, 표준편차)	정규분포를 반환한다

데이터의 관계

여기에서는 x와 y에 랜덤한 값을 사용하고 있으므로 산포도 상에 구석구석까지 플롯이 이뤄지고 있는 것에 주의하세요. 그러나 실제 세계에서 여러 데이터를 관측해 보면 「x가 증가하면 y도 증가한다」와 같이 x와 y 사이에 일정한 선형 관계를 확인할 수 있을 때가 많습니다.

이러한 관계가 어떤 것인지를 알아내는 것은 회귀(regression)라고 합니다. 기계학습에서는 회귀 모델을 구하고 예측을 할 때가 있습니다. 다음 장에서는 산포도를 사용하고 회귀에 대해서 소개합니다.

12.5 그 밖의 그래프

🐍 수학 관련 그래프를 그린다

matplotlib.pyplot 모듈을 사용하면 더욱 다양한 그래프를 그릴 수 있습니다. 이번에는 표준 라이브러리의 수학 관련 기능을 함께 이용하고, 수학 관련 그래프를 그려봅시다. Python의 표준 라이브러리에는 수학 관련의 모듈로서 math 모듈이 있습니다.

구문 math 모듈의 이용

import math •———— 수학 관련 기능을 다루는 math 모듈을 임포트합니다

math 모듈에는 다음의 수학 관련 기능이 있습니다.

표 12-6: math 모듈의 주요 함수·변수

함수 · 변수	내용
ceil(x)	x 이상의 최소 정수를 구한다
floor(x)	x 이하의 최대 정수를 구한다
gcd(a, b)	a와 b의 최대 공약수를 구한다
log(x[, base])	base를 밑으로 하는 x의 대수를 구한다
loglp(x)	자연 대수를 구한다
log2(x)	2를 밑으로 하는 x의 대수를 구한다
log10(x)	10을 밑으로 하는 x의 대수를 구한다

pow(x, y)	x의 y 곱을 구한다
sqrt(x)	x의 제곱근을 구한다
sin(x)	x의 사인값을 구한다
cos(x)	x의 코사인 값을 구한다
tan(x)	x의 탄젠트 값을 구한다
degrees(x)	x를 라디언에서 도(度)로 변환한다
radians(x)	x를 도(度)에서 라디언으로 변환한다
pi	원주율
e	자연 대수의 밑

여기에서는 이 중에서 sin() 함수, cos() 함수를 사용한 그래프를 그려봅시다.

Sample4.py ▶ 수학 함수의 그래프를 그린다

```
import math          ● ────── 수학 관련 기능을 다루는 math 모듈을 임포트합니다
import matplotlib.pyplot as plt


x = []
s = []
c = []


for i in range( 50 ):
    x.append( i * 0.05 * math.pi )      ● ──── x 값을 작성합니다
    s.append( math.sin(x[i]) )          ● ──── sin 값을 작성합니다
    c.append( math.cos(x[i]) )          ● ──── cos 값을 작성합니다


plt.title( "sin/cos functions" )
plt.xlabel( "rad" )
plt.ylabel( "value" )
plt.grid( True )       ● ────── 그리드를 표시합니다


plt.plot( x, s, label = "sin" )     ● ──── sin() 함수의 그래프를 라벨을 붙여 작성합니다
```

Lesson
12

```
plt.plot( x, c, label = "cos" )
```
← cos() 함수의 그래프를 라벨을 붙여 작성합니다

```
plt.legend()
```
← 라벨로부터 범례를 작성합니다

```
plt.show()
```

Sample4의 실행 화면

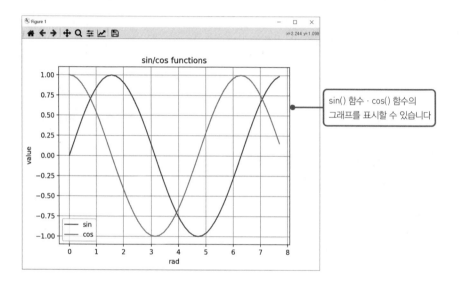

sin() 함수 · cos() 함수의 그래프를 표시할 수 있습니다

여기에서는 0.05π마다 50개의 sin() 함수와 cos() 함수의 값을 각각 작성합니다. 그리고 이 좌표를 plot() 함수로 그린 그래프를 각각 작성하였습니다.

```
plt.plot( x, s, label = "sin" )
plt.plot( x, c, label = "cos" )
```
sin() 함수의 그래프를 라벨을 붙여 작성합니다
cos() 함수의 그래프를 라벨을 붙여 작성합니다

이 두 개의 그래프에는 범례를 표시하기 위해서 라벨을 붙여서 작성합니다. 라벨명을 붙이고 나서 legend() 함수를 호출하면 그래프 상에 범례로서 라벨명을 표시할 수 있습니다.

또한, 이처럼 여러 개의 그래프를 작성해 표시하면 그래프는 같은 좌표면 상에 다른 색으로 그려집니다. 여기서도 sin( ) 함수와 cos( ) 함수가 다른 색상으로 표시됩니다.

plot( ) 함수는 가변 길이 인수를 가지며 색 지정 등도 할 수 있습니다. 여러 지정을 해 보면 좋을 것입니다. 또한, 색·마커·스타일 지정 등의 문자 값 지정은 " " 등으로 감쌉니다.

표 12-7: plot( ) 함수에 지정할 수 있는 인수(Line2D)

인수(( ) 안의 생략형으로도 좋음)	내용	예
alpha	투명도	0.0(투명)~1.0(불투명)
color (c)	색	표 12-8 참조
marker	마커	표 12-9 참조
markeredgecolor (mec)	마커 경계색	표 12-8 참조
markeredgewidth (mew)	마커 경계폭	수치
markerfacecolor (mfc)	마커 색	표 12-8 참조
markersize (mc)	마커 크기	수치
linestyle (ls)	선의 스타일	표 12-10 참조
linewidth (lw)	선의 굵기	수치

표 12-8: 색

문자	내용	문자	내용
b	파란색(blue)	m	마젠타(magenta)
g	녹색(green)	y	노란색(yellow)
r	빨간색(red)	k	검정색(black)
c	시안(cyan)	w	흰색(white)

표 12–9: 마커

문자	내용	문자	내용	문자	내용
.	포인트	1	아래쪽	h	육각형1
,	픽셀	2	위쪽	H	육각형2
o	원	3	왼쪽	+	+
v	삼각형 아래쪽	4	오른쪽	x	x
^	삼각형 위쪽	s	사각형	d	다이아몬드
〈	삼각형 왼쪽	p	오각형	|	수직선
〉	삼각형 오른쪽	*	별	—	수평선

표 12–10: 선의 스타일

문자	내용
—	기본(solid)
— —	파선(dashed)
-.	파 · 점선(dashdot)
:	점선(dotted)

12.6 고도의 데이터 처리

NumPy 모듈을 사용한다

마지막 절에서는 고도의 데이터 처리에 대해 소개합니다. 데이터를 처리할 때에는 고도의 데이터 구조를 다루는 NumPy(numpy 모듈)가 이용됩니다. 이책에서는 Anaconda에 의해 설치된 모듈로서 다룹니다.

numpy 모듈은 「np」라는 이름으로 사용하는 것이 일반적입니다. 다음과 같이임포트하도록 합시다.

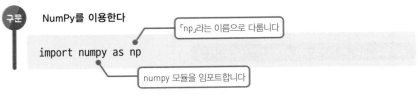

구문   **NumPy를 이용한다**

「np」라는 이름으로 다룹니다

```
import numpy as np
```

numpy 모듈을 임포트합니다

numpy 모듈에서는 리스트와 비슷한 데이터 구조인 ndarray(배열)를 사용해서 데이터를 다룰 수 있습니다. ndarray는 리스트보다도 더욱 고도의 데이터처리를 할 수 있는 데이터 구조로 되어 있습니다. 예를 들어, ndarray로는 이제까지 사용한 range()와 비슷한 지정인 arange() 함수를 사용하여 배열의 요소를 작성할 수 있습니다.

arange()에는 요소를 작성할 때의 간격에 부동 소수점 수를 지정할 수 있습니다. range()로 값을 작성할 때에는 정수의 간격을 지정해야 하므로 ndarray로는 더욱 고도의 데이터를 처리할 수 있습니다.

```
x = np.arange( 0.0, 2.5, 0.05 ) * np.pi
```

부동 소수점 수의 간격을 가진
요소를 작성할 수 있습니다

요소에 대해서 한 번
연산을 할 수 있습니다

더욱이 ndarray로는 연산자와 함수를 사용하여 각 요소에 한 번으로 연산을
할 수 있습니다. 요소에 반복 처리를 할 필요가 없으므로 간단하게 고도의 연
산을 할 수 있습니다.

또한, numpy 모듈에는 표준 라이브러리와 같은 수학 관련 함수가 있습니다.
그러므로 고도의 수학 관련 처리도 각 요소에 대해서 한 번에 할 수 있게 되는
것입니다.

```
s = np.sin( x )
c = np.cos( x )
```

수학 관련의 고도의 처리도 준비되어 있습니다

요소에 대해서 한 번에 연산할 수 있습니다

그래서 여기에서는 예로서 Sample4와 같은 그래프를 numpy 모듈을 이용해서
작성해 봅시다.

```
import numpy as np
import matplotlib.pyplot as plt

x = np.arange( 0.0, 2.5, 0.05 ) * np.pi
s = np.sin( x )
c = np.cos( x )

plt.title( "sin/cos functions" )
plt.xlabel( "rad" )
plt.ylabel( "value" )
plt.grid( True )

plt.plot( x, s, label = "sin" )
```

❶ 부동 소수점 수의 간격을 가진
요소를 작성할 수 있습니다

❸ 수학 관련 고도의 처리도
한 번에 할 수 있습니다

❷ 요소에 대해서 한 번에
연산을 할 수 있습니다

```
plt.plot( x, c, label = "cos" )
plt.legend()

plt.show()
```

Sample5의 실행 화면

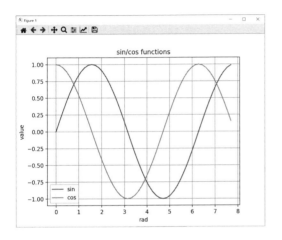

여기에서는 arange() 함수를 사용하여 부동 소수점 수를 지정한 간격으로 요소를 작성합니다(❶). 또한, 요소에 대해서 pi를 한 번에 곱하고 있습니다(❷). 더욱이 numpy 모듈의 sin() 함수와 cos() 함수에 의한 수학 관련 고도의 처리를 각 요소에 대해 한 번에 하고 있습니다(❸). 이처럼 numpy를 이용함으로써 보다 간단하게 수학 관련 그래프를 만들 수 있습니다.

numpy 모듈에는 이 밖에도 ndarray의 결합 · 분할 · 변형 등을 하는 각종 함수 · 메서드가 있습니다.

표 12-11: numpy 모듈의 주요 함수

함수	내용
array( )	배열을 작성한다
zeros(shape[, dtype, order])	요소가 전부 0인 배열을 생성한다
ones(shape[, dtype, order])	요소가 전부 1인 배열을 생성한다
full(shape, fill_value[, dtype, order])	요소가 전부 지정 값인 배열을 생성한다
arange([start,] stop[, step][, dtype])	지정 범위 · 간격 배열을 작성한다.
linspace(start, stop[, num, endpoint, ...])	지정 범위 · 간격 배열을 작성한다
loadtxt(fname[, dtype, comments, delimiter, ...])	텍스트 파일에서 읽어 들인다
savetxt(fname, X[, fmt, delimiter, newline, ...])	텍스트 파일에 저장한다
mat(data[, dtype])	행렬을 얻는다
insert(arr, obj, values, axis = None) [source]	요소를 삽입한다
append(arr, values[, axis])	요소를 추가한다
delete(arr,obj[, axis])	요소를 삭제한다
reshape(arr, newshape[, order])	배열을 변형한다
ravel(arr[, order])	배열을 일차원으로 한다
stack(arrs[, axis])	배열을 결합한다
split(arr, indices_or_sections[, axis])	배열을 분할한다
flip(m, axis)	배열을 지정 축에서 역순으로 한다
roll(arr, shift[, axis])	배열을 회전한다
sum(arr)	합계값을 구한다
mean(arr)	평균값을 구한다
std(arr)	표준편차를 구한다
var(arr)	분산을 구한다
sin(arr)	사인값을 구한다
cos(arr)	코사인값을 구한다
tan(arr)	탄젠트값을 구한다

데이터를 수집하는 방법

기계학습에 필요한 다양한 통계 · 그래프 관련 지식들을 소개했습니다. 기계학습에서는 무엇보다 학습에 필요한 각종 데이터를 수집 · 이용하는 방법을 배우는 것이 중요합니다.

이 책에서도 데이터의 이용 방법에 대해서 다양한 방법을 소개했습니다. 예를 들어, 리스트나 튜플, 딕셔너리 등 다양한 데이터 구조를 이용할 수 있습니다. 또한, 10장에서 배운 파일이나 11장에서 배운 데이터베이스의 데이터를 이용할 수도 있습니다.

기계학습에서는 Web을 사용해서 데이터를 수집할 수도 있습니다. 이때에는 크롤링이나 스크레이핑이라는 방법이 이용됩니다.

크롤링(crawling)은 Web 페이지를 순회하며 필요한 페이지를 수집하는 방법입니다. 크롤링할 때에는 11장에서 소개한 URL로의 액세스나 HTML 데이터의 해석이 필요할 것입니다.

스크레이핑(scraping)은 필요한 데이터를 얻기 위해 수집한 Web 페이지의 데이터로부터 필요한 것만을 잘라내는 방법입니다. 스크레이핑할 때에는 9장에서 소개한 문자열이나 정규 표현들을 활용하게 될 것입니다.

다만, 크롤링이나 스크레이핑을 할 때에는 Web 페이지의 저작권 등에 주의해야 합니다. 기계학습에서는 이런 다양한 방법을 이용해서 데이터를 수집 · 이용하게 되는 것입니다.

Lesson
12

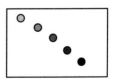

이 장에서는 다음을 배웠습니다.

- statistics 모듈을 사용하여 각종 통계 지표를 얻을 수 있습니다.
- 데이터의 가시화를 하는 데는 Matplotlib을 사용할 수 있습니다.
- matplotlib.pyplot 모듈을 사용하여 히스토그램을 그릴 수 있습니다.
- matplotlib.pyplot 모듈을 사용하여 산포도를 그릴 수 있습니다.
- matplotlib.pyplot 모듈을 사용하여 각종 그래프를 그릴 수 있습니다.
- 수학 함수를 이용하려면 math 모듈을 사용합니다.
- 난수를 이용하려면 random 모듈을 사용합니다.
- 고도의 연산을 하기 위해서 NumPy를 사용할 수 있습니다.

각종 통계 지표를 얻는 것은 기계학습의 기본으로서 도움이 됩니다. 또한, 그래프를 그려서 데이터의 가시화를 하는 지식도 중요합니다. 각종 데이터의 처리 방법도 복습해 보세요.

연습문제

1. Sample1의 데이터를 사용하여 다음 히스토그램을 작성해 보세요.
   - 계급 수를 8로 한다
   - 색을 마젠타로 한다

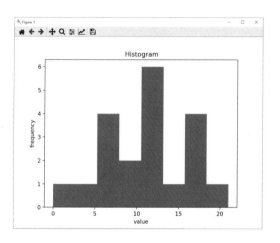

2. Sample3의 데이터를 사용하여 다음 산포도를 작성해 보세요.
   - 그래프의 범위를 [−100, 100, −100, 100]으로 한다
   - 마커를 x표로 한다

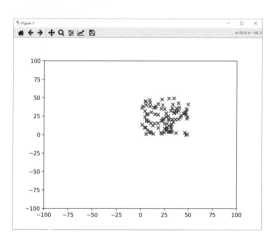

Lesson
12

연습문제

3. 다음 히스토그램을 작성해 보세요. 또한, 발생한 데이터에 따라 다음 그림과 다를 수도 있습니다.

- 평균 0, 표준편차 10의 정규분포에 따르는 값을 1000개 발생시킨다
  (random.normalvariate(0, 10)을 사용한다)
- 계급 수를 50으로 한다

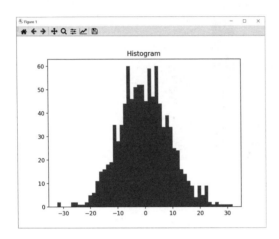

연습문제

4. 다음 그래프를 작성해 보세요.

> y = 3x + 5
> y = x²
> (또한, x는 np.arange(-8, 8, 0.01)로 작성한다)

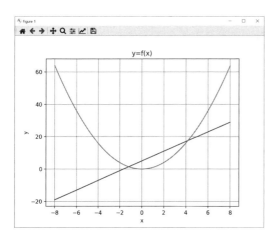

*역자 주: 책의 뒷부분에 해답이 있습니다.

Lesson 13

기계학습의 응용

기계학습에서 자주 이용되는 방법으로는 회귀와 클러스터링이 있습니다. 이 방법들은 지도학습·비지도학습의 대표적인 방법입니다. 이 장에서는 기계학습을 실제로 구현하며 배워봅시다.
Python에서는 기계학습을 할 때에 scikit-learn 패키지가 자주 사용됩니다. 이 장에서도 scikit-learn을 이용하여 기계학습을 실시합니다.

Check Point!
- scikit-learn
- 모델
- 예측
- 선형회귀
- 회귀계수
- 절편
- 결정계수
- 클러스터링
- k-means

13.1 기계학습의 종류

지도학습

이 장에서는 기계학습을 실제로 구현해 봅니다. 이미 소개한 것처럼 기계학습에는 다양한 방법이 알려져 있습니다. 예를 들어, 데이터나 기준을 학습 사례로 주고 모델을 도출하고, 그 모델을 바탕으로 예측 등을 하는 방법은 지도학습으로 알려져 있습니다.

그래서 자주 시행되는 지도학습의 절차에 대해서 여기에서 조금 더 자세하게 살펴보겠습니다.

지도학습에서는 먼저 어떤 입력 데이터 x에 대해서 출력 데이터 y가 어떻게 될 것인지에 대해서 미리 몇 가지의 사례를 올바른 기준으로서 줍니다(❶). 이 데이터는 학습 데이터(train data)라고 합니다.

다음으로 이 데이터 (x, y)를 학습함으로써 데이터의 관계가 어떻게 될지를 모델로서 도출합니다(❷).

그리고 새로운 데이터 x가 주어졌을 때, 구한 모델을 이용해서 y가 어떻게 될 것인지를 예측하는 추론을 합니다(❸). 이 새로운 데이터는 테스트 데이터(test data)라고도 합니다.

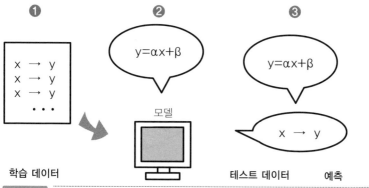

그림 13-1 지도학습
주어진 사례 데이터(학습 데이터)를 기준으로 하여(❶), 학습을 시행, 모델을 도출합니다(❷). 이 모델로부터 새로운 데이터(테스트 데이터)에 대해서 예측 등을 합니다(❸).

🐍 지도학습의 예-분류

y가 x를 분류하는 라벨로 되어 있을 때 이 방법은 분류(classification)라고 합니다. 예를 들어, 분류의 한 예로서 손으로 쓴 문자를 판독하는 방법을 들 수 있습니다.

이 방법에서는 먼저 몇 개의 손으로 쓴 자음에 대해서 그것이 어느 자음에 해당하는지 「ㄱ」「ㄴ」「ㄷ」…이라는 올바른 분류(라벨)를 기준으로서 줍니다(❶). 다음에 그러한 사례를 학습함으로써 분류 규칙을 도출합니다(❷). 그리고 새롭게 손으로 쓴 문자의 형태가 주어졌을 때에 도출된 규칙에 따라 주어진 문자가 무엇인지를 분류할 수 있게 하는 것입니다(❸).

Lesson
13

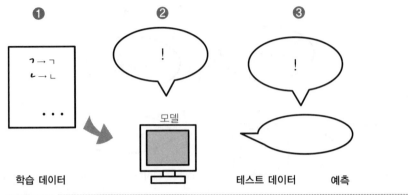

그림 13-2 지도학습의 예(분류)
주어진 분류 사례를 기준으로(①) 학습을 하고 규칙을 찾습니다(②). 새로운 데이터에 대해
서 규칙에 따라 분류합니다(③).

🐍 지도학습의 예-회귀

y가 x에 대응하는 값으로서 관측될 때, 이 방법은 회귀(regression)라고 합니다. 회귀의 예로는 기온 x로부터 계절 상품의 매출액 y를 예측할 때의 방법을 들 수 있습니다.

이때, 먼저 관측된 기온 x와 매출액 y 값의 대응을 학습하고(①), 그 관계를 모델로서 도출합니다(②). 그리고 그 모델을 바탕으로 앞으로의 새로운 기온 x에 대한 그 상품의 매출액 y가 어떻게 될지를 예측하게 됩니다(③). 이러한 방법은 회귀의 일례로서 생각할 수 있습니다.

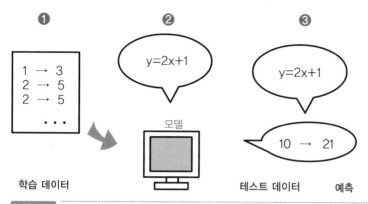

지도학습의 예(회귀)

주어진 데이터의 대응 사례를 기준으로 하고(❶), 학습을 시행, 모델을 찾아냅니다(❷).
새로운 데이터에 대해서 모델에 의거해 대응을 예측합니다(❸).

🐍 비지도학습

비지도학습은 입력 데이터만으로 학습을 하는 방법입니다. 「x가 y에게 어떻게 대응하는 것이 올바른가」라는 기준이 주어지는 것은 아닙니다. 비지도학습에서는 주어진 데이터 전체를 학습해서(❶), 그 특징으로부터 분류 등을 시행하게 됩니다(❷). 주어진 데이터 전체를 학습하고 각 데이터의 분류 등을 하는 방법은 클러스터링(clustering)이라고 합니다.

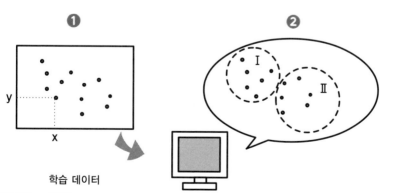

Lesson
13

그림 13-4 비지도 학습

주어진 데이터 전체로부터(❶), 분류 등을 시행합니다(❷).

기계학습을 시행하는 패키지

이러한 기계학습에서는 다양한 방법이 사용됩니다. Python에서는 각종의 기계학습을 시행하는 패키지로 scikit-learn(sklearn 패키지)이 자주 이용됩니다. scikit-learn으로는 다양한 기계학습의 방법을 실현할 수 있습니다.

표 13-1: sklearn 패키지의 주요 모듈

모듈	내용
linear_regression	선형회귀
svm	서포트 벡터 머신
neighbors	k 근접법
tree	결정트리
ensemble	랜덤 포레스트(앙상블)
cluster	클러스터링
decomposition	주성분 분석에 의한 차원 축소
neural_network	신경망
naive_bayes	단순 베이즈 분류기

또한 이 책에서는 Anaconda에 의해 설치된 sklearn 패키지를 이용합니다.

이 장에서는 기계학습의 대표적인 방법으로 선형회귀와 클러스터링 방법을 구현해 봅시다.

13.2 선형회귀

🐍 선형회귀의 구조를 안다

선형회귀(linear regression)는 지도학습의 대표적인 방법입니다. 선형회귀에서는 어떤 데이터가 다른 어떤 목적의 데이터를 설명하는 관계로 되어 있다고 생각하여, 그 관계를 나타내는 모델을 구축하는 방법입니다.

예를 들어, 하나의 데이터 x가 또 다른 데이터 y를 설명한다고 생각해 봅시다. 선형회귀에서는 x가 「y = αx + β」라는 관계에 의해 y를 설명하고 있다고 생각합니다. 「y = αx + β」는 다음 그림의 그래프와 같이 직선의 식입니다. 이 관계는 선형 관계라고도 합니다.

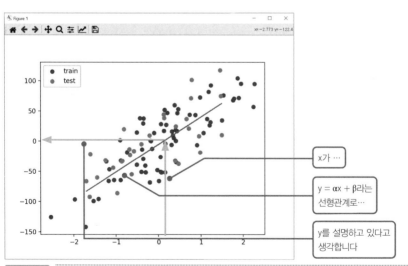

Lesson
13

그림 13-5 선형회귀

선형회귀에서는 x와 y 사이에 선형 관계가 있다고 생각합니다.

이러한 선형관계의 식은 일반적으로 「(y − (αx + β))」의 제곱합을 최소로 함으로써 구합니다. 이것을 최소제곱법(least squares method)이라고 합니다.

x는 설명변수(predictor variable), y는 목적변수(target variable)라고 합니다. 구해진 「y = αx + β」는 회귀 모델(regression model), α는 (편)회귀계수(coefficient), β는 절편(intercept)이라고 합니다.

🐍 선형회귀에 의한 지도학습의 예

이러한 선형회귀 등의 지도학습에 의한 기계학습에서는 먼저 관측된 데이터 x, y를 학습 데이터(x_train, y_train)와 테스트 데이터(x_test, y_test) 2가지로 나눠 둡니다(❶). 학습 데이터는 모델을 도출하기 위해 사용하는 데이터로 하고, 테스트 데이터는 모델을 사용한 예측을 위해 이용하는 데이터로 합니다.

모델은 학습 데이터(x_train, y_train)로부터 구합니다(❷). 여기서는 최소제곱법에 의해 식 「y = αx + β」 안의 α·β 값을 구하게 됩니다. 지도학습에서는 이렇게 학습 데이터의 사례로부터 모델을 도출하는 것입니다.

모델이 구해졌으면 이번은 테스트 데이터 x(x_test)를 사용하여 모델의 값(여기서는 [αx + β])을 계산합니다(❸). 이렇게 모델에 적합한 y의 값(y_pred)을 예측하는 것입니다(❹).

예측이 잘 이루어지고 있는지 여부는 테스트 데이터에 대한 모델의 적합도를 계산함으로써 평가하게 됩니다. 이 평가에는 결정계수나 평균 제곱 오차라는 지표가 이용됩니다.

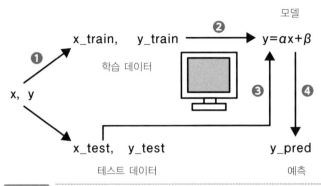

그림 13-6 선형회귀에 의한 지도학습

결정계수와 평균제곱오차

결정계수(coefficient of determination)는 데이터에 대한 모델의 적합성을 평가하는 지표로 이용되며, 1에 가까운 쪽이 적합도가 좋은 지표가 됩니다. 또한, 같은 목적으로 사용되는 지표에 평균제곱오차(mean square error)가 있습니다. 평균제곱오차는 작은 쪽이 적합성이 좋은 지표로 되어 있습니다.

선형회귀를 위한 데이터를 준비한다

sklearn 패키지에는 기계학습을 위한 데이터를 생성할 수 있는 datasets 모듈이 제공됩니다. 이 책에서는 이 모듈을 이용해서 데이터를 준비하도록 합시다.

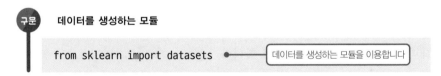

구문 데이터를 생성하는 모듈

```
from sklearn import datasets
```
데이터를 생성하는 모듈을 이용합니다

이 모듈의 make_regression() 함수를 사용하면 선형회귀를 하기 위한 유용한 데이터를 작성할 수 있게 되어 있습니다. 다음 표의 인수를 지정함으로써 다양한 데이터를 작성할 수 있습니다.

표 13-2: make_regression( ) 함수의 주요 인수(sklearn.datasets 모듈)

인수	디폴트	내용
n_samples	100	샘플 수
n_features	100	설명변수의 수(특징량의 수)
n_informative	10	모델에 넣을 수 있는 설명변수의 수
n_targets	1	목적변수의 수
bias	0.0	상수(바이어스) 항
noise	0.0	노이즈
shuffle	True	섞을지 여부
coef	False	회귀계수를 반환할지 여부
random_state	None	난수의 시드

그래서 이 절에서는 make_regression( ) 함수를 사용해서 회귀를 시행하기 위한 데이터를 작성하도록 합시다. 여기에서는 설명변수를 「1」, 노이즈를 「30」으로 한 데이터를 100개 작성하는 것으로 합니다. 이로써 직선에 가까운 위치에 흩어진 데이터를 얻을 수 있습니다.

```
x, y = datasets.make_regression(n_samples = 100, n_features = 1,
noise = 30)
```
선형회귀의 데이터를 준비해 둡니다

다음으로 작성한 데이터를 학습 데이터와 테스트 데이터로 분할합시다. 학습 데이터와 테스트 데이터를 간단하게 분할하기 위한 함수가 model_seletion 모듈의 train_test_split( ) 함수로서 준비되어 있습니다. 여기에서는 70%를 학습 데이터, 30%를 테스트 데이터로 합니다.

```
x_train, x_test, y_train, y_test = train_test_split(x, y,
test_size = 0.3)
```
학습 데이터와 테스트 데이터를 분할합니다

난수 시드의 고정

여기에서 소개한 방법으로 코드를 실행할 때마다 같은 데이터를 얻기 위해서는 난수의
초기값(시드)을 고정해 두어야 합니다.

이 책에서는 numpy 모듈의 난수 seed() 메서드의 인수를 「0」으로 함으로써 초기값을
고정했습니다. 다른 값을 설정하면 다른 데이터를 작성할 수 있습니다. 또한, 시드를 설
정하지 않으면 매회 다른 데이터를 만들 수도 있습니다.

```
import numpy as np
np.random.seed( 0 )
```
이 책에서는 난수의 시드를 고정합니다

난수의 시드는 make_regression() 함수의 인수로도 설정할 수도 있습니다.

 # 선형회귀를 시행한다

그럼 실제로 선형회귀를 시행해 봅시다. 선형회귀를 하는 데는 linear_model
모듈을 임포트합니다.

구문   **선형회귀를 시행하는 모듈**

```
from sklearn import linear_model
```
선형회귀를 시행하는 모듈입니다

Sample1.py ▶ 선형회귀를 시행한다

Lesson
13

```
from sklearn import datasets
from sklearn import linear_model
from sklearn.model_selection import train_test_split
import matplotlib.pyplot as plt
import numpy as np


np.random.seed( 0 )
```
난수 시드를 고정합니다

```
x, y = datasets.make_regression( n_samples = 100, n_features = 1, noise = 30 )
```
선형회귀의 데이터를 준비해 둡니다

```
x_train, x_test, y_train, y_test = train_test_split( x, y, test_size = 0.3 )
```
학습 데이터와 테스트 데이터를 분할합니다

```
e = linear_model.LinearRegression()
e.fit( x_train, y_train )
```
❶ 회귀를 시행하기 위한 인스턴스를 얻습니다
❷ 학습을 합니다

```
print( "회귀계수는", e.coef_, "입니다. " )
print( "절편은", e.intercept_, "입니다. " )
```
❸ 회귀 모델을 얻습니다

```
y_pred = e.predict( x_test )
```
❹ 테스트 데이터로부터 예측을 합니다

❺ 학습 데이터에 대한 모델의 적합성을 평가합니다
```
print( "학습 데이터에 의한 결정계수는", e.score(x_train, y_train), "입니다." )
print( "테스트 데이터에 의한 결정계수는", e.score(x_test, y_test), "입니다." )
```
❻ 테스트 데이터에 대한 모델의 적합성을 평가합니다

```
plt.scatter( x_train, y_train, label = "train" )
plt.scatter( x_test, y_test, label = "test" )
plt.plot( x_test, y_pred, color = "magenta" )
plt.legend()
```
❼ 학습 데이터를 그립니다
❾ 회귀직선을 그립니다
❽ 테스트 데이터를 그립니다

```
plt.show()
```

Sample1의 실행 화면

회귀계수는 [45.53155127] 입니다.
절편은 - 5.42066939673 입니다.
학습 데이터를 통한 결정 계수는 0.692007627069 입니다.
테스트 데이터에 의한 결정 계수는 0.503344322434 입니다.

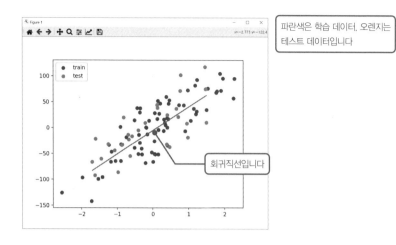

파란색은 학습 데이터, 오렌지는
테스트 데이터입니다

회귀직선입니다

Sample1에서는 선형 회귀를 시행하기 위해 먼저 선형회귀 모델을 나타내는 LinearRegression 클래스의 인스턴스를 만듭니다(❶). 그리고 이 인스턴스의 fit() 메서드에 의해서 학습 데이터에 적합한(피트하는) 모델을 얻을 수 있습니다(❷).

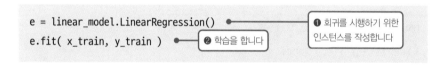

```
e = linear_model.LinearRegression()
e.fit( x_train, y_train )
```

❶ 회귀를 시행하기 위한 인스턴스를 작성합니다

❷ 학습을 합니다

학습(fit)을 시행하면 인스턴스로부터 그 모델의 회귀계수(coef_)·절편(intercept_) 등을 출력할 수 있습니다(❸). 실행 결과로부터 이 회귀직선은 「y = 45.531 x − 5.421」로 구해진 것을 알 수 있습니다.

다음으로 모델을 사용해서 데이터의 예측을 합니다. x 테스트 데이터로부터 모델을 사용해서 y의 예측을 합니다. 예측은 predict() 메서드로 합니다(❹).

Lesson
13

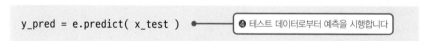

```
y_pred = e.predict( x_test )
```

❹ 테스트 데이터로부터 예측을 시행합니다

데이터에 대한 모델의 적합은 결정계수 등으로 조사할 수 있습니다. 결정계수는 score() 메서드로 계산할 수 있습니다(❺❻).

```
print( "학습 데이터에 의한 결정계수는", e.score(x_train, y_train), "입니다." )
print( "테스트 데이터에 의한 결정계수는", e.score(x_test, y_test), "입니다." )
```

결정계수는 데이터에 대한 모델의 적합성 정도를 나타내는 수치입니다. 1에 가까울 수록 적합성이 좋은 것입니다. 여기에서는 학습 데이터의 적합도에 비교해서 테스트 데이터의 적합도가 너무 낮지 않은지 등을 평가합니다.

마지막으로 데이터의 가시화를 시행합니다. 먼저, 학습 데이터(x_train, y_train)와 테스트 데이터(x_test, y_test)를 라벨을 붙여서 산포도로 그립니다 (❼❽). 또한, 예측 데이터(x_test, y_pred)를 플롯함으로써 회귀직선을 그렸습니다(❾).

표 13-3: LinearRegression 클래스(sklearn.linear_model 모듈)

데이터 속성 · 메서드	내용
데이터 속성	
coef_	회귀계수
intercept_	절편
메서드	
fir(x, y)	모델로의 학습을 한다
predict(x)	모델에 의한 y의 예측값을 반환한다
score(x, y)	결정계수를 반환한다

「학습 데이터의 모델 적합도」가 높다고 반드시 예측의 정밀도가 높은 것은 아닙니다. 학습 데이터가 많으면 학습 데이터에 대한 모델의 적합도는 좋아지지만, 다양한 원인으로 그 모델 자체가 미래의 데이터를 잘 예측하지 못할 수도 있습니다.

그러므로 예측의 정밀도는 학습 데이터와 달리 「테스트 데이터」 모델의 적합도」에 따라 평가됩니다. 학습 데이터의 적합도의 평가가 좋아도 테스트 데이터의 적합도의 평가가 나쁘면 모델로서 좋다고는 할 수 없을 것입니다. 이 샘플에서도 학습 데이터와 테스트 데이터 각각에 대해서 결정계수를 조사해 적합도를 평가했습니다.

학습 데이터를 늘리고 있음에도 불구하고 학습 데이터의 적합도에 비교하여 테스트 데이터의 적합도가 낮은 상태는 과학습(over fitting)이라고 합니다.

기계학습을 실시할 때는 이러한 데이터에 대한 모델의 적합성 평가 등을 바탕으로 학습의 범위를 결정하게 됩니다.

scikit-learn 패키지를 활용한다

scikit-learn 패키지에서는 기계학습의 각종 방법을 통일된 방법으로 시행하게 됩니다.

예를 들어, 기계학습을 하는 방법을 인스턴스로서 얻고 그 fit() 메서드로 학습을 합니다. 또한, 학습 결과는 인스턴스의 데이터 속성으로서 얻을 수 있습니다. 향후 데이터의 예측은 predict()로 할 수 있습니다. 이러한 방법은 scikit-learn 외의 다양한 방법으로 학습할 때 똑같이 사용할 수 있습니다.

이 책에서도 다음 절의 클러스터링에서 같은 절차를 진행하므로 익혀 두면 좋을 것입니다.

Lesson
13

13.3 클러스터링

🐍 클러스터링의 구조를 안다

클러스터링(clustering)은 데이터에서 기준을 찾아내는 비지도학습의 대표적인 방법입니다. 주어진 데이터만을 학습해서 기준을 찾아내는 것입니다.

k-means(k-평균법)는 가장 간단한 클러스터링의 방법입니다. 데이터를 k개의 클러스터로 분류하기 위해 각 클러스터 내의 데이터 평균(클러스터의 중앙)과 각 데이터와의 차이의 제곱합을 최소화하여 데이터를 분류하는 클러스터를 찾아내는 방법으로 되어 있습니다.

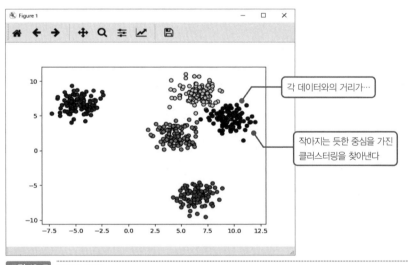

그림 13-7 클러스터링
클러스터링에서는 각 데이터가 속하는 클러스터링을 찾아냅니다.

k-means 클러스터링에 의한 기계학습에서는

➊ 각 데이터의 초기 클러스터를 정한다

➋ 각 클러스터에 속하는 데이터의 평균으로부터 각 클러스터의 중심을 구한다

➌ 각 데이터와 다른 클러스터의 중심과의 거리를 구하다

➍ 더 가까운 클러스터가 있으면 데이터가 속한 클러스터를 수정한다

라는 처리를 시행, ➋~➍의 학습을 반복하여 클러스터의 중심을 찾게 됩니다. 주어진 초깃값이나 반복 횟수에 따라 구해진 클러스터가 다를 수 있습니다.

k-means

k-means는 비지도학습의 방법으로 일반적으로 사용되지 않습니다. 다만, 처음에 k개의 클러스터에 분류하는 것을 주기 때문에 엄밀하게는 데이터 이외의 기준이 필요한 방법입니다.

데이터만으로 클러스터링을 하는 방법으로는 최단거리법·군평균법 등이 있습니다. 이러한 방법에서는 모든 데이터끼리의 거리를 계산하여 클러스터의 중심을 찾아내기 때문에 k-means에 비해 부하가 걸리는 방법입니다.

🐍 클러스터링을 위한 데이터를 준비한다

datasets 모듈의 make_blobs() 함수를 이용하면 클러스터링을 시행하기 위해서 유용한 데이터를 생성할 수 있게 됩니다. make_blobs() 함수에는 다음의 인수 등을 지정할 수 있습니다.

표 13-4: make_blobs() 함수의 주요 인수(sklearn.datasets 모듈)

인수	기본 값	내용
n_ samples	100	샘플 수
n_features	2	설명변수의 수
centers	3	작성된 클러스터 중앙의 수 또는 중앙의 위치
cluster_std	1.0	클러스터의 편차

center_box	(-10.0, 10.0)	클러스터 중앙의 범위
shuttle	True	섞을지 여부
random_state	None	난수의 시드

그래서 이 절에서는 make_blobs() 함수를 사용해서 데이터를 작성해 봅시다. 여기서는 샘플 수 「500」과 클러스터 수 「5」를 지정해서 데이터를 작성합니다. 또한, 클러스터의 편차를 크게 하면 클러스터 중심으로부터 좀 더 흩어진 데이터를 얻게 됩니다.

이 make_blobs() 함수의 반환값에는 (데이터, 각 데이터가 속하는 클러스터의 라벨)의 튜플이 반환됩니다. 그래서 이 중 데이터를 사용해서 클러스터링을 시행하도록 합니다.

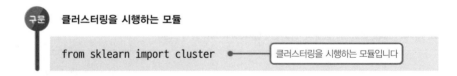

클러스터링을 시행하기 위한 데이터를 만듭니다

```
data, label = datasets.make_blobs( n_samples = 500, n_features = 2,
                                    centers = 5 )
```

이 데이터를 사용합니다

클러스터링을 시행한다

클러스터링을 시행합니다. 클러스터링을 시행하기 위해서는 cluster 모듈을 임포트합니다.

구문 클러스터링을 시행하는 모듈

```
from sklearn import cluster
```

클러스터링을 시행하는 모듈입니다

Sample2.py ▶ 클러스터링을 시행한다

```
from sklearn import datasets
from sklearn import cluster
```

```
import matplotlib.pyplot as plt
import numpy as np

np.random.seed( 0 )
```

클러스터링을 시행하기 위한 데이터를 작성합니다

```
data, label = datasets.make_blobs( n_samples=500, n_features=2,
centers=5 )

e = cluster.KMeans( n_clusters=5 )
```

❶ k–means를 시행하는 인스턴스를 얻습니다

```
e.fit( data )
```

❷ 클러스터링을 시행합니다

```
print( e.labels_ )
```

❸ 각 데이터가 속하는 클러스터(라벨)을 얻습니다

```
print( e.cluster_centers_ )
```

❹ 클러스터 중심을 얻습니다

❺ 데이터를 산포도에 작성합니다

```
plt.scatter( data[:, 0], data[:, 1], marker="o", c=e.labels_,
edgecolor="k" )
plt.scatter( e.cluster_centers_[:, 0], e.cluster_centers_[:, 1],
marker="x" )
```

❻ 클러스터 중심을 산포도에 작성합니다

```
plt.show()
```

Sample2의 실행 화면

각 데이터가 속하는 라벨(클러스터)입니다

```
[3 2 2 0 0 1 2 1 3 3 4 0 2 4 0 1 0 1 2 0 3 1 3 0 3 4 3 3 4 0 3 2 2 4 2 3 3
 1 1 1 4 1 0 3 2 3 1 2 3 4 2 1 3 3 1 2 1 1 4 0 3 1 3 0 2 4 2 4 2 2 2 3 0 1
 2 2 3 3 0 3 0 4 2 2 1 3 1 2 2 0 0 4 4 0 1 3 3 0 4 2 3 2 4 3 2 2 1 3 3 2 2
 0 3 1 1 4 4 4 3 1 1 4 2 4 0 2 1 0 4 4 2 3 2 1 4 1 1 1 2 0 3 4 3 0 3 1 1 4
 0 2 2 4 4 3 2 2 2 2 4 0 4 1 0 2 3 3 0 3 1 3 0 2 1 1 3 4 0 4 2 4 2 4 4 1 0
 1 3 2 4 1 4 3 1 2 3 0 2 1 4 4 3 4 2 4 4 3 1 0 0 2 1 4 2 4 1 4 1 3 3 2 3 0
 1 1 1 2 0 1 1 0 3 0 2 4 4 2 4 0 1 2 3 2 4 1 3 3 4 4 3 1 1 2 3 3 2 2 0 2 0
 4 1 0 4 3 2 0 1 3 0 2 0 4 0 3 4 3 4 3 4 4 0 3 3 3 2 3 4 0 4 1 0 2 2 2 3 1
 4 0 1 4 1 3 3 3 4 2 1 3 3 4 1 4 2 1 2 0 2 1 1 1 4 4 0 3 2 4 1 1 3 3 4 0 3
 2 2 0 0 4 2 1 0 4 0 1 3 3 3 4 2 3 0 3 0 2 2 3 2 2 2 1 0 2 1 2 0 3 0 3 4 4
 3 0 1 2 3 3 1 2 4 0 1 1 0 1 1 4 4 1 0 4 4 4 0 1 1 1 1 3 4 3 2 0 1 3 3 2 0
```

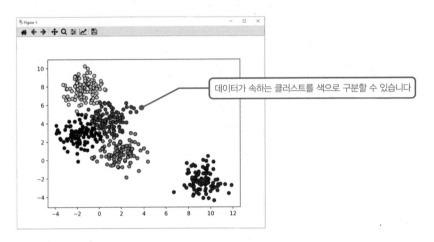

```
2 0 4 1 2 1 4 2 0 1 4 2 3 1 0 4 2 3 3 0 4 3 2 0 1 4 3 4 3 2 4 3 4 3 1 2 2
4 2 3 2 2 0 2 2 1 0 0 3 1 0 4 0 1 4 2 1 0 0 4 0 0 2 1 0 4 3 2 0 4 1 2 1 0
1 3 1 2 4 0 4 4 0 0 1 0 0 0 1 4 0 0 2]
[[-1.78783991   2.76785611]
 [ 9.30286933  -2.23802673]
 [ 0.867005     4.44991628]        ●—— 클러스터의 중심입니다
 [ 1.87293451   0.78205068]
 [-1.33625465   7.73822965]]
```

데이터가 속하는 클러스트를 색으로 구분할 수 있습니다

cluster 모듈의 **KMeans** 클래스의 인스턴스를 작성함으로써 k-means에 의한 클러스터링을 시행할 수 있게 됩니다(❶). fit() 메서드에서 클러스터링이 이뤄집니다(❷).

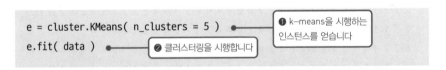

```
e = cluster.KMeans( n_clusters = 5 )   ●—— ❶ k-means을 시행하는
                                              인스턴스를 얻습니다
e.fit( data )   ●—— ❷ 클러스터링을 시행합니다
```

각 데이터에는 각각이 속하는 클러스터마다 라벨 부착(분류)이 이뤄집니다. labels_ 데이터 속성에 의해 각 데이터가 속하는 클러스터를 나타내는 배열을 얻을 수 있습니다(❸). 여기에서는 500개의 데이터가 속하는 클러스터의 번호인 「0」~「4」가 실행 화면에 표시되게 됩니다.

각 데이터가 속하는 라벨(클러스터)입니다

```
[3 2 2 0 0 1 2 1 3 3 4 0 2 4 0 1 0 1 2 0 3 1 3 0 3 4 3 3 4 0 3 2 2 4 2 3 3
 1 1 1 4 1 0 3 2 3 1 2 3 4 2 1 3 3 1 2 1 1 4 0 3 1 3 0 2 4 2 4 2 2 2 3 0 1
 2 2 3 3 0 3 0 4 2 2 1 3 1 2 2 0 0 4 4 0 1 3 3 0 4 2 3 2 4 3 2 2 1 3 3 2 2
 (생략)
 4 2 3 2 2 0 2 2 1 0 0 3 1 0 4 0 1 4 2 1 0 0 4 0 0 2 1 0 4 3 2 0 4 1 2 1 0
 1 3 1 2 4 0 4 4 0 0 1 0 0 0 1 4 0 0 2]
```

또한, cluster_centers_ 데이터 속성으로 클러스터 중심을 나타내는 배열을 얻을 수 있습니다(❹). 여기에서는 실행 화면에 5개의 클러스터 중심을 나타내는 좌표가 표시됩니다.

```
[[-1.78783991  2.76785611]
 [ 9.30286933 -2.23802673]
 [ 0.867005    4.44991628]
 [ 1.87293451  0.78205068]
 [-1.33625465  7.73822965]]
```

클러스터의 중심입니다

그리고 데이터의 전체 행의 0번째 행과 1번째 행을 꺼내고, 산포도에 「O」 마커로 플롯합니다. 이 때, 데이터에 붙인 라벨마다 색으로 구분합니다(❺). 이때, 그래프 상에 데이터가 색으로 구분되어 표시되는 것입니다.

```
plt.scatter(data[:, 0], data[:, 1], marker = "o", c = e.labels_,
edgecolor = "k")
```

❺ 데이터를 산포도에 작성합니다

또한, 클러스터 중심에 대해서도 마찬가지로 산포도 상에 「×」의 마커로 플롯합니다(❻). 클러스터 중심으로서 그래프 상에 5개의 「×」가 표시됩니다.

```
plt.scatter( e.cluster_centers_[:, 0], e.cluster_centers_[:, 1],
marker = "x" )
```

❻ 클러스터의 중심을 산포도에 작성합니다

Lesson
13

마지막으로 k-means을 사용한 클러스터링에 필요한 클래스를 정리합니다.

표 13-5: KMeans 클래스(sklearn.cluster 모듈)

데이터 속성 · 메서드	내용
데이터 속성	
labels_	각 데이터에 붙여진 클러스터 라벨의 리스트
cluster_ centers_	클러스터 중앙의 리스트
intertia_	각 데이터의 클러스터로의 편차의 제곱합의 합계
메서드	
fit(데이터)	모델로의 학습을 한다

🐍 좀 더 기계학습을 배운다

이 장에서는 지도학습의 선형회귀와 비지도학습의 클러스터링을 예시로 들었습니다. 여기에서 본 것처럼 scikit-learn을 사용함으로써 기계학습 모델의 적합도나 예측 등을 통일된 방법으로 시행할 수 있습니다.

또한, scikit-learn에서는 이 장에서 살펴본 각종 데이터를 준비하는 함수나 각종 샘플 데이터를 포함한 datasets 모듈도 사용할 수 있으며, 사용자가 배우기 쉬운 패키지로 되어 있습니다.

이 책에서 소개한 것을 기초로 한층 더 기계학습 방법에 도전해 보세요.

이 장에서는 다음을 배웠습니다.

- scikit-learn에 의해 각종 데이터 분석·기계학습을 시행할 수 있습니다.
- 기계학습에는 지도학습과 비지도학습이 있습니다.
- 지도학습에서는 학습 데이터와 테스트 데이터를 분류합니다.
- 지도학습에서는 학습 데이터로부터 모델을 구합니다.
- 지도학습에서는 모델과 테스트 데이터로부터 예측을 합니다.
- 지도학습에서는 선형회귀를 할 수 있습니다.
- 비지도학습에서는 클러스터링을 할 수 있습니다.

대표적인 기계학습 방법인 선형회귀·클러스터링에 대해 소개했습니다. 기계학습에는 다양한 방법이 알려져 있습니다. 각종 기계학습에도 도전해 보면 좋을 것입니다.

연습문제

1. Sample1에서 다른 샘플 수(n_samples), 다른 노이즈(noise)의 데이터를 작성하고, 선형회귀를 가시화해 보세요.

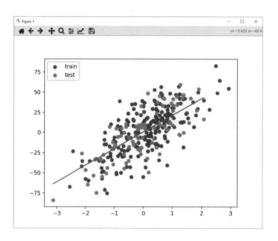

2. Sample2에서 다른 샘플 수(n_samples), 다른 클러스터 수(centers), 클러스터의 편차(cluster_std)를 지정한 데이터를 작성하고, 클러스터링을 가시화해 보세요.

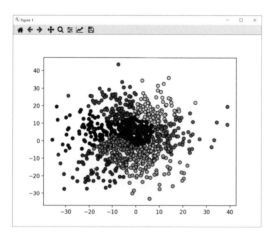

*역자 주: 책의 뒷부분에 해답이 있습니다.

Appendix A

연습문제 해답

Lesson 1 첫 걸음

1. ① × ② ○

2. 3. (생략)

Lesson 2 **Python의 기본**

1.

```
#수치를 출력한다
print( 1 )
print( 3.14 )
```

2.

```
print( 123 )
print( "WW", 100, "받았다" )
print( "내일봐" )
```

3.

```
print( 1,"Wt",2,"Wt",3,"Wt",4,"Wt",5,"Wt",6 )
```

Lesson 3 변수

1.

```
num = int( input("당신은 몇 세인가요?") )
print( "당신은", num, "세입니다." )
```

2.

```
height = float( input("키를 입력하세요.") )
weight = float( input("체중을 입력하세요.") )
print( "키는", height, "입니다." )
print( "체중은", weight, "입니다." )
```

Lesson 4 다양한 처리

1.
```
print( "1에서 10까지의 짝수를 표시합니다." )

for i in range( 10 ):
    if (i+1) % 2 == 0:
        print( i+1 )
```

2.
```
print( "1에서 10까지의 짝수를 표시합니다." )

for i in range( 2, 11, 2 ):
    print( I )
```

3.
```
for i in range( 1, 10 ):
    for j in range( 1, 10 ):
        print( i * j, "\t", end="" )
    print()
```

4.
```
for i in range( 1, 6 ):
    for j in range( I ):
        print( " * ", end="" )
    print()
```

Lesson 5 리스트

1.
```
test = [ 74, 85, 69, 77, 81 ]
```

```python
avg = sum(test) / len(test)

print( "테스트의 점수는", test, "입니다." )
print( "최고 점수는", max(test), "입니다." )
print( "최저 점수는", min(test), "입니다." )
print( "평균 점수는", avg, "입니다." )
```

2.
```python
test = [ 74, 85, 69, 77, 81 ]

print( "테스트의 점수는", test, "입니다." )
print( "오름차순은", sorted(test, reverse=False), "입니다." )
print( "내림차순은", sorted(test, reverse=True), "입니다." )
```

3.
```python
test = [ 74, 85, 69, 77, 81 ]

high = [ t for t in test if t>=80 ]

print( "테스트의 점수는", test, "입니다." )
print( "80점 이상은", high, "입니다." )
print( "80점 이상인 인원 수는", len(high), "입니다." )
```

4.
```python
city = [ "서울", "대전", "대구", "부산", "광주" ]
tm1 = [ 32, 28, 27, 26, 27 ]
tm2 = [ 25, 21, 20, 19, 22 ]

print( "도시명 데이터는", city, "입니다." )
print( "최고 기온 데이터는", tm1, "입니다." )
print( "최저 기온 데이터는", tm2, "입니다." )
```

```
for c, t1, t2 in zip( city, tm1, tm2 ):
    print( c, "의 최고 기온은", t1, "최저 기온은", t2, "입니다." )
```

Lesson 6 컬렉션

1. ① c (딕셔너리)   ② d (세트)

   ③ c (딕셔너리)   ④ b (튜플)

   ⑤ a (리스트)

2. ① 존재하지 않는 키의 데이터를 표시할 수 없습니다.

   ② 튜플에는 추가할 수 없습니다.

   ③ 존재하지 않는 인덱스의 데이터를 표시할 수 없습니다.

   ④ data는 세트이기 때문에 키를 지정할 수 없습니다.

Lesson 7 함수

1.
```
def rpast( num ):
    print( "*" * num )


n = int( input("개수를 입력하세요.") )


rpast( n )
```

2.
```
def rpstr( num, str="*" ):
    print( str * num )


s = input( "문자열을 입력하세요." )
n = int( input("개수를 입력하세요.") )


print( "문자열 있음---" )
```

App
A

```
    rpstr( n, s )

    print( "문자열 없음---" )
    rpstr( n )
```

3.

```
def makex( x ):
    while True:
        yield x
        x = x+1

start = int( input("시작값(정수)를 입력하세요.") )
stop = int( input("정지값(정수)를 입력하세요.") )

for n in makex( start ):
    if n >= stop:
        break
    print( n )
```

Lesson 8 클래스

1.

```
class Car():

    def __init__( self, num, gas ):
        self.num = num
        self.gas = gas
    def getNumber( self ):
        return self.num

    def getGas( self ):
        return self.gas
```

```
cr1 = Car( 1234, 25.5 )
n1 = cr1.getNumber()
g1 = cr1.getGas()

cr2 = Car( 2345, 30.5 )
n2 = cr2.getNumber()
g2 = cr2.getGas()

print( "번호는", n1, "가솔린 양은", g1, "입니다." )
print( "번호는", n2, "가솔린 양은", g2, "입니다." )
```

Lesson 9 문자열과 정규표현

1.

```
str = [ "Sample.csv", "Sample.exe",
        "Sample1.py", "Sample2.py",
        "Sample.txt","index.html"
      ]
file = []

print( "파일의 리스트는 이하입니다." )

for s in str:
    print( s )

suf = input( "확장자를 입력하세요." )

for s in str:
    res = s.endswith( suf )
    if res is True:
        file.append( s )

print( "해당하는 파일의 리스트는 이하입니다." )
```

```
for f in file:
    print( f )
```

2. ① × ② ○ ③ × ④ × ⑤ ○ ⑥ × ⑦ × ⑧ ○

3. ① ^[0-7]{3}$

② ^[0-9]{3}-[0-9]{4}-[0-9]{4}$

Lesson 10 파일과 예외처리

1.
```
import os
import os.path

curdir = os.listdir( "." )

print( "이름", end="\t" )
print( "크기" )

for name in curdir:
    print( name, end="\t" )
    print( os.path.getsize(name), "바이트" )
```

2.
```
import os
import os.path
import datetime

curdir = os.listdir( "." )

print( "이름", end="\t" )
print( "최종 액세스 시각" )
```

```
for name in curdir:
    atime = os.path.getatime( name )

    print( name, end="\t" )
    print( datetime.datetime.fromtimestamp(atime) )
```

Lesson 11 데이터베이스와 네트워크

1.

```
import sqlite3

conn = sqlite3.connect( "pdb.db" )

c = conn.cursor()

c.execute( "DROP TABLE IF EXISTS product" )

c.execute( "CREATE TABLE product(name CHAR(20), num INT)" )
c.execute( "INSERT INTO product VALUES('귤', 80)" )
c.execute( "INSERT INTO product VALUES('딸기', 60)" )
c.execute( "INSERT INTO product VALUES('사과', 22)" )
c.execute( "INSERT INTO product VALUES('복숭아', 50)" )
c.execute( "INSERT INTO product VALUES('밤', 75)" )

conn.commit()

itr = c.execute( "SELECT * FROM product" )

for row in itr:
    print( row )

conn.close()
```

2.

```python
import sqlite3

conn = sqlite3.connect( "pdb.db" )

c = conn.cursor()

c.execute( "DROP TABLE IF EXISTS product" )

c.execute( "CREATE TABLE product(name CHAR(20), num INT)" )
c.execute( "INSERT INTO product VALUES('귤', 80)" )
c.execute( "INSERT INTO product VALUES('딸기', 60)" )
c.execute( "INSERT INTO product VALUES('사과', 22)" )
c.execute( "INSERT INTO product VALUES('복숭아', 50)" )
c.execute( "INSERT INTO product VALUES('밤', 75)" )

conn.commit()

itr = c.execute( "SELECT * FROM product WHERE num <= 30" )

for row in itr:
    print( row )

conn.close()
```

Lesson 12 기계학습의 기초

1.

```python
import matplotlib.pyplot as plt

data = [ 8, 17, 0, 11, 6, 21, 16, 6, 17, 11,
        7, 9, 6, 13, 12, 16, 3, 14, 13, 12 ]

plt.title( "Histogram" )
```

```
plt.xlabel( "value" )
plt.ylabel( "frequency" )

plt.hist( data, bins=8, color="magenta" )
plt.show()
```

2.

```
import random
import matplotlib.pyplot as plt

x = []
y = []

for i in range( 100 ):
    x.append( random.uniform(0, 50) )
    y.append( random.uniform(0, 50) )

v = [ -100, 100, -100, 100 ]
plt.axis( v )

plt.scatter( x, y, marker="x" )
plt.show()
```

3.

```
import random
import matplotlib.pyplot as plt

data = []

for i in range( 1000 ):
    data.append( random.normalvariate(0, 10) )
```

App
A

```
plt.title( "Histogram" )

plt.hist( data, bins=50 )
plt.show()
```

4.

```
import numpy as np
import matplotlib.pyplot as plt

x = np.arange( -8, 8, 0.01 )
y1 = 3*x+5
y2 = x**2

plt.title( "y=f(x)" )
plt.xlabel( "x" )
plt.ylabel( "y" )
plt.grid( True )

plt.plot( x, y1 )
plt.plot( x, y2 )

plt.show()
```

Lesson 13 기계학습의 응용

1. 2. 모두 난수의 시드를 고정하지 않으므로 결과가 다를 수 있습니다.

1.

```
from sklearn import datasets
from sklearn import linear_model
from sklearn.model_selection import train_test_split
import matplotlib.pyplot as plt

x, y = datasets.make_regression( n_samples=300, n_features=1, noise=20 )
```

```
x_train, x_test, y_train, y_test = train_test_split( x, y, test_size=0.3 )

e = linear_model.LinearRegression()
e.fit( x_train, y_train )

print( "회귀계수는", e.coef_, "입니다." )
print( "절편은", e.intercept_, "입니다." )

y_pred = e.predict( x_test )

print( "학습 데이터에 의한 결정계수는", e.score(x_train, y_train), "입니다." )
print( "테스트 데이터에 의한 결정계수는", e.score(x_test, y_test), "입니다." )

plt.scatter( x_train, y_train, label="train" )
plt.scatter( x_test, y_test, label="test" )
plt.plot( x_test, y_pred, color="magenta" )
plt.legend()

plt.show()
```

2.

```
from sklearn import datasets
from sklearn import cluster
import matplotlib.pyplot as plt

data, label = datasets.make_blobs( n_samples=1000, n_features=2,
centers=8, cluster_std=10 )

e = cluster.KMeans( n_clusters=8 )
e.fit( data )

print( e.labels_ )
print( e.cluster_centers_ )
```

```
plt.scatter( data[:, 0], data[:, 1], marker="o", c=e.labels_,
edgecolor="k" )
plt.scatter( e.cluster_centers_[:, 0], e.cluster_centers_[:, 1],
marker="x" )

plt.show()
```

Appendix B

Quick Reference

🐍 리소스

- **Anaconda** : https://www.anaconda.com/
- **Python** : https://www.python.org/
- **Matplotlib** : https://matplotlib.org/
- **NumPy** : http://www.numpy.org/
- **scikit-learn** : http://scikit-learn.org/
- **PyPI** : https://pypi.python.org/

🐍 주요 내장 함수 · 클래스

주요 내장 함수

함수	내용
print()	표준 출력으로의 출력을 한다
input()	표준 입력으로부터의 입력을 한다
len()	시퀀스 · 컬렉션의 길이를 얻는다
max()	최댓값을 얻는다
min()	최솟값을 얻는다
sum()	합계값을 얻는다
sorted()	정렬을 한다
reversed()	역순으로 얻는다
iter()	이터레이터를 얻는다
repr()	식의 평가로서의 문자열을 얻는다
next()	이터레이터의 다음 요소를 얻는다
enumerate()	이터러블의 열거를 얻는다
zip()	이터러블의 요소를 모은 이터러블을 얻는다
map()	이터러블에 함수를 처리한 결과를 얻는다

any( )	이터러블의 어느 하나의 요소가 True이면 True
all( )	이터러블의 모든 요소가 True이면 True
open( )	파일을 오픈한다
dir( )	객체가 갖는 변수와 메서드를 확인한다
int( )	정수로 변환한다(정수 생성자)
float( )	부동 소수점 수로 변환한다(부동 소수점 수 생성자)
str( )	문자열로 변환한다(문자열 생성자)
range( )	range를 작성한다(range 생성자)

리스트

메서드	내용
list([이터러블])	이터러블로부터 리스트를 작성한다
리스트.append(요소)	요소를 추가한다
리스트.insert(위치, 요소)	위치에 요소를 삽입하다
리스트.remove(요소)	요소를 삭제한다
리스트.extend(이터러블)	이터러블의 요소를 추가한다
리스트.sort(key = None, reverse = False)	정렬한다
리스트.reverse( )	역순으로 한다
리스트.copy( )	복사한 리스트를 반환한다
리스트.pop([위치])	끝 또는 지정 위치의 요소를 삭제하고 반환한다
리스트.clear( )	모든 요소를 삭제한다
리스트.count(요소)	요소의 출현 횟수를 센다

App
B

튜플

메서드	내용
tuple([이터러블])	이터러블로부터 튜플을 작성한다

딕셔너리

메서드	내용
dict(**kwarg)	키워드 인수로부터 딕셔너리를 작성한다
딕셔너리.get(키[, 디폴트])	키 값 또는 키가 없으면 디폴트를 반환한다
딕셔너리.update([기타])	여러 값을 추가 갱신한다
딕셔너리.pop(키[, 디폴트])	키 값을 삭제하고 반환한다(키가 없으면 디폴트를 반환한다)
딕셔너리.popitem( )	임의의 쌍을 삭제하고 반환한다
딕셔너리.clear( )	요소를 모두 삭제한다
딕셔너리.items( )	항목의 뷰를 반환한다
딕셔너리.keys( )	키의 뷰를 반환한다
딕셔너리.values( )	값의 뷰를 반환한다

세트

메서드	내용
set([이터러블])	이터러블로부터 세트를 작성한다
frozenset[이터러블]	이터러블로부터 프로즌 세트를 작성한다
세트.add(요소)	요소를 추가한다
세트.remove(요소)	요소를 삭제한다
세트.discard(요소)	요소가 있으면 요소를 삭제한다
세트.pop( )	요소를 삭제하고 그 요소를 반환한다
세트.clear( )	요소를 모두 삭제한다
세트.update(다른 세트)	다른 세트를 갱신한다

세트.union(다른 세트)	다른 세트와의 공통을 취한다
세트.difference(다른 세트)	다른 세트의 차를 취한다
세트.symmetric_difference(다른 세트)	다른 세트의 대칭차를 취한다
세트.issubset (다른 세트)	다른 세트의 부분 집합할지 여부를 반환한다
세트.issuperset(다른 세트)	다른 세트를 포함할지 여부를 반환한다
세트.copy( )	복사를 반환한다

문자열

메서드	내용
문자열.upper( )	대문자로 변환한 문자열을 얻는다
문자열.lower( )	소문자로 변환한 문자열을 얻는다
문자열.swapcase( )	대문자를 소문자로, 소문자를 대문자로 변환한 문자열을 얻는다
문자열.capitalize( )	앞부분을 대문자로, 나머지를 소문자로 변환한 문자열을 얻는다
문자열.title( )	타이틀 문자(단어별 대문자)를 얻는다
문자열.center(폭[, 문자])	지정 폭으로 중앙 정렬한 문자열을 얻는다 (채우는 문자를 지정할 수 있다)
문자열.ljust(폭[, 문자])	지정 폭으로 왼쪽 정렬한 문자열을 얻는다 (채우는 문자를 지정할 수 있다)
문자열.rjust(폭[, 문자])	지정 폭으로 오른쪽 정렬한 문자열을 얻는다 (채우는 문자를 지정할 수 있다)
문자열.strip([문자])	공백 문자 또는 지정 문자를 제거한 문자열을 얻는다
문자열.lstrip([문자])	앞의 공백 문자 또는 지정 문자를 제거한 문자열을 얻는다
문자열.rstrip([문자])	끝의 공백 문자 또는 지정 문자를 제거한 문자열을 얻는다
문자열.split(sep =None, maxsplit = − 1)	문자열을 분할한 각 단어의 리스트를 얻는다 (구분 문자와 분할 횟수를 지정할 수 있다)
문자열.splitlines(줄 바꿈 유무)	문자열을 행으로 분할한 각 행의 리스트를 얻는다 (줄바꿈을 포함할지 지정할 수 있다)
문자열.join(이터레이터)	이터레이터로 반환되는 문자열을 결합한 문자열을 얻는다

App
B

문자열.format(채울 문자열)	문자열을 지정 서식으로 채운다
문자열.find(부분 문자열[, 시작 [, 종료]])	부분 문자열을 검색한다 (시작 위치와 종료 위치를 지정할 수 있다)
문자열.rfind(부분 문자열[, 시작 [, 종료]])	부분 문자열을 역순으로 검색한다 (시작 위치와 종료 위치를 지정할 수 있다)
문자열.index (부분 문자열[, 시작 [,종료]])	find( ) 메서드와 같은 처리로 예외를 송출한다
문자열.replace(old, new[, 횟수]])	old를 new로 치환한 문자열을 얻는다 (치환 횟수를 지정할 수 있다)
문자열.count(부분 문자열[, 시작[, 종료]])	부분 문자열이 몇 번 포함되는지를 반환한다 (시작 위치와 종료 위치를 지정할 수 있다)
문자열.startswith(검색 문자열[, 시작[, 종료]])	앞이 검색 문자열로 시작되면 True를 반환한다
문자열.endswith(검색 문자열[, 시작[, 종료]])	끝이 검색 문자열로 끝나면 True를 반환한다

파일

메서드	내용
파일.write(문자열)	파일에 문자열을 써넣는다
파일.writelines(리스트)	파일에 여러 행을 써넣는다
파일.readline( )	파일에서 1행을 읽어 들여 문자열을 반환한다
파일.readlines( )	파일에서 여러 행을 읽어 들여 리스트를 반환한다
파일.read(크기)	파일에서 크기만큼 읽어 들여 바이트 열을 반환한다(지정하지 않으면 전부 읽어 들인다)
파일.seek(위치)	읽고 쓰는 위치를 이동한다
파일.tell( )	현재의 읽고 쓰는 위치를 얻는다
파일.close( )	파일을 닫는다

🐍 주요 표준 라이브러리

정규표현(re)

메서드	내용
정규표현.search(검색 대상 문자열[, 시작[, 종료]])	정규표현으로 검색한다
정규표현.match(검색 대상 문자열[, 시작[, 종료]])	정규표현으로 검색한다(앞만)
정규표현.findall(검색 대상 문자열[, 시작[,종료]])	정규표현으로 검색한다(매치 부분 전부를 리스트로 반환한다)
정규표현.sub(치환 후 문자열, 치환 대상 문자열[, 횟수])	정규표현에 매치한 부분을 치환한다
정규표현.split(분할 대상 문자열[, 시작[, 종료]])	정규표현에 매치한 부분으로 분할한다

CSV(csv)

함수 · 메서드	내용
writer(파일)	라이터 인스턴스를 얻는다
reader(파일)	리더 인스턴스를 얻는다
라이터.writerow(시퀀스)	CSV 파일에 1행을 써넣는다
라이터.writerows(시퀀스)	CSV 파일에 여러 행을 써넣는다

JSON(json)

함수	내용
load(파일)	JSON 파일을 읽어 들인다
dump(오브젝트, 파일)	JSON 파일에 써넣는다

App
B

OS(os)

함수	내용
stat(패스)	지정한 파일의 정보를 얻는다
getcwd()	현재 디렉터리를 얻는다
remove(패스)	지정한 파일을 삭제한다
mkdir(패스)	지정한 디렉터리를 생성한다
rmdir(패스)	지정한 디렉터리를 삭제한다
rename(변경 전 이름, 변경 후 이름)	파일명을 변경한다
listdir(패스)	지정한 패스의 파일명 리스트를 얻는다
access(패스, 모드)	지정한 패스의 접근 권한(모드)을 알아본다
chmode(패스, 모드)	지정한 패스의 접근 권한(모드)을 변경한다
getenv(환경변수명)	환경 변수의 값을 얻는다

패스(os.path)

함수	내용
abspath(패스)	절대 패스를 얻는다
dirname(패스)	디렉터리명을 얻는다
basename(패스)	파일명을 얻는다
split(패스)	패스를 분할한다
splittext(패스)	패스를 확장자명 부분과 분할한다
splitdrive(패스)	패스를 드라이브명 부분과 분할한다
commonprefix(시퀀스)	시퀀스 패스의 앞부분으로부터 공통 부분을 얻는다
exists(패스)	패스가 존재하는지 알아본다
commonpath(패스명의 리스트)	패스명의 리스트로부터 공통되는 부분을 얻는다
isfile()	파일인지 여부를 확인한다
isdir()	디렉터리인지 여부를 확인한다

getsize(패스)	파일 크기를 얻는다
getatime(패스)	최종 접근 시각(초)을 얻는다
getmtime(패스)	최종 갱신 시각(초)을 얻는다
getctime(패스)	작성 시각(초)을 얻는다

일시 정보(datetime)

데이터 속성 · 메서드	내용
datetime(연, 월, 일, 시, 분, 초, 마이크로초, 타임존)	일시를 작성 · 얻는다(연 · 월 · 일만 지정해도 된다)
datetime.now()	현재 일시의 인스턴스를 얻는다
datetime.today()	현재 날짜의 인스턴스를 얻는다
datetime.fromtimestamp(타임스탬프)	타임스탬프를 나타내는 인스턴스를 얻는다
datetime.strptime(일시 문자열, 서식)	지정한 서식의 일시 문자열로부터 인스턴스를 얻는다
일시.date()	같은 일시의 date 인스턴스를 얻는다
일시.time()	같은 일시의 time 인스턴스를 얻는다
일시.weekday()	요일(0~6)을 얻는다
일시.strftime(서식)	지정한 서식의 일시 문자열을 얻는다
일시.year	연
일시.month	월
일시.day	일
일시.hour	시
일시.minute	분
일시.second	초
일시.microsecond	마이크로초
일시.tzinfo	타임존
time delta(속성 = 값)	일시(속성으로 지정)의 가감산을 한다

App
B

SQLite 데이터베이스(sqlite3)

함수 · 메서드	내용
connect(파일명)	파일명을 지정하여 데이터베이스에 접속한다
connection.commit()	갱신을 승인(커밋)한다
connection.close()	데이터베이스를 닫는다
커서.execute(SQL 문)	데이터베이스에 SQL 문을 실행한다

URL(urllib.request)

함수	내용
urlopen(URL)	URL을 오픈한다

수학(math)

함수 · 변수	내용
ceil(x)	x 이상의 최소 정수를 구한다
floor(x)	x 이하의 최대 정수를 구한다
gcd(a, b)	a와 b의 최대 공약수를 구한다
log(x[, base])	base를 밑으로 하는 x의 대수를 구한다
log1p(x)	자연 대수를 구한다
log2(x)	2를 밑으로 하는 x의 대수를 구한다
log10(x)	10을 밑으로 하는 x의 대수를 구한다
pow(x, y)	x의 y제곱을 구한다
sqrt(x)	x의 제곱근을 구한다
sin(x)	x의 사인값을 구한다
cos(x)	x의 코사인값을 구한다
tan(x)	x의 탄젠트값을 구한다
degrees(x)	x를 라디안으로 도(度)로 변환한다

radians(x)	x를 도(度)에서 라디언으로 변환한다
pi	원주율
e	자연대수의 밑

난수(random)

함수	내용
seed( )	난수의 초기화를 한다
choice(시퀀스)	시퀀스로부터 1개 요소를 반환한다
random( )	0.0~1.0의 부동 소수점 수의 난수를 반환한다
uniform(a, b)	a~b의 부동 소수점 수의 난수를 반환한다
randint(a, b)	a~b의 정수의 난수를 반환한다
shuffle(시퀀스)	시퀀스를 섞는다
sample(모집단, 개수)	모집단으로부터 지정된 개수의 샘플을 리스트로 반환한다
normalvariate(평균, 표준편차)	정규분포를 반환한다

통계(statistics)

함수	내용
mean(데이터 계열)	평균값을 얻는다
median(데이터 계열)	중앙값을 얻는다
mode(데이터 계열)	최빈값을 얻는다
pstdev(데이터 계열)	모집단으로서의 표준편차(모표준편차)를 얻는다
pvariance(데이터 계열)	모집단으로서의 분산(모분산)을 얻는다
stdev(데이터 계열)	불편표준편차(표본표준편차)를 얻는다
variance(데이터 계열)	불편 분산(표본 분산)을 얻는다

App
B

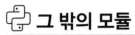 그 밖의 모듈

Matplotlib(matplotlib.pyplot)

함수의 예	내용
axis([x 최솟값, x 최댓값, y 최솟값, y 최댓값])	축을 설정하다
xlim(x 최솟값, x 최댓값)	x축의 범위를 설정한다
ylim(y 최솟값, y 최댓값)	y축의 범위를 설정한다
xlabel(x축명)	x축명을 설정한다
ylabel(y축명)	y축명을 설정한다
xticks(위치열)	위치열에 눈금을 설정한다
yticks(위치열)	위치열에 눈금을 설정한다
title(타이틀)	타이틀을 설정한다
text(x, y, 문자열)	x, y에 문자열을 그린다
plot(데이터 계열)	데이터 계열을 플롯한다
plot(x, y)	(x, y)에 플롯한다
arrow(x, y, dx, dy)	(x, y)―(dx, dy)에 화살표를 그린다
legend( )	범례 표시
imread(파일)	이미지를 읽어 들인다
imsave(파일)	이미지로 저장한다
imshow(x)	x에 이미지를 표시한다
hist(데이터 계열)	히스토그램을 그린다
scatter(데이터 계열1, 데이터 계열2)	산포도를 그린다
cla( )	클리어한다
show( )	그래프를 표시한다

Numpy(numpy)

함수	내용
array( )	배열을 작성한다
zeros(shape[, dtype, order])	요소가 전부 0인 배열을 생성한다
ones(shape[, dtype, order])	요소가 전부 1인 배열을 생성한다
full(shape, fill_value[, dtype, order])	요소가 전부 지정 값인 배열을 생성한다
arange([start,] stop[, step][, dtype])	지정 범위 · 간격 배열을 작성한다.
linspace(start, stop[, num, endpoint, ...])	지정 범위 · 간격 배열을 작성한다
loadtxt(fname[, dtype, comments, delimiter, ...])	텍스트 파일에서 읽어 들인다
savetxt(fname, X[, fmt, delimiter, newline, ...])	텍스트 파일에 저장한다
mat(data[, dtype])	행렬을 얻는다
insert(arr, obj, values, axis = None) [source]	요소를 삽입한다
append(arr, values[, axis])	요소를 추가한다
delete(arr,obj[, axis])	요소를 삭제한다
reshape(arr, newshape[, order])	배열을 변형한다
ravel(arr[, order])	배열을 일차원으로 한다
stack(arrs[, axis])	배열을 결합한다
split(arr, indices_or_sections[, axis])	배열을 분할한다
flip(m, axis)	배열을 지정 축에서 역순으로 한다
roll(arr, shift[, axis])	배열을 회전한다
sum(arr)	합계값을 구한다
mean(arr)	평균값을 구한다
std(arr)	표준편차를 구한다
var(arr)	분산을 구한다
sin(arr)	사인값을 구한다
cos(arr)	코사인값을 구한다
tan(arr)	탄젠트값을 구한다

App
B

영진닷컴
프로그래밍 도서

영진닷컴에서 출간된 프로그래밍 분야의 다양한 도서들을 소개합니다.
파이썬, 인공지능, 알고리즘, 안드로이드 앱 제작, 개발 관련 도서 등 초보자를 위한 입문서부터
활용도 높은 고급서까지 독자 여러분께 도움이 될만한 다양한 분야, 난이도의 도서들이 있습니다.

플러터 프로젝트

시모네 알레산드리아 저
520쪽 | 30,000원

Node.js 디자인 패턴 바이블

Mario Casciaro,
Luciano Mammino 저 | 668쪽
32,000원

나쁜 프로그래밍 습관

칼 비쳐 저 | 256쪽
18,000원

다재다능 코틀린 프로그래밍

벤컷 수브라마니암 저/
우민식 역 | 488쪽
30,000원

유니티를 이용한 VR앱 개발

코노 노부히로, 마츠시마 히로키,
오오시마 타케나오 저 | 452쪽
32,000원

유니티를 몰라도 만들 수 있는
유니티 2D 게임 제작

Martin Erwig 저 | 336쪽
18,000원

돈 되는 안드로이드 앱 만들기

조상철 저 | 512쪽 | 29,000원

친절한 R with 스포츠 데이터

황규인 저 | 416쪽
26,000원

게임으로 배우는 파이썬

다나카 겐이치로 저 | 288쪽
17,000원

바닥부터 배우는 강화 학습

노승은 저 | 304쪽
22,000원

도커 실전 가이드

사쿠라이 요이치로,
무라사키 다이스케 저
352쪽 | 24,000원

단숨에 배우는
타입스크립트

야코프 페인, 안톤 모이세예프 저/
이수진 역 | 536쪽 | 32,000원

그림으로 배우는
파이썬

1판 1쇄 발행 2021년 11월 10일
1판 2쇄 발행 2022년 09월 05일

저   자   다카하시 마나
역   자   김은철, 유세라
발 행 인   김길수
발 행 처   (주)영진닷컴
주   소   서울시 금천구 가산디지털1로 128
            STX-V타워 4층 영진닷컴 기획1팀
등   록   2007. 4. 27. 제16-4189호

© 2021., 2022. (주)영진닷컴

ISBN 978-89-314-6585-3
http://www.youngjin.com

'그림으로 배우는' 시리즈

"그림으로 배우는" 시리즈는 다양한 그림과 자세한 설명으로
쉽게 배울 수 있는 IT 입문서 시리즈 입니다.

그림으로 배우는
C++ 프로그래밍
2nd Edition

Mana Takahashi 저
592쪽 | 18,000원

그림으로 배우는
자바 프로그래밍
2nd Edition

Mana Takahashi 저
600쪽 | 18,000원

그림으로 배우는
서버 구조

니시무라 야스히로 저
240쪽 | 16,000원

그림으로 배우는
데이터 과학

히사노 료헤이, 키와키 타이치 저
240쪽 | 16,000원

그림으로 배우는
HTTP&Network

우에노 센 저
320쪽 | 15,000원

그림으로 배우는
클라우드 2nd Edition

하야시 마사유키 저
192쪽 | 16,000원

그림으로 배우는
알고리즘

스기우라 켄 저
176쪽 | 15,000원

그림으로 배우는
네트워크 원리

Gene 저
224쪽 | 16,000원

그림으로 배우는
보안 구조

마스이 토시카츠 저
208쪽 | 16,000원

그림으로 배우는
SQL 입문

사카시타 유리 저
352쪽 | 18,000원

그림으로 배우는
파이썬

다카하시 마나 저
480쪽 | 18,000원

그림으로 배우는
C 프로그래밍
2nd Edition

다카하시 마나 저
504쪽 | 18,000원